Deutschbuch 9

Arbeitsheft

Neue Grundausgabe

Arbeitstechniken
Texte erschließen
Texte schreiben
Grammatik
Rechtschreibung
Lernstand testen

Herausgegeben von
Cordula Grunow
und Bernd Schurf

Erarbeitet von
Günther Biermann, Friedrich Dick,
Josi Ferrante-Heidl, Agnes Fulde,
Marlene Koppers, Margarethe Leonis,
Anna Löwen, Dirk Urbach,
Mechthild Stüber

Cornelsen

Inhaltsverzeichnis

ARBEITSTECHNIKEN

Ein Portfolio anlegen 3
Den Arbeitsprozess dokumentieren 3
Schlüsselfragen formulieren, gliedern,
    Arbeitsplan anlegen 3
Recherchieren 4
Materialien zusammenstellen, gliedern und
    auswerten 5
Eine (Abschluss-)Bewertung (Reflexion)
    verfassen 6
Ergebnisse protokollieren 7

SPRECHEN UND SCHREIBEN

**Über Sachverhalte informieren:
Der Praktikumsbericht** 9
Kritische Zusammenfassung der
    Praktikumserfahrungen 12
■ Teste dich! – Rund um den Praktikums-
    bericht 13
Lineare (steigernde) Erörterung 14
■ Teste dich! – Lineare (steigernde)
    Erörterung 17
**Im Anschluss an einen Text erörtern:
Pro und kontra** 18
Schritt 1: Einem Text Argumente ent-
    nehmen und bewerten 19
Schritt 2: Die eigene Meinung zum Thema
    bilden 20
Schritt 3: Einen Schreibplan (entwerfen
    und) ausführen 21
Schritt 4: Die eigene Erörterung über-
    arbeiten 23
■ Teste dich! – Textbasiert erörtern 24

NACHDENKEN ÜBER SPRACHE

Grammatik

Das Nomen 25
Das Verb 26
Aktiv – Passiv 26
Modus 27
Formen der Redewiedergabe 30
■ Teste dich! – Nomen, Verb und
    indirekte Rede 33
Wiederholung: Satzglieder 34
**Wiederholung: Satzreihe und Satz-
gefüge** 38
dass-Sätze 42
Relativsätze 43
Infinitivsätze 45
■ Teste dich! – Satzgefüge und Zeichen-
    setzung 46

Rechtschreibung

Groß- und Kleinschreibung 48
Nominalisierung 49

NACHDENKEN ÜBER SPRACHE

■ Teste dich! – Groß- und Kleinschrei-
    bung 51
Getrennt oder zusammen? 52
■ Teste dich! – Getrennt- und
    Zusammenschreibung 56
Fach- und Fremdwörter 58
Wiederholung: Zeichensetzung 60
Richtig zitieren 62
Texte überarbeiten 63
■ Teste dich! – Texte überarbeiten 65

UMGANG MIT TEXTEN

**Einen Sachtext verstehen und
zusammenfassen** 66
■ Teste dich! – Sachtexte verstehen und
    zusammenfassen 70
Einen Erzähltext erschließen 71
■ Teste dich! – Einen Erzähltext
    erschließen 75
Dramenszenen untersuchen 76
■ Teste dich! – Dramenszenen unter-
    suchen 78
Ein Gedicht erschließen 79
■ Teste dich! – Ein Gedicht erschließen 81

TESTE DICH!

Ich teste meinen Lernstand 82
Diagnose: Meine Stärken und Schwächen
    im Fach Deutsch 82
A1 Literarische Texte verstehen 83
B1 Nachdenken über Sprache 85
A2 Literarische Texte verstehen 85
B2 Nachdenken über Sprache 87
A3 Informierende Texte verstehen 88
B3 Nachdenken über Sprache 92
C   Schreiben: Erörtern 92
D   Einen Text überarbeiten 94

Aufgaben   **1** *Aufgabe*

                5 *Zusatzaufgabe*

Piktogramme   Arbeitstechniken

                     Arbeiten mit dem Computer

*Mit dem beigefügten Lösungsheft kannst du deine Antworten
zu den Aufgaben und den Tests selbst überprüfen.*

Arbeitstechniken

Ein Portfolio anlegen – Wunschberuf Fotograf/in

Ein Portfolio ist eine **Mappe** mit fremden und eigenen Texten und Materialien zu einem Thema.
Das Portfolio hält deinen Arbeitsprozess und deine Ergebnisse fest (**Dokumentation**).
1. Formuliere **Schlüsselfragen** zu deinem Thema.
2. Erstelle eine **Gliederung** (Übersicht über den Inhalt). Sie kann deine Schlüsselfragen aufgreifen, aber die Informationen z. B. auch vom Allgemeinen zum Speziellen hin anordnen. Lege passend zur Gliederung einen **Arbeitsplan** an.
3. **Recherchiere**: Versuche, Antworten auf deine Schlüsselfragen zu finden. Lege ein Rechercheprotokoll an.
4. Stelle die **Materialien** gegliedert vor, erkläre, was sie zur Beantwortung der Leitfragen beitragen, und bewerte sie (Kommentar).
5. Belege für jeden fremden Text und für jedes Material die **Quelle**: Gib genau an, wer das Material wann erstellt hat und woher es stammt. ▷ S.5
6. Nimm eine (Abschluss-)**Bewertung** (Reflexion) deiner Arbeit vor. ▷ S.6

Den Arbeitsprozess dokumentieren: Eine Mappe anlegen

1 *Welches Deckblatt enthält alle notwendigen Informationen? Kreuze an.*

☐ A	☐ B	☐ C
FOTOGRAF/IN – **Mein Traumberuf** erstellt im Fach Deutsch von: Jan Thiele, 14 Jahre	**Portfolio zum Berufsbild:** **FOTOGRAF/IN** von: Jan Thiele Klasse: 9 a Fach: Deutsch Zeitraum: 8. 11. bis 6. 12. 2010	**FOTOGRAF/IN** Jan Thiele, 9 a Zeitraum: 8. 11. bis 6. 12. 2010

Was verlangt das Thema? – Schlüsselfragen formulieren, gliedern, Arbeitsplan anlegen

2 *In der folgenden Liste findest du einige Fragen, die das Berufsbild „Fotograf/in" erschließen helfen.*
a) Überlege zunächst, welche der Fragen keine Schlüsselfragen sind. Streiche diese durch.
b) Formuliere zwei weitere Schlüsselfragen.
c) Gliedere: Ordne die Schlüsselfragen nach ihrer Wichtigkeit, indem du sie nummerierst.

☐ Wie viele Pausen hat man an einem Tag?

☐ Welches sind die Hauptaufgabenfelder einer Fotografin/eines Fotografen?

☐ Welche persönlichen Fähigkeiten werden gefordert/sind hilfreich?

☐ Wie ist die Ausbildung aufgebaut?

☐ Ab wann darf man selbstständig fotografieren?

☐ _____

☐ _____

3 a) Lege als Arbeitsplan auf gesonderten DIN-A4-Blättern eine Tabelle nach folgendem Muster an.
b) Plane deine Arbeitsschritte und beziehe dabei die Schlüsselfragen ein.

Schlüsselfrage	Datum der Bearbeitung	Recherche: Medium/Ort	Arbeitsergebnis: Portfolio S. …	Bewertung/Reflexion: Portfolio S. …

Recherchieren: Berufsbild „Fotograf/in"

ARBEITSTECHNIK – INTERNETRECHERCHE

Das Internet liefert über die Stichworteingabe in Suchmaschinen (Google, Yahoo etc.) viele Hinweise zu einem Thema. Als Informationsquelle ist es aber nicht so zuverlässig wie z. B. Bücher oder Zeitungen, denn jeder kann ungeprüft Informationen ins Netz stellen. Du musst die Websites genau prüfen.

Merkmale zur **Beurteilung von Internetquellen:**
- **Urheber**: Ist ein Verfasser/Herausgeber genannt? Sind die **Zielsetzungen** der Website klar? Universitäten und Ministerien bieten meist zuverlässige Informationen an, Firmen verfolgen wirtschaftliche Interessen. Private Seiten informieren oft einseitig.
- **Aktualität**: Wird die Seite „gepflegt", d. h. regelmäßig aktualisiert? Sind die Links aktuell und aktiv? Ist die Website auch längerfristig aufrufbar?
- **Referenzen**: Handelt es sich um Originalbeiträge? Sind Übernahmen richtig zitiert? Beziehen sich andere Websites auf die gefundene Seite?

4 Eine Suchmaschine gibt zum Stichwort „Fotograf, Ausbildung" folgende Ergebnisliste aus:

A www.christian-reder.de/artikel/ausbildung-fotografie

B www.planet-beruf.de (Suchbegriff: Fotograf)

C www.ils.de/fotografie_-_professionell_gemacht.php

D www.berufenet.arbeitsagentur.de (Suchbegriff: Fotograf)

a) Prüfe die Websites genau. Wende die Merkmale zur Beurteilung von Internetquellen an.
b) Trage deine Ergebnisse in die Tabelle ein.

	Urheber/Zielsetzungen	Aktualität	Referenzen	
A				☐
B	_Bundesagentur für Arbeit_			☐
C				☐
D				☐

c) Werte die Tabelle aus: Welche Websites scheinen dir geeignet? Kreuze oben rechts an und begründe kurz.

Ein Portfolio anlegen – Wunschberuf Fotograf/in

Materialien zusammenstellen, gliedern und auswerten

5 a) *Welche Informationen geben die beiden in Aufgabe 4 c) ausgewählten Websites über das Berufsbild?*
   Drucke hilfreiche Textpassagen aus und markiere Interessantes.
   b) *Werte die zusammengetragenen Materialien aus: Notiere die Informationen stichwortartig.*
   c) *Schreibe zu jeder Antwort die genaue URL-Adresse (Quellenangabe) ins Heft.*
   d) *Ordne die Informationen deinen Schlüsselfragen (S. 3, Aufgabe 2) zu. Trage die Nummer der passenden*
   Schlüsselfrage ein.
   e) *Überprüfe, auf welche Schlüsselfrage/n du noch keine (ausreichende) Antwort hast. Erweitere/Vertiefe deine*
   Recherche gegebenenfalls.

☐　1　Wie lange dauert die Ausbildung? _____

☐　2　Was lernt man voraussichtlich in der ersten Ausbildungshälfte? _____

☐　3　In welchen Berufsfeldern kann man als Fotograf/in arbeiten? _____

☐　4　Welche Vergütung erhält man während der Ausbildung? _____

☐　5　Welche schulischen Abschlüsse sind erforderlich? _____

☐　6　Welche Prüfungen sind abzulegen? _____

☐　7　Welche Schulfächer bereiten gut auf diesen Beruf vor? _____

ARBEITSTECHNIK – EIN QUELLENVERZEICHNIS ANLEGEN

Das Quellenverzeichnis ist die letzte Seite deines Portfolios. Es ist alphabetisch nach Autoren geordnet und
gibt die Herkunft der verwendeten Materialien präzise an.
Dabei wird zwischen folgenden Quellenarten unterschieden.

Buchtitel:
Autor: Titel. Verlag, Erscheinungsort, (evtl. Auflage) Erscheinungsdatum, ggf. Seite/n

Feininger, Andreas: Die hohe Schule der Fotografie. Heyne, München, 23. Auflage 2005

Zeitschriften-/Zeitungsartikel:
Autor: Titel. In: Zeitschriftentitel. Verlag, Erscheinungsort, Ausgabe, ggf. Seite/n

Wohlt, Franca: Auf dem Teppich durch die Mongolei. Erfahrungen aus einem Wettbewerb. In: Photonews. Zeitung für Fotografie. Photonews-Verlag, Hamburg, Heft 8/2009, S. 22 f.

Internetseiten:
Autor: Titel. URL (= Internetadresse); Datum des letzten Aufrufs

Habian, Erich: Geschichte der Fotografie. http://www.wu.ac.at/usr/h99a/h9950236/fotografie/foto1.htm; 10. 5. 2010

---

6 *In die folgenden Quellenangaben haben sich einige Fehler eingeschlichen.*
Schreibe die verbesserte Quellenangabe ins Heft.

Beispiel: *Michael Freeman: Digitale Fotografie Spiegelreflexkameras, Köln, Taschen, Erscheinungsjahr fehlt*

1　Fotografieren. Die neue große Fotoschule, München, 2008, Hedgecoe, John, Dorling Kindersley Verlag

2　http://www.bmwi.de/BMWi/Navigation/Ausbildung-und-Beruf/ausbildungsberufe,did=68484,render=renderPrint.html, Bundesministerium für Wirtschaft und Technologie

3　In: Photo International, „Beste Fotos aus der Druckmaschine, 4/2009, Hess, Hans-Eberhard, Hess Verlag, München

Arbeitstechniken

ARBEITSTECHNIK – EIN INTERVIEW FÜHREN

Ein „Experten"-Interview kann interessante und hilfreiche Einblicke in den Berufsalltag geben.
Bereite das Interview gut vor:

- ☐ **Wähle Fragen aus**, die der Interviewpartner auch beantworten kann.
- ☐ Stelle **offene W-Fragen** und vermeide geschlossene Fragen, die nur Ja-/Nein-Antworten zulassen.
- ☐ **Protokolliere** das Interview und/oder nimm es auf.

---

7 a) Lies die folgenden Interviewantworten genau. Formuliere je eine mögliche Frage und trage sie ein.

b) Werte das Interview aus: Kreuze an, ob dir die Antworten interessant oder uninteressant zu sein scheinen. Notiere im Heft Begründungen für deine Wahl.

Interview mit der Fotografin Anja Waldner (29)

1. Warum hast du dich für den Beruf der Fotografin entschieden?

Neben meinem Fachabi mit Schwerpunkt Gestaltung habe ich ein begleitendes Praktikum in einer Werbeagentur absolviert. Mein Chef dort hat früh erkannt, dass Werbegrafik nichts für mich ist. Er erkannte mein Interesse an Bildern und riet mir darum, Fotografin zu werden. Ich habe mich für eine Ausbildung in einem Porträtstudio entschieden. Nach einem Jahr wurde mir klar, dass ich etwas Kreativeres brauchte. In einem großen Werbestudio durfte ich die Ausbildung fortsetzen, das war mein Glück.

☒ interessant

☐ uninteressant

..., weil man sieht, dass man etwas ausprobieren kann, bevor man seinen Beruf findet.

2. _____

Ich habe drei Jahre lang viermal die Woche im Betrieb gearbeitet und bin einen Tag in die Berufsschule gegangen. In der Schule haben wir damals noch analoge Fotografie gelernt. Außerdem Geschichte der Fotografie, chemisch-physikalische sowie gestalterische Grundlagen und Farbtheorie. Im letzten Ausbildungsjahr kam die digitale Fotografie dazu. Das Ausbildungsgehalt war damals bescheiden: Im ersten Jahr 440 DM (224 €), im dritten Jahr 600 DM (306 €) im Monat.

☐ interessant

☐ uninteressant

..., weil

3. _____

Kunden-Präsentationen, Studio-Shootings, Außenaufnahmen, es gibt ziemlich viele Aufgabenbereiche. Oft bearbeiten wir Bildmaterial am Computer nach.

☐ interessant

☐ uninteressant

..., weil

4. _____

Es gibt sehr unterschiedliche Einsatzbereiche. Ein klassischer Porträtfotograf arbeitet anders als ein Werbe-, Food- oder Industriefotograf. Man muss sehr viel Zeit und Leidenschaft investieren, um erfolgreich zu werden. Meine Empfehlung: Schau dir verschiedene Betriebe an. Ein Schnupperpraktikum hilft sicher weiter. Außerdem solltest du am besten immer eine kleine Kamera dabeihaben. Jedes Foto kann einen weiterbringen.

☐ interessant

☐ uninteressant

..., weil

TIPP – FRAGEN FÜR DIE (ABSCHLUSS)BEWERTUNG (REFLEXION)

- ☐ Wurden die Schlüsselfragen beantwortet?
- ☐ Hast du noch Informationslücken?
- ☐ Was ist dir mit Blick auf das Berufsbild klar geworden?

- ☐ Was ist dir während der Arbeit am Portfolio leichtgefallen?
- ☐ Wie willst du weiter vorgehen (Ausblick genügt)?
- ☐ Was war besonders aufwändig?

---

8 Verfasse eine ausführliche Bewertung deiner Portfolio-Arbeit und hefte sie ein.

Ergebnisse protokollieren

Ein **Protokoll** ist eine Art von Bericht, z. B. über eine Diskussion, Veranstaltung o. Ä.
Im **Ergebnisprotokoll** werden verschiedene Informationen und Aussagen zusammengefasst – auch wenn sie zeitlich getrennt voneinander geäußert wurden – und nach Tagesordnungspunkten (TOPs) gegliedert. Für ein Protokoll gibt es eine feste **äußere Form**:

- einen **Protokollkopf**, der den Titel der Veranstaltung, das Datum, die Uhrzeit, den Ort, die Namen der Moderatoren, der An- und Abwesenden und des Protokollanten / der Protokollantin sowie das Thema nennt,
- einen **Hauptteil**, gegliedert nach TOPs,
- einen **Schluss** mit dem Datum des Tages, an dem das Protokoll geschrieben wurde, und der Unterschrift des Protokollanten/der Protokollantin.

Ein Protokoll wird im **Präsens** verfasst.
Der Protokollant schreibt **sachlich** und fasst die wichtigsten Inhalte der Äußerungen zusammen.

Protokoll der Veranstaltung: *z. B. Schulkonferenz zum Thema „Umgang mit neuen Medien"*
Ort: *Theodor-Körner-Realschule, Aula*
Datum/Zeit: *28. 9. 2010, 19:30 Uhr – 21:15 Uhr*
Anwesend: *Eltern-, Schüler- und Lehrervertreter/innen*
Abwesend: *----*
Moderation: *Schulleiterin Frau Schönfeld*
Protokoll: *Frank Jahnke (Schülervertreter)*

Tagesordnung:
TOP 1: *Einführung*
TOP 2: *Präsentation des Konzeptentwurfs*
TOP 3: *Diskussion*
TOP 4: *Abstimmung / Beschluss*
...
zu TOP 1: ...
zu TOP 2: ...
zu TOP 3: ...
zu TOP 4: ...

Ort/Datum:
Unterschrift (Protokollant/in):

1 *Fertige als Protokollant/in ein Protokoll zum nachfolgend dargestellten Gespräch an.*
a) Unterstreiche im Vorspann sowie in den Äußerungen der Schülerinnen und Schüler Informationen, die für den Protokollkopf wichtig sind. Schreibe einen vollständigen Protokollkopf in dein Heft.

Die Schülervertretung der Willi-Graf-Schule in Köln versammelt sich zur letzten SV-Sitzung des Schuljahres um 9:50 Uhr in der Schulaula. Die Schülersprecher Karo Hoffmann und Mehmet Bayram eröffnen die Sitzung:

> Liebe Mitschülerinnen und Mitschüler, ich begrüße euch herzlich zu der letzten SV-Sitzung dieses Schuljahres, am 28. 6. 2010, in der wir über die Verwendung unseres SV-Geldes abstimmen wollen. Es sind immerhin 2 500 Euro auf unserem Konto!

> Ich stelle fest, dass nur die Klassensprecher der 8 b fehlen, die einen Ausflug macht. Alle weiteren SV-Vertreter sind anwesend. Im Vorfeld haben sich bereits zwei Teams mit der Fragestellung beschäftigt und Vorschläge erarbeitet.

> Bevor wir über die Frage offen diskutieren, werden die beiden Teams ihre Vorschläge vorstellen. Am Ende der Sitzung, also in eineinhalb Stunden, wollen wir abschließend über die Vorschläge abstimmen.

b) Unterstreiche mit einer anderen Farbe Informationen, die dir Hinweise für die Gliederung in Tagesordnungspunkte (TOPs) geben. Lege im Heft eine Gliederung mit kurzen Titeln unter deinem Protokollkopf an.

TOP 1: Einführung

TOP 2: ...

Arbeitstechniken

2 *Marcia und Paul haben „TOP 1: Einführung" zusammengefasst. Welcher Text ist für ein Protokoll besser geeignet? Begründe.*

Marcia – TOP 1: Einführung
Karo und Mehmet sagen, dass, bevor wir die Frage diskutieren und abstimmen, die zwei Teams ihre Vorschläge vorstellen sollen.

Paul – TOP 1: Einführung
Die Schülersprecher Karo Hoffmann und Mehmet Bayram begrüßen die Anwesenden, stellen das Thema und die Vorgehensweise (siehe TOPs) vor.

TIPP
- Gib die Äußerungen anderer im Protokoll in Form einer **Paraphrase** (mit eigenen Worten) oder in ▷ **indirekter Rede** wieder.   ▷ S. 30–33
- Achte auf einen **angemessenen Stil**: Ersetze umgangssprachliche Formulierungen durch Schriftsprache.

3 *Forme die folgenden beiden Äußerungen für das Protokoll in indirekte Rede um. Achte auf den sprachlichen Stil und schreibe die zusammengefassten Ergebnisse unter dem passenden TOP in dein Protokoll im Heft.*

Constanze und Nick (10 c): Wir finden, es ist echt sinnvoll, das Geld in eine Schülerbibliothek zu stecken. Für das Geld können wir einen Computer und 'ne Menge Lesestoff kaufen.

Sven (9 a) und Sarah (8 c): Lasst uns das Geld doch besser an eine Hilfsorganisation für obdachlose Kinder spenden. Bei der Recherche hat sich gezeigt, dass z. B. „Obdach" und „KINDgeRECHT" geeignete Organisationen sind.

So könntest du beginnen:
Constanze und Nick (10 c) schlagen vor, …

4 *Es wird weiterdiskutiert. Unterstreiche in den Äußerungen, was ins Protokoll aufgenommen werden muss:*
rot = Spendenvorschlag, blau = Schülerbibliothek, weitere Farbe = neuer Vorschlag.
Fasse die Argumente sinnvoll zusammen.

Leon (9 b): Also, ich bin eindeutig für die Schülerbibliothek. Uns fehlt schon immer ein Ort, an dem wir Schüler entspannen oder konzentriert arbeiten können.
Nurdan (9 a): Entspannen kannst du auch zu Hause oder im Schülercafé. Wir haben als Schule doch auch einen sozialen Auftrag und sollten anderen Menschen helfen.
Christian (7 c): Spenden ist ja schön und gut. Aber man hört doch immer wieder, dass Spendengelder niemals bei den Betroffenen ankommen.
Sina (6 a): Das stimmt, aber wir könnten ja an eine Organisation hier vor Ort spenden und nachprüfen, was mit dem Geld passiert.
Conny (10 b): Ja, und vielleicht entstehen so auch noch weitere Projekte, zum Beispiel Patenschaften.
Nick (10 c): Aber die Bibliothek ist schon seit Jahren in Planung. Jetzt haben wir endlich eine Chance, den Anfang zu machen.
Joschua (8 a): Warum sollen wir eigentlich so radikal entscheiden? Wir könnten doch 1 000 Euro spenden und den Restbetrag für den Aufbau einer Bibliothek verwenden.

5 *Vervollständige dein Protokoll im Heft. Vergiss am Ende nicht deine Unterschrift sowie Ort und Datum der Protokollerstellung.*

Sprechen und Schreiben

Über Sachverhalte informieren: Der Praktikumsbericht

Ein Praktikumsbericht informiert über den Rahmen sowie den Verlauf des Praktikums.
Er enthält
- allgemeine Informationen über das **Unternehmen**, z. B. Art, Lage und Organisation (ggf. Broschüre/n, Fotos o. Ä. beifügen),
- Informationen über die **Berufe/Tätigkeiten**, die dort ausgeübt werden (ggf. Fachbegriffe erläutern),
- Informationen über den eigenen **Arbeitsplatz** und zur ausgeübten Tätigkeit,
- **Tagesberichte**, die sachlich und genau, aber knapp den Ablauf eines Arbeitstages wiedergeben,
- eine kritische Zusammenfassung der eigenen **Praktikumserfahrungen** (auch in Bezug auf die eigenen Erwartungen).

Verwende wichtige **Fachbegriffe**. Erkläre sie, falls notwendig.
Verwende als **Tempus** das Präteritum oder das Perfekt.
Gib ▷ wörtliche Rede indirekt wieder.

▷ S. 30–33

Tagesbericht (1) – Beim Floristen

Robin macht sein Praktikum als Florist. Der folgende Text schildert seine Erfahrungen am Vormittag des ersten Praktikumstages.

1 Lies Robins Tagesbericht.
  a) Markiere alle Stellen, die Auskunft über seine Tätigkeit als Praktikant geben.
  b) Unterstreiche alle Zeitangaben, z. B. 10:00 Uhr.
  c) Fasse den Bericht in tabellarischer Form zusammen.
     Notiere auf S. 10 in Stichworten.

Tagesbericht: Montag, 21. 09. 2009

Heute war mein erster Tag als Praktikant in der Blumenhandlung, und obwohl ich jetzt ziemlich müde bin, denke ich, dass ich eine gute Wahl getroffen habe. Schon als ich mich im Januar um den Praktikumsplatz beworben habe, war mir die freundliche Arbeitsatmosphäre aufgefallen, und der heutige Tag hat meinen positiven Eindruck bestätigt.
Der Blumenladen liegt am Anfang einer kleinen Einkaufspassage. Er ist nicht sehr groß und fällt den Vorübergehenden dennoch direkt ins Auge. Das liegt vor allem daran, dass ein Großteil des Angebots nicht hinter, sondern vor dem Schaufenster und im Gang der Passage ausgestellt ist. Auf einer breiten Stellfläche aus dunklem Holz stehen je nach Saison und Angebot immer wieder unterschiedliche Blumen- und Pflanzenarrangements. Der Laden selbst ist innen kunstvoll gestaltet und wirkt schon durch seine außergewöhnliche Dekoration einladend.
Neben dem Chef, der gleichzeitig auch der Inhaber ist, gibt es in meinem Praktikumsbetrieb zwei angestellte Vollzeitkräfte, drei Halbtagskräfte und eine Auszubildende. Im Gegensatz zu den meisten Blumenläden, die ich kenne, arbeiten hier auch viele männliche Mitarbeiter.
Das Geschäft ist ab 10:00 Uhr für die Kunden geöffnet, für die Angestellten beginnt der Arbeitstag um 8:00 Uhr, je nach Arbeitsauftrag, z. B. bei der Vorbereitung großer Events, zu denen die Dekoration erstellt werden muss, aber auch schon mal früher. Geschlossen wird in der Woche um 19:00 Uhr, am Samstag um 18:00 Uhr.
Meine Arbeitszeit beginnt um 8:30 Uhr und endet um 16:30 Uhr. Von 10:30 Uhr bis 10:45 Uhr habe ich eine kurze Pause, von 12:45 Uhr bis 13:30 Uhr Mittagspause.
Um am ersten Tag ganz pünktlich zu sein, bin ich viel zu früh aus dem Haus gegangen und erwischte noch den Bus um 7:30 Uhr. Obwohl ich von der Bushaltestelle aus ganz langsam zu meinem Arbeitsplatz ging, war ich bereits um Viertel nach acht da. Als ich ins Geschäft kam, waren der Chef, zwei Angestellte und die Auszubildende schon bei der Arbeit. Blumenvasen wurden ausgewaschen, und die frischen Blumen, die auf dem Blumengroßmarkt gekauft worden waren, standen in Plastikeimern im Arbeitsbereich, um angeschnitten oder verarbeitet zu werden.
Der Chef stellte mich allen vor und bat mich, Fabian, meinem Betreuer, beim Reinigen der großen Bodenvasen zur Hand zu gehen. Das war eine feuchte und nicht ganz einfache Angelegenheit, da die Vasen sehr sorgfältig gereinigt werden mussten, um alle Schadstoffe zu beseitigen. Die Bodenvasen sind aus Holz. Mit Wasser gefüllt sind sie ganz schön schwer.

Sprechen und Schreiben

Anschließend zeigte mir Fabian den Anschnitt der einzelnen Blumensorten. Das war eine viel aufwändigere Arbeit, als ich mir das zuvor vorgestellt hatte. Damit z. B. die Köpfe der langstieligen weißen Rosen keine Flecken bekamen, musste jede einzelne ganz vorsichtig angefasst und am Stiel mit einem speziellen Messer schräg angeschnitten werden. Dann erst konnte sie in die Vase gestellt werden. Fabian meinte, ich solle mir das erst einmal nur ansehen, und
30 ich war ganz froh darüber, dass ich diese stachelige Tätigkeit noch nicht selbst ausführen musste.

Ich war erstaunt, mit welcher Sorgfalt alle Blumen in die Vasen eingeordnet wurden. Nahezu jeder einzelne Stiel wurde angeordnet. Außerdem wurde genau darauf geachtet, welche Farben nebeneinandergestellt wurden.

Inzwischen hatten die beiden anderen Mitarbeiter angefangen, im Außenbereich die ersten Blumen- und Pflanzenarrangements anzuordnen, die im Laufe der letzten Stunde von ihnen hergestellt worden waren. Da ich auf die Dauer
35 keine Lust hatte, Fabian die ganze Zeit nur zuzusehen, fragte ich, ob ich beim Transport helfen könne, was die beiden gleich bejahten. Also trug ich etwa 60 kleine quadratische Blumentöpfe der Reihe nach vor die Tür und sah zu, wie sie dort exakt nebeneinander und nach Farben sortiert aufgestellt wurden. Nachdem eine große Schale mit ca. 30 nahezu identischen grün-weißen Blumensträußen gefüllt worden war, konnte der offizielle Betrieb beginnen.

Ich hatte erwartet, dass ich nun beim Verkauf und bei der Beratung der Kunden assistieren dürfte, aber das war ein
40 Trugschluss.

Fabian zeigte mir einen Stapel grüner Steckschaumziegel. Diese grünen Kissen, in die die Pflanzen gesteckt werden, sollte ich wässern. Das sieht auf den ersten Blick sehr einfach aus, ist aber mit einigen Tücken verbunden. So musste ich z. B. darauf achten, dass der Schaum das Wasser gleichmäßig aufnahm und sich innen keine Hohlräume bildeten, sonst steckt der Blumenstiel später im wasserlosen Raum und vertrocknet ganz schnell. Nachdem der Schaum sich
45 mit Wasser vollgesogen hatten, musste er so zurechtgeschnitten werden, dass er in die quaderförmigen Blumentöpfe passte. Ich war so mit meiner Aufgabe beschäftigt, dass ich gar nicht merkte, wie die Zeit verging. Als ich alle Ziegel gewässert und bearbeitet hatte, ging es bereits auf 12:00 Uhr zu, und ich merkte zum ersten Mal so richtig, dass ich seit heute Morgen nichts mehr gegessen hatte.

Inzwischen hatte auch der Kundenverkehr zugenommen und ich wurde immer wieder angesprochen und nach be-
50 stimmten Blumen oder deren Preisen gefragt. Dabei fiel mir auf, dass ich weder die Namen der Pflanzen noch deren Herkunft kenne. Da muss ich wohl in den kommenden Wochen noch einiges lernen.

Um nicht allzu unnütz herumzustehen, griff ich mir den Besen, der im Arbeitsbereich stand, und kehrte dort die herabgefallenen Blumenreste weg, damit niemand darauf ausrutschte.

Endlich war es 12:45 Uhr und mein Chef meinte, ich hätte mir jetzt die Mittagspause verdient.

8:15 Uhr   Ankunft im Blumenladen

Über Sachverhalte informieren: Der Praktikumsbericht

2 *Robin hat Informationen über das Unternehmen in seinen Tagesbericht eingearbeitet.*
  a) Markiere diese und fasse sie zu einem eigenen Kapitel für den Praktikumsbericht zusammen. Schreibe ins Heft.
  b) Notiere anschließend kurz, welche Informationen Robin zu diesem Kapitel noch ergänzen sollte.

3 *Robin hat nicht immer sachlich berichtet. Vieles hätte er knapper ausdrücken können.*
  a) Unterstreiche im Text auf S. 9–10 die rein sachlichen Informationen, die seinen Tagesablauf betreffen.
  b) Formuliere den Tagesbericht neu. Schreibe in dein Heft.

Tagesbericht (2) – In der Apotheke

Ronja hat ihr Praktikum in einer Apotheke absolviert und sich einige Notizen für ihren Tagesbericht gemacht.

> **ARBEITSTECHNIK – ZEITLICHE VERHÄLTNISSE AUSDRÜCKEN**
> Achte beim Schreiben auf Abwechslung bei den Zeitangaben:
> *Später – am Morgen – gleich zu Beginn meiner Arbeitszeit – gegen 9 Uhr – zwischendurch – eine kurze Zeit später – gleich danach – währenddessen – nach einer Stunde – kurz vor Geschäftsschluss – im Anschluss an …*

4 *Formuliere Ronjas Notizen zu einem zusammenhängenden Tagesbericht aus. Schreibe in dein Heft.*

Nett aufgenommen und gleich integriert, Cengiz, Auszubildender, begleitet mich während der Arbeitszeit, erklärt seine Tätigkeiten verständlich und ausführlich

Arbeitszeit: Mo, Di, Do, Fr: 8:00–17:00 Uhr, Mi, 8:00–13:00 Uhr; jeweils 45 Minuten Mittagspause, gegen 11 Uhr gemeinsame Frühstückspause, ich muss heute Kaffee kochen, außerdem: Wareneingänge abscannen und in Regale sortieren, Werbegeschenke für die Kunden auffüllen, Regale reinigen, Bluthochdruck messen, Kundengespräche beobachtet:

- *älterer Herr – sehr freundlich, offensichtlich Stammkunde, möchte ein Mittel gegen Schnupfen, klagt über Kopfschmerzen und freut sich, als ihm zu den Medikamenten noch Hustenbonbons eingepackt werden*
- *ein Herr im eleganten Anzug, wahrscheinlich Geschäftsmann, sehr hektisch, spricht mich gleich an und reagiert unfreundlich, als ich ihm erkläre, dass ich als Praktikantin sein Rezept nicht bearbeiten darf*
- *eine ältere Dame – kommt aus dem Altersheim, das in der Nähe liegt, möchte den Blutdruck gemessen haben, will offensichtlich nur mit jemandem reden, ist froh, dass ich diese Aufgabe übernehmen kann, für mich aber ganz schön anstrengend, weil ich auf die Dauer nicht mehr weiß, was ich noch sagen soll*
- *eine Mutter mit ihrem Kind – braucht Wundsalbe und Pflaster das Kind nervt, weil es quengelt und alles anfasst, was vor der Theke in den Sichtregalen steht*

mein Tag: abwechslungsreich, wenn viele Kunden da waren; oft langweilig, weil ich fast nur zuschauen durfte; gut, dass ich unter Aufsicht selbst Blutdruckmessungen durchführen durfte; morgen soll Cengiz mir zeigen, wie eine Salbe hergestellt wird

11

Sprechen und Schreiben

Kritische Zusammenfassung der Praktikumserfahrungen

Werte abschließend deine neuen Erfahrungen **aus**, um daraus Konsequenzen für deine weitere Schullaufbahn und deine Berufsplanung zu ziehen:
- ☐ Was waren meine Haupttätigkeiten?
- ☐ Was habe ich im Praktikum gelernt?
- ☐ Sind meine Erwartungen erfüllt worden?
- ☐ Welchen Einfluss hat das Praktikum auf
  - meinen Berufswunsch,
  - meine Einstellung zur Schule?

Die kritische Zusammenfassung der Praktikumserfahrungen schließt deinen Praktikumsbericht ab.

5 Robin und Violetta haben beide ein Praktikum bei einem Floristen gemacht, Ronja in einer Apotheke. Vergleiche ihre kritischen Zusammenfassungen und notiere kurz deine Ergebnisse zu jedem Text im Heft:
- Wurden die im Merkkasten genannten Fragen beantwortet?
- Ist die Zusammenfassung sprachlich angemessen?

Robin: Meine drei Praktikumswochen sind wie im Flug vergangen. Meine Erwartungen wurden erfüllt, ich habe viele Tätigkeiten eines Floristen kennen gelernt und teils auch selbst ausgeübt. Aber mein Bild des Berufs musste ich deutlich ändern. Mit dieser Tätigkeit sind sehr viel mehr handwerkliche Anforderungen und Kenntnisse verbunden, als ich dachte. Vorher habe ich immer nur den Blumenladen gesehen, jetzt weiß ich, wie viel Arbeit im Hintergrund anfällt: z. B. einen großen Raum für eine Hochzeit dekorieren oder aufwändige Sträuße binden.
Es hat mir Spaß gemacht, nach der Schulzeit will ich Florist werden. Da ich gut mit den Mitarbeitern und dem Chef ausgekommen bin, werde ich mich auf jeden Fall auch bei diesem Betrieb bewerben. Falls ich mich später im Berufsleben einmal verändern will, kann ich eine Meisterprüfung ablegen.
Damit ich einen guten Ausbildungsplatz bekomme, werde ich in Zukunft auf meine Noten in Deutsch und Mathe achten, und auch für Bio und Kunst muss ich mehr arbeiten als bisher.

Violetta: Mein Praktikum habe ich mir anders vorgestellt. Mein Praktikumsbetreuer hat sich überhaupt nicht um mich gekümmert und auch den übrigen Mitarbeitern war ich völlig egal. Nur eine behandelte mich etwas freundlicher. Auch die Arbeit war eine totale Katastrophe. Ich musste fast die ganze Zeit irgendwelche Regale putzen, Blumen schleppen und den Boden fegen. Dabei hatte ich bereits am zweiten Praktikumstag darauf hingewiesen, dass ich nicht zum Putzen und Schleppen da war. Am liebsten hätte ich nach einer Woche die Arbeit hingeschmissen, aber meine Mutter meinte, ich muss das durchziehen. Floristin werde ich jedenfalls nicht.

Ronja: Meine Aufgaben als Praktikantin waren vielseitig und größtenteils auch ziemlich interessant. Ich fand es gut, dass ich viele der Tätigkeiten, die in einer Apotheke anfallen, machen durfte. Das Kaffeekochen zur Frühstückspause fand ich völlig in Ordnung. Meine Betreuer haben ansonsten immer darauf geachtet, dass mir nicht langweilig wurde. Ich kann mir jedoch nicht vorstellen, in Zukunft den Beruf einer pharmazeutisch-kaufmännischen Angestellten auszuüben. Man ist in erster Linie Verkäuferin, von den Medikamenten versteht man ja wenig. Und immer nur Tee abwiegen und Salben abfüllen will ich auch nicht.
Deshalb werde ich mich zunächst einmal sehr um einen guten Schulabschluss bemühen. Vielleicht mache ich in den Sommerferien freiwillig noch ein anderes Praktikum. Man kann dort gut feststellen, ob der Beruf wirklich der richtige für einen ist.
Weiterempfehlen würde ich ein Praktikum in einer Apotheke deshalb nur, wenn man sich wirklich sehr dafür interessiert und später vielleicht auch etwas in der Richtung machen möchte.

6 Welcher Text ist am besten als kritische Zusammenfassung geeignet? Was könnte man dennoch verbessern? Begründe.

TESTE DICH! ■ **TESTE DICH!** ■ **TESTE DICH!** ■ **TESTE DICH!**

Teste dich! – Rund um den Praktikumsbericht

1 *Kreuze an, welche der folgenden Informationen du einem Praktikumsbericht beifügen kannst.*

A ☐ Broschüren des Betriebs

B ☐ Informationen über Ausbildungsdauer und -vergütung

C ☐ Persönliche Erwartungen an das Praktikum

D ☐ Beschreibung des Arbeitsplatzes

E ☐ Kritische Zusammenfassung der Praktikumserfahrungen

F ☐ Fotos typischer Arbeitssituationen

G ☐ Informationen zum Unfallschutz

H ☐ Wesentliche Tätigkeiten im Beruf

J ☐ Für den Beruf wichtige Fachausdrücke

K ☐ eigene Kinderfotos

L ☐ Spezialisierungs- und Weiterbildungsmöglichkeiten

M ☐ Beschreibung des Betriebs und der Mitarbeiter

2 *Kreuze an, ob die Aussagen richtig oder falsch sind.*

		richtig	falsch
	Der Tagesbericht ...		
A	informiert oberflächlich über den zeitlichen Ablauf eines Arbeitstages.	☐	☐
B	enthält wichtige Fachbegriffe.	☐	☐
C	wird im Präsens verfasst.	☐	☐
D	berichtet über typische Tätigkeiten im Betrieb.	☐	☐
E	wird in sachlicher Sprache verfasst.	☐	☐
F	enthält persönliche Kommentare des Praktikanten.	☐	☐

3 *Welcher der folgenden Sätze gehört nicht in einen Praktikumsbericht?*
Kreuze an.

A ☐ Wie an jedem Tag meines Praktikums kämpfte ich verzweifelt gegen die morgendliche Müdigkeit.

B ☐ Ich durfte selbstständig bibliografische Daten recherchieren.

C ☐ Ein Praktikum im Buchhandel ist das ganze Jahr über möglich.

D ☐ Die Ausbildung zum Buchhändler dauert drei Jahre; sie kann mit Abitur um ein Jahr verkürzt werden.

E ☐ Morgens räumte ich ausgezeichnete Bücher in die Regale und prüfte, ob noch alle Preisschilder korrekt angebracht waren.

Werte deine Ergebnisse aus, indem du deine Antworten mit dem Lösungsheft abgleichst.
Für jede richtige Antwort bekommst du einen Punkt.

19–15 Punkte	14–10 Punkte	9–0 Punkte
☺ Gut gemacht!	☺ Schau dir die Merkkästen der Seiten 9 bis 12 noch einmal an.	☹ Arbeite die Seiten 9 bis 12 noch einmal sorgfältig durch.

Sprechen und Schreiben

Lineare (steigernde) Erörterung

> **!**
>
> Eine Erörterung ist die schriftliche Form der **Argumentation**.
>
> Zu einer gelungenen Argumentation gehört
> ☐ eine klar formulierte **These** (Behauptung, Bewertung, Forderung),
> ☐ welche **durch Argumente** (Tatsachen, Expertenmeinungen, Erfahrungen) **begründet** wird.
> ☐ Die Argumente werden **durch Beispiele**, **Belege** und **Zitate** gestützt.
>
> Bei der **linearen Erörterung** (linear = geradlinig) wird **nur ein Standpunkt** – entweder pro oder kontra – zu einem Thema vertreten. Die Argumente und Beispiele werden so angeordnet, dass das **überzeugendste** Argument **am Schluss** steht.
> Abschließend kannst du einen **Einwand (Gegenargument)** bringen, der aber entkräftet wird.
>
> Das **Thema** kann als Frage formuliert sein, z. B.: „Warum ist Baumwolle für Kleidung so beliebt?"
> Bestimmte **Signalwörter** in der Aufgabenstellung weisen darauf hin, dass eine lineare Erörterung erwartet wird, z. B.: *Begründe, ..., Zeige auf, ..., Weise nach, ..., Nenne Argumente für/gegen ...*
> **Gliedere** in Einleitung, Hauptteil und Schluss. Mache sinnvolle Einschnitte als Absatz erkennbar.
>
> **Den Hauptteil schreiben**
> Im Hauptteil einer linearen Erörterung wird die eigene Meinung dargestellt und begründet: Von ihr hängt die **Reihenfolge der Argumente** ab. Sinnvoll ist es, das überzeugendste Argument an den Schluss zu stellen. Verbinde Einleitung und Hauptteil sowie Hauptteil und Schluss durch einen Überleitungssatz.

These: Jugendliche folgen kritiklos den aktuellen Modetrends.

1 a) Vier der folgenden Argumente begründen die These oben. Kreuze an.

A ☐ Jugendliche orientieren sich an bekannten Marken und kaufen vor allem bei großen Ketten ein.

B ☐ Jugendliche pflegen einen sehr ausgeprägten, eigenen modischen Stil.

C ☐ Jugendliche, die keine modische Kleidung tragen, werden von Gleichaltrigen ausgegrenzt.

D ☐ Jugendliche tragen die Mode, die sie im Fernsehen oder im Internet an Popstars sehen.

E ☐ Jugendliche haben in der Regel nicht sehr viel Geld für Kleidung zur Verfügung.

F ☐ Jugendliche lassen sich in ihrem Geschmack von der Werbung beeinflussen.

G ☐ Jugendliche konsumieren in erster Linie Musik.

b) Handelt es sich bei den folgenden Sätzen um einen Beleg, ein Beispiel oder ein Zitat? Trage ein.
c) Ordne jedem eines der geeigneten Argumente (oben) zu, indem du dessen Buchstaben einträgst.

1 ☐ In den Innenstädten findet man vor allem Warenhausketten mit immer dem gleichen Warenangebot.

_____

2 ☐ Medien berichten, dass Jugendliche, die sich, z. B. aus finanziellen Gründen, den modischen Trends

entziehen, von ihren Mitschülerinnen und Mitschülern ausgegrenzt werden.

_____

3 ☐ Immer häufiger zeigen Stars bei Medienauftritten neueste Modetrends. _____

Lineare (steigernde) Erörterung

4 ☐ „Kleidungsstücke, die ich beim ersten Sehen hässlich fand, gefallen mir oft nach einiger Zeit ganz gut.

Für den Sommer habe ich Schuhe gekauft, die mir vor ein paar Monaten noch gar nicht gefallen haben."

(Britta, 16 Jahre) _____

These: Im Beruf kleidet man sich anders als in der Freizeit.

2 a) Ordne die nachfolgenden Argumente nach ihrer Wichtigkeit und Überzeugungskraft, indem du sie nummerierst:
1 = kaum überzeugendes Argument, 4 = sehr überzeugendes Argument.

☐ A Bei vielen beruflichen Tätigkeiten benötigt man eine Schutzkleidung.

☐ B In der Freizeit kann man die Kleidung wählen, die die eigene Persönlichkeit unterstreicht.

☐ C Bei jeder Gelegenheit dieselbe Kleidung zu tragen wäre langweilig.

☐ D Manche Unternehmen schreiben den Mitarbeitern eine bestimmte Dienstkleidung vor.

b) Formuliere zu jedem der Argumente passend einen Beleg, ein Beispiel oder ein Zitat.

A _____

B _____

C _____

D _____

ARBEITSTECHNIK – FORMULIERUNGEN ZUR SPRACHLICHEN GESTALTUNG DES HAUPTTEILS

Verknüpfung der Argumente: *Als Erstes/Als Nächstes lässt sich anführen, …   Außerdem sollte bedacht werden, …   Ein zentrales Argument ist …   Wichtiger/Mindestens so wichtig/bedeutsam ist … Zunächst ist zu beachten, …   Ausschlaggebend/Entscheidend ist, …   Und schließlich muss man sagen, …*

- Überleitungen zu Belegen, Beispielen und Zitaten: *Dies zeigt sich darin, …   Man denke etwa an … So gilt z. B. …   Dazu kann man anführen, …   Beispiele dafür geben …   In diesem Zusammenhang heißt es: …   Dazu sagt …   XY schreibt hierzu, …*

- Überleitungen zwischen Einleitung und Hauptteil: *Dieser Frage möchte ich nachgehen … Darauf soll im Folgenden ausführlich eingegangen werden …*

- Überleitungen zwischen Hauptteil und Schluss: *Die Schlussfolgerung lautet … Schaut man sich die Argumente an, dann …*

- Überleitung zu einem entkräfteten Gegenargument: *Manchmal wird gesagt, …   Zwar könnte jemand einwenden, …, aber …   Auch wenn man … bedenkt, so ist doch …   Zweifler könnten anmerken …, jedoch …*

---

3 Welche Position begründen die Argumente aus Aufgabe 2 a)? Kreuze an.

☐ Pro, sie argumentieren für die These   ☐ Kontra, sie argumentieren gegen die These

4 Formuliere mit den Argumenten und Belegen aus Aufgabe 2 den Hauptteil der linearen Erörterung der These „Im Beruf kleidet man sich anders als in der Freizeit".
Verwende passende Verknüpfungen, um den steigernden Aufbau und die logische Struktur deiner Argumentation zu verdeutlichen. Schließe mit einem Gegenargument, das du entkräftest. Schreibe ins Heft.

Sprechen und Schreiben

Die Einleitung schreiben
Die Einleitung führt in das Thema ein (Worum geht es?), weist auf seine Wichtigkeit hin
(Warum ist das Thema interessant?) und stellt einen aktuellen Bezug her. Sie enthält
keine Argumente aus dem Hauptteil.

---

5 Bevor die Schülerpraktika beginnen, diskutiert die Klasse 9 c, ob die Schülerinnen und Schüler sich während des
Berufspraktikums anders kleiden sollen als in ihrer Freizeit. Als Hausaufgabe ist eine Erörterung zu dieser Frage zu
schreiben.
a) Ronja und Robin haben Einleitungen für ihre Erörterung geschrieben, nur eine der beiden ist gelungen. Kreuze an.

☐ Ronja: Man soll sich im Praktikum nicht nur gut benehmen, sondern auch richtig anziehen. Das ist bestimmt in
meiner Apotheke auch so. Ich sehe das Ganze folgendermaßen: ...

☐ Robin: Unsere Klasse wird in einigen Wochen ein Berufspraktikum durchführen. Wir haben in der Klasse
diskutiert, ob Berufskleidung auch im Schülerpraktikum sinnvoll ist. Zu Beginn meines Praktikums als Florist
werde ich meinen Chef in der Blumenhandlung fragen, welche Kleidung er während des Praktikums empfiehlt.

b) Begründe deine Auswahl kurz: Was ist an dieser Einleitung gelungen?

_____

_____

c) Schreibe eine verbesserte Einleitung. Schließe mit einer Überleitung zum Hauptteil ab.

_____

_____

_____

Den Schluss formulieren
Verbinde Hauptteil und Schluss durch eine Überleitung.
Im Schluss fasst du die Argumente kurz zusammen, formulierst dein **eigenes Urteil** und einen **Ausblick**:
☐ eine Aufforderung oder einen persönlichen Wunsch oder
☐ einen Ausblick auf verwandte Themen oder zukünftige Entwicklungen.

---

6 Einer der folgenden Schlusssätze ist ungeeignet. Kreuze an, welcher.

☐ Ronja: Letztlich ist es also überflüssig, sich über dieses Thema viele Gedanken zu machen.

☐ Robin: Betrachtet man die verschiedenen Argumente, so wird deutlich, dass man für das Praktikum keine einheit-
lichen Kleidungsregeln aufstellen kann.

☐ Violetta: Auch wenn die Art, sich zu kleiden, vom jeweiligen Praktikumsplatz abhängt, so lässt sich generell festhalten, dass man sich an der Kleidung orientieren sollte, die auch von den Angestellten getragen wird.

7 Formuliere einen Schlusssatz zu deiner Erörterung zum Thema „Im Beruf kleidet man sich anders als in der Freizeit".

_____

_____

TESTE DICH! ■ TESTE DICH! ■ TESTE DICH! ■ TESTE DICH!

Teste dich! – Lineare (steigernde) Erörterung

1 *Kreuze an, ob die Aussagen richtig oder falsch sind.*

		richtig	falsch
A	Bei einer linearen Erörterung geht es darum, eine Position mit möglichst überzeugenden Argumenten zu begründen.	☐	☐
B	Die Argumente werden in beliebiger Reihenfolge aufgelistet.	☐	☐
C	Ein Argument kann etwa ein Beispiel oder ein Zitat sein.	☐	☐
D	Gegenargumente werden in einer linearen Erörterung nie genannt.	☐	☐

2 *Ordne die folgenden Aussagen den drei Teilen einer linearen Erörterung zu:*
E = Einleitung, H = Hauptteil (Argumentation), S = Schluss.

A   Markenklamotten sind nicht individuell, weil jeder sie trägt. _____

B   Lehrerinnen und Lehrer klagen darüber, dass Jugendliche, anstatt für die Schule zu arbeiten,

in ihrer Freizeit jobben, um sich kostspielige Markenkleidung kaufen zu können. _____

C   Es gibt Alternativen, sich modisch und zugleich kostengünstig zu kleiden. Man kann

z. B. Markenkleidung in einem Outlet oder Second-Hand-Shop kaufen. _____

D   Es stimmt hoffnungsvoll, dass die Zahl der Jugendlichen zunimmt, die Wert darauf legen,

einen persönlichen Kleidungsstil zu entwickeln. _____

3 *Sortiere die folgenden Gegen-Argumente zur These „Jugendliche folgen kritiklos den aktuellen Modetrends"*
nach ihrer Überzeugungskraft: 1= schwächstes, 4 = überzeugendstes, stärkstes Argument.

☐ A   Oft sind gerade diejenigen, die aus dem Rahmen fallen, die angesagtesten Typen.

☐ B   Jugendliche sind im Entwerfen eigener Moden viel kreativer, als allgemein behauptet wird.

☐ C   Mode ist ein Ausdruck der bewussten Zugehörigkeit zu bestimmten Gruppen.

☐ D   Jugendliche gestalten ihren Stil sehr persönlich.

4 *Ordne die beiden folgenden Belege je einem Argument aus Aufgabe 3 zu.*

☐ A   Viele Modetrends sind dadurch entstanden, dass Kleidungsstücke, die Jugendliche selbst genäht haben, um sich von den Erwachsenen abzugrenzen, anschließend von der Modeindustrie vermarktet wurden.

☐ B   Es gibt nicht nur eine Mode. An unserer Schule kann man ganz unterschiedlich gekleidete Jugendliche sehen. Da gibt es die Skater, die Gothics, die Fußballfans, die Modefreaks und diejenigen, die ihren eigenen Modestil tragen.

Werte deine Ergebnisse aus, indem du deine Antworten mit dem Lösungsheft abgleichst.
Für jede richtige Antwort bekommst du einen Punkt.

14–11 Punkte	10–7 Punkte	6–0 Punkte
☺ Gut gemacht!	☺ Schau dir die Merkkästen der Seiten 14 bis 16 noch einmal an.	☹ Arbeite die Seiten 14 bis 16 noch einmal sorgfältig durch.

Sprechen und Schreiben

Im Anschluss an einen Text erörtern: Pro und kontra

ARBEITSTECHNIK – DIE ARGUMENTATION DES TEXTES ERSCHLIESSEN

Lies den Text **sorgfältig**:
- ☐ Markiere die Aussage (These), die Argumente und die Beispiele/Belege farbig.
- ☐ Formuliere die zentrale Aussage des Textes mit eigenen Worten in einem Satz.
- ☐ Fasse nacheinander mit eigenen Worten die Argumente (Begründungen), Belege und Beispiele zusammen, mit denen die Hauptaussage untermauert wird. Notiere bei Textbelegen die Zeilenangaben.

Werte die Argumente **aus**: Welche überzeugen dich, welche nicht? Fehlen Gedanken und Argumente?

1 *Lies den folgenden Text sorgfältig.*

Hauptsache in! Inszenierung durch Kleidung
von Carsten Rohlfs, Marius Harring, Christian Palentin

Es kommt im Jugendalter zu einer stärkeren Individualisierung und zu einer Aufsplitterung in zahlreiche Trends, die insbesondere die Kleidung betreffen. Entsprechend der jeweiligen Szene gibt es spezifisch ausgeprägte Stile: Punk-, HipHop-, Gothic- oder Öko-Style, um nur einige zu nennen. In allen Fällen soll Kleidung etwas mitteilen – eine Einstellung, ein Lebensgefühl, einen Musikgeschmack, die Zugehörigkeit zu einer bestimmten Gruppe, Wohlstand etc. Kleidung soll einen Teil der Persönlichkeit ausdrücken. Und inszeniert wird dabei oftmals das Gesamterscheinungsbild, das am besten im Ensemble dem Stil entspricht: Die Frisur passt zum Hemd, das Hemd zur Hose, die Hose zum Schuhwerk usw.

Es gibt aber auch Heranwachsende, für die Stilfragen, die Zugehörigkeit zu einer bestimmten Gruppe nicht allzu bedeutsam sind, die sich demnach keinem Modestil zuordnen (lassen), weil sie primär praktische und bequeme Kleidung tragen oder durch ihre finanziellen Möglichkeiten zu sehr eingeschränkt sind, um ihre modischen Vorlieben ausleben zu können. Andere wiederum wollen sich bewusst keiner Szene anschließen und sind bedacht, ihren ganz eigenen Stil zu erschaffen. Sie schneidern sich zum Teil selbst ihre Stücke, stellen aber mit dieser bewussten Trendverweigerung letztlich doch eine Art von Subkultur dar. Das Bestreben allerdings, unbedingt individuell und anders als andere zu sein, trifft auf die meisten Subkulturen zu. Geprägt durch Vorbilder aus den Medien, der Musikindustrie oder dem Freundeskreis etwa ist der Stil innerhalb einer Szene nahezu identisch: Haarfrisur und -farbe, Kleidung mit Mustern, bestimmte Materialien und Farben, ausgewählte modische Accessoires und Symbole, Tätowierungen bestimmter Form und Farbe weisen auf die Zugehörigkeit zu einer bestimmten Gruppe hin und werden als klarer Code verwendet und verstanden. Und dennoch haben viele Jugendliche das Gefühl und den Wunsch, durch diese Kombination Individualität auszudrücken. „Ich will mich mit meinen Klamotten nicht der Masse anpassen, ich will durch meine Klamotten auffallen und anders sein. Mein Patronengürtel darf nicht fehlen", betont Henrietta, Schülerin in Moers. Ein Patronengürtel darf im jüngst von jüngeren Heranwachsenden wiederentdeckten Punk-Look in keinem Fall fehlen. Er stellt jedoch als in dieser Szene verbreitetes Symbol die Individualität des Einzelnen, den eigenen, unangepassten Stil deutlich in Frage. Dennoch fällt Henrietta in ihrer Schule vermutlich auf (unter Punks weniger), inszeniert sich als „anders als die anderen und vor allem als die Spießer".

Aus: Schüler. Wissen für Lehrer. Themenheft: Geld. Aufwachsen in der Konsumgesellschaft. Friedrich Verlag 2008

Im Anschluss an einen Text erörtern: Pro und kontra

Schritt 1: Einem Text Argumente entnehmen und bewerten

2 *Welche der folgenden Aussagen finden sich sinngemäß im Text, welche nicht? Kreuze an.*

		im Text	nicht im Text
A	Es gibt keine einheitliche Mode für Jugendliche, sondern viele unterschiedliche Stile.	☐	☐
B	Jede Jugendszene hat ihren eigenen Kleidungsstil, über den sie etwas Besonderes mitteilen möchte.	☐	☐
C	Für alle Jugendlichen ist es wichtig, sich einer Szene und damit auch einem Modestil zuzuordnen.	☐	☐
D	Es gibt auch Jugendliche, die sich bewusst keiner Szene und keinem Modestil anschließen.	☐	☐
E	Patronengürtel werden von allen Jugendlichen wieder häufig getragen.	☐	☐
F	Viele Jugendliche wollen durch ihre Kleidung ihre Individualität ausdrücken und sehen darin eine Möglichkeit zur Selbstbestimmung.	☐	☐
G	Designermode spielt für Jugendliche überhaupt keine Rolle mehr.	☐	☐

3 *Fasse die Aussage des Textes mit eigenen Worten in einem Satz zusammen: Welche Bedeutung hat Mode/Kleidung für die meisten Jugendlichen (unabhängig davon, zu welcher Szene sie gehören)?*

Die Autoren des Textes vertreten die Ansicht, _____

_____

_____

_____

4 *Die Verfasser des Artikels unterscheiden drei Gruppen von modischem Interesse. Ermittle die drei Gruppen und beschreibe für jede Gruppe kurz ihre Einstellung zur Mode.*

Gruppe 1: _____

_____

_____

_____

Gruppe 2: _____

_____

_____

_____

Gruppe 3: _____

_____

_____

Sprechen und Schreiben

5 Fasse nacheinander mit eigenen Worten die Argumente (Gründe) sowie die Belege und Beispiele aus dem Text S. 18 zusammen, mit denen die Hauptaussage untermauert wird.
Ergänze in den Sätzen die fehlenden Informationen. Beachte die Hinweise in Klammern.

Es gibt viele besondere Stile, z. B. *Punk-, HipHop-, Gothic-, Öko-Style.* _____ (Belege/Beispiele)

Kleidung soll etwas mitteilen, z. B. eine Zugehörigkeit zu einer Gruppe,

_____ (Belege/Beispiele)

Mit einzelnen, aufeinander abgestimmten Kleidungsstücken wird ein Gesamterscheinungsbild

inszeniert, z. B. mit _____ (Belege/Beispiele)

Manche Jugendliche folgen keinem Modetrend, weil _____

_____ (Argument)

Wieder eine andere Gruppe Heranwachsender _____

_____ (Argument)

Auch wenn Jugendliche bemüht sind, individuell aufzutreten und anders zu sein, ist ein Stil

innerhalb einer Subkultur dennoch meist einheitlich, da _____

_____ (Argument)

Es bleibt fraglich, ob man mit Kleidung wirklich seine Einzigartigkeit ausdrücken kann, weil

_____ (Argument)

Schritt 2: Die eigene Meinung zum Thema bilden

6 a) Lies Paulas Position zu dieser Frage: „Kann man durch Kleidung seine Einzigartigkeit zum Ausdruck bringen?"

„Ich will mit meinem Outfit auffallen und anders sein als die anderen. Und das gelingt mir auch, weil ich offen bin für Klamotten. Ich mixe mir meinen eigenen Stil zusammen – aus Markenklamotten und billiger Kleidung. Ich kombiniere auch alte und neue Sachen. Und manchmal wühle ich auch im Kleiderschrank meiner Eltern und borge mir was aus. Aber das Beste ist, dass ich eine Tante habe, die super schneidern kann. Sie arbeitet manchmal Sachen für mich um. Manchmal fertigt sie auch nach meinen Vorschlägen etwas an, und zwar aus verschiedenen alten Sachen oder auch aus neuen Stoffen.
Diese Sachen trägt dann garantiert kein anderer. Und meinen Schmuck, den mache ich sowieso am liebsten selbst. Auf jeden Fall habe ich inzwischen eine Menge an Klamotten zusammen, die es nirgendwo zu kaufen gibt. Ich habe etwas für jede Stimmungslage und kann damit immer wieder anders auftreten."

b) Welche Meinung vertrittst du zu der oben genannten Frage? Stelle sie kurz dar.

Ich bin der Meinung, dass _____

_____

_____

Schritt 3: Einen Schreibplan (entwerfen und) ausführen

Den Hauptteil schreiben
- Fasse im Hauptteil einführend **die Argumentation des Textes zusammen**, auf den du dich beziehst.
- **Nimm Stellung** zu den Argumenten:
  - **Zustimmung**: Wenn du einem Argument zustimmst, solltest du es durch eigene Beispiele/Belege weiter untermauern.
  - **Teilweise Zustimmung**: Wenn du nur teilweise zustimmst, solltest du deutlich machen, in welchem Teilaspekt du eine abweichende Meinung/Position hast.
  - **Ablehnung**: Wenn du einem Argument vollkommen widersprichst, solltest du ein Gegenargument formulieren und dieses durch Beispiele/Belege stützen.

TIPP

Schreibe die Ergebnisse deiner Text-/Argumentationsanalyse mit eigenen Worten Punkt für Punkt untereinander auf die linke Hälfte eines DIN-A4-Blatts. Bewerte: Was überzeugt dich, was nur teilweise, was nicht? Notiere deine Fragen, Ergänzungen oder Verbesserungen und formuliere mit eigenen Worten deine eigene Meinung dazu.

7 a) Untersuche die Thesen, Argumente und Beispiele in der linken Spalte der folgenden Tabelle genauer und markiere, was dich überzeugt (+), was dich nicht überzeugt (–) und was dich nur teilweise überzeugt (≈).
b) Formuliere in der rechten Spalte deine Meinung dazu.

Thesen, Argumente, Beispiele	Meine Meinung in eigenen Worten
Heutzutage gibt es keine einheitliche Jugendmode mehr, sondern viele Trends. (+)	*Dieser These stimme ich zu, schon ein Blick in unsere Klasse zeigt, wie vielfältig die Kleidungsstile sind.*
Es gibt viele Jugendszenen und jede Szene möchte mit ihrem besonderen Kleidungsstil etwas ausdrücken. (+)	*Ich glaube auch, dass ein Kleidungsstil einer Szene für etwas Bestimmtes stehen soll. Zum Beispiel drückt jemand, der Öko-Style trägt, damit aus, dass er gesundheits- und umweltbewusst ist.*
Es gibt auch Jugendliche, für die Modetrends kaum eine Rolle spielen. (≈)	*Diese Auffassung teile ich nur eingeschränkt. Sicher gibt es Jugendliche, die nicht viel Geld für Mode haben, aber _____*
Manche Jugendliche wollen sich bewusst keinem Trend anschließen und kreieren ihren eigenen Stil. Aber auch Trendverweigerer bilden eine spezielle Gruppe, denn auch in der Ablehnung steckt ein Trend.	*Ich bin auch der Meinung/nicht der Meinung, dass _____*
Für fast alle Jugendlichen gilt, dass sie das Gefühl und den Wunsch haben, durch Kleidung ihre Einzigartigkeit auszudrücken.	*Ich kann der Auffassung vollständig/nur teilweise/ nicht zustimmen, _____*

Sprechen und Schreiben

8 Im folgenden Lückentext wird die Argumentation des Artikels „Hauptsache in! Inszenierung durch Kleidung" (S. 18) wiedergegeben. Vervollständige den Lückentext.

Die Autoren gehen von der These aus, dass Kleidung für die meisten Jugendlichen ein wichtiges Mittel zum Ausdruck der eigenen Persönlichkeit ist. Sie stützen diese These, indem sie auf drei Gruppierungen unter den Jugendlichen eingehen und zeigen, welche Bedeutung Mode für die jeweilige Gruppe hat. Die Autoren unterscheiden folgende drei Gruppen:

a) _____ .

b) _____ .

c) _____ .

Hauptsächlich befassen sich die Verfasser des Artikels mit zwei Gruppen und deren Umgangsweisen mit Kleidung. Sie unterscheiden Jugendliche, die sich einer bestimmten Szene zuordnen, und Jugendliche, die

_____

Jugendliche, die zu einer bestimmten Szene gehören, drücken dies durch ihre Kleidung aus, die wie ein Code verwendet wird. Das heißt, dass

_____ .

Während es dieser ersten Gruppe wichtig ist, über Kleidung gerade ihre Zugehörigkeit zu einer Szene zu zeigen, spielt für die zweite Gruppe etwas ganz anderes eine Rolle, und zwar

_____

_____ .

Allerdings muss den Autoren zufolge hier die Frage gestellt werden, ob es den Trendverweigerern tatsächlich auch gelingt,

_____

_____ .

Insgesamt steht für die Verfasser ein Ergebnis zur Rolle der Mode im Jugendalter fest:

_____ .

Und zwar ganz unabhängig davon, ob _____ .

9 Verfasse nun deine Stellungnahme zu den Argumenten des Textes. Die folgenden Formulierungen helfen dir, deine Position (Meinung) darzustellen.
Schreibe in dein Heft.

Zustimmung	Teilweise Zustimmung	Ablehnung
Ich bin auch der Meinung, dass ...	Zwar bin ich derselben Meinung wie ..., aber ...	Ich glaube ... kaum, denn ...
Ich kann ... bestätigen.	In diesem Punkt kann ich nur	Es ist unwahrscheinlich, dass ...
Ich kann ... zustimmen.	eingeschränkt zustimmen, weil ...	Ich bezweifle ...
Ich schließe mich ... an und ...	Es sieht so aus, als ob ..., aber ...	Das ist ausgeschlossen, weil ...
		Ich teile diese Ansicht nicht, weil

Im Anschluss an einen Text erörtern: Pro und kontra

> Die **Einleitung** nennt das Thema und stellt nach Möglichkeit einen aktuellen Bezug her. Sie gibt Titel, Autor(in), Text(art) und – wenn möglich – die Quelle und das Erscheinungsdatum des (Bezugs-)Textes an.

10 *Verfasse eine Einleitung.*

___

> Der **Schluss** fasst kurz die eigene Position zum Thema zusammen.

11 *Formuliere einen knappen Schluss, in dem du abschließend noch einmal deine Meinung zusammenfasst.*
   a) *Streiche im ersten Satz Unpassendes.*
   b) *Arbeite den folgenden Text aus und ergänze ihn um deine Position zum Thema.*

Auf Grund der dargestellten Argumente fühle ich mich in meiner Meinung bestätigt: Kleidung spielt eine große

Rolle / keine besondere Rolle dabei, die eigene Persönlichkeit auszudrücken.

Gerade das Argument, dass

war für mich ausschlaggebend. An dieser Stelle kann ich für mich nur eines sagen:

___

Schritt 4: Die eigene Erörterung überarbeiten

12 *Überarbeite deine Erörterung mit Hilfe der folgenden Fragen.*

ARBEITSTECHNIK – DIE EIGENE ERÖRTERUNG ÜBERARBEITEN

Hast du …
- ☐ in der Einleitung das Thema sowie Autor(in), Titel, Textart und Quelle/Datum des Bezugstextes genannt?
- ☐ die wichtigsten Thesen und Argumente des Bezugstextes in folgerichtiger Reihenfolge zusammengefasst?
- ☐ die eigene zustimmende, teilweise zustimmende oder abweichende Meinung mit Argumenten begründet und mit Beispielen belegt?
- ☐ wörtliche oder indirekte Zitate mit einer Zeilenangabe versehen?
- ☐ den Text mit eigenen Worten wiedergegeben?
- ☐ Wortwahl und Satzbau abwechslungsreich gestaltet?
- ☐ Grammatik, Rechtschreibung und Zeichensetzung geprüft?

TESTE DICH! ■ TESTE DICH! ■ TESTE DICH! ■ TESTE DICH!

Teste dich! – Textbasiert erörtern

1 *a) Lies den folgenden Text.*

Malte Friedrich
Körpercode Coolness

Der Begriff „cool" soll die besondere Qualität einer Person hervorheben. Auch wird jemand als cool bezeichnet, wenn er oder sie im richtigen Moment das Richtige zu tun weiß, sich durch Kleidung oder Verhalten hervortut. Cool-Sein ist ein inszenierter Körpercode. Wer cool ist, der darf nicht den Eindruck erwecken, er würde sich dafür besonders anstrengen. Lässig und einfach muss es wirken und gleichzeitig distanziert zu den Reaktionen des Umfelds. Jemand, der cool wirken will, muss die unnahbare Fassade konstant aufrechterhalten.

b) Tarik und Meike haben die wesentliche Aussage des Textes folgendermaßen zusammengefasst: Welche Zusammenfassung überzeugt dich eher? Begründe deine Meinung in einem Satz.

 Wer cool ist, ist in. Um cool zu sein, muss man sich echt unauffällig verhalten, aber man muss sich auffällig stylen. Cool ist man, wenn man anders ist als die anderen.

Coolness ist eine besondere Form, in der Jugendliche sich ausdrücken. Sie bezieht sich auf das Verhalten und das äußere Erscheinungsbild einer Person. Cool-Sein wird bewusst zur Schau gestellt. Wer distanziert in Erscheinung tritt, gilt als cool.

Ich halte die Zusammenfassung von _____ für überzeugender, weil _____

_____

_____

2 *Hier sind Sätze aus einer Stellungnahme zu der Frage: Kleidung als Mittel zum Cool-Sein? Bringe die Sätze in eine überzeugend wirkende Reihenfolge.*

- [ ] **A** Statt mich ständig mit meinem Styling beschäftigen und eine unnahbare Fassade aufrechterhalten zu müssen, möchte ich mich viel lieber auch mal natürlich geben können.
- [ ] **B** Ich bin auch der Meinung, dass man Coolness über das Verhalten und vor allem auch das Auftreten ausdrücken kann, und ein cooles Outfit gehört einfach dazu.
- [ ] **C** Der Autor behauptet, dass Coolness für die meisten Jugendlichen sehr wichtig ist und sie sich entsprechend inszenieren.
- [ ] **D** Aber andererseits ist Coolness auch nicht alles.

Werte deine Ergebnisse aus, indem du deine Antworten mit dem Lösungsheft abgleichst. Für jede richtige Antwort bekommst du zwei Punkte.

10–8 Punkte	7–6 Punkte	5–0 Punkte
☺ Gut gemacht!	😐 Schau dir die Merkkästen der Seiten 18 bis 23 noch einmal an.	☹ Arbeite die Seiten 18 bis 23 noch einmal sorgfältig durch.

Grammatik

Das Nomen

> **Deklination von Nomen**
> ☐ Ein Nomen hat ein grammatisches Geschlecht, das **Genus**: Maskulinum (männlich) = m., Femininum (weiblich) = f., Neutrum (sächlich) = n.
> ☐ Sein **Numerus** (Anzahl) kann der Singular (Sg., Einzahl), aber auch der Plural (Pl., Mehrzahl) sein.
> ☐ Im Satz nimmt das Nomen unterschiedliche Formen an, es steht in einem bestimmten Fall (**Kasus**). Verwendet man ein Nomen in einem Satz im richtigen Kasus, nennt man das **deklinieren** (beugen):
>
> | | | |
> |---|---|---|
> | Nominativ (Nom.) | *Ökologisch produzierte Textilien werden immer stärker nachgefragt.* | **Wer/was** wird nachgefragt? |
> | Genitiv (Gen.) | *Der Preis ökologisch produzierter Textilien ist oft höher.* | **Wessen** Preis ...? |
> | Dativ (Dat.) | *Ökologisch produzierten Textilien gehört die Zukunft.* | **Wem** gehört ...? |
> | Akkusativ (Akk.) | *Viele Firmen haben ökologisch produzierte Textilien im Angebot.* | **Wen/was** haben ... ? |

1 *Bestimme für die unterstrichenen Nomen jeweils Genus, Numerus und Kasus.*
Schreibe für jedes Nomen dein Ergebnis und das Fragewort auf, mit dem du den Kasus herausgefunden hast.

Meist spielen Modetrends, die entscheidende Rolle beim Kauf von Textilien. *(der Modetrend) m., Pl., Nom. – Wer/Was?)*

Dass auch Umweltbelastung und soziale Missstände mitgekauft werden, wissen nur wenige Kundinnen und Kunden. _____

Zum Beispiel belastet die künstliche Bewässerung beim Anbau der Baumwolle die Umwelt sehr stark.

_____ . Die Textilindustrie setzt in der Produktion und

Veredelung weit über 6 000 unterschiedliche Chemikalien ein. _____

_____ Dazu kommen 4 000 verschiedene Farbstoffe.

_____ Diese Substanzen können Allergien und Unverträg-

lichkeiten _____ auslösen und teilweise sogar Krebs erregen.

> **ARBEITSTECHNIK – KASUS NACH PRÄPOSITIONEN PRÜFEN**
> Präpositionen fordern, abhängig auch vom Verb, einen bestimmten Kasus.
> Einige Präpositionen können sowohl den Dativ als auch den Akkusativ nach sich ziehen:
>
> | | |
> |---|---|
> | *Neue Designermode wird **auf dem Laufsteg** gezeigt.* | auf wem/wo wird etwas gezeigt? Lage = Dativ |
> | *Die Models eilen auch **auf den Laufsteg**.* | auf wen/wohin eilen sie? Richtung = Akkusativ |

2 *Setze die Nomen aus dem Wortspeicher im passenden Kasus ein. Bestimme in Klammern den Kasus.*

die umweltfreundlichen Ökotextilien   das sinnvolle Stichwort   die steigende Nachfrage

Immer mehr Menschen wollen sich mit _____ einkleiden. Einige

Textilhäuser stellen sich auf _____ ein. Die Website

www.einkaufsnetz.org gibt unter _____ „Textillabel" gute Hinweise.

25

Grammatik

Das Verb: Aktiv – Passiv

> In Sätzen, in denen das Subjekt etwas tut, steht das Prädikat im **Aktiv** (die handelnde Person ist wichtig). Es wird mit der Personalform des Verbs gebildet: *Franziska kauft ökologisch produziertes Gemüse.*
>
> In Sätzen, in denen mit dem Subjekt etwas geschieht, steht das Prädikat im **Passiv** (der Vorgang ist wichtig). Es wird mit *werden* + **Verb im Partizip Perfekt (II)** gebildet: *Das ökologisch produzierte Gemüse wird von Franziska gekauft.*
>
> In Passivsätzen kann die handelnde Person entfallen oder mit der Präposition *durch* oder *von* hinzugefügt werden: *Ökologisch produziertes Gemüse wird (von vielen Menschen) gern gekauft.*

1 *Kreuze an: Aktiv oder Passiv?*

Die herkömmliche Produktion von Baumwolle   Aktiv   Passiv

A   Baumwolle wird in annähernd 70 Ländern kultiviert.   ☐   ☐

B   Viele Menschen kaufen Textilien aus Baumwolle.   ☐   ☐

C   Der konventionelle Anbau erfordert einen hohen Einsatz von Chemikalien.   ☐   ☐

D   Die Kleidung wird gesundheitsschädlich hergestellt.   ☐   ☐

E   Zur Fixierung der Farben kann Formaldehyd eingesetzt werden.   ☐   ☐

2 *Unterstreiche Verbformen im Passiv grün und Verbformen im Aktiv blau. Markiere in den Passivsätzen die handelnde Person.*

Baumwolle umweltfreundlich produzieren

Um die ökologischen und gesundheitlichen Probleme, die sich durch den konventionellen Anbau von Baumwolle ergeben, zu vermeiden, wird von vielen Unternehmen auf Biobaumwolle gesetzt. Textilien, die mit Biobaumwolle hergestellt wurden, werden gekennzeichnet und nach festgelegten Vorgaben produziert, sodass der Anbau auch den Bäuerinnen und Bauern in den Anbaugebieten zugutekommt. Grundsätzlich kann die Baumwolle teurer als konventionell angebaute Baumwolle vermarktet werden. Darüber hinaus wird kein Kunstdünger eingesetzt. Ebenfalls werden weder Pestizide noch Entlaubungsmittel verwendet, sodass auch die Gesundheit der Arbeitenden auf den Feldern geschützt wird. Der Einsatz gentechnisch veränderter Organismen wird nicht erlaubt.
Auch für die Böden ist der ökologische Anbau von Baumwolle nachhaltig. Böden erholen sich, weil durch den Anbau in Mischkulturen ein Lebensraum entsteht, in dem sich der natürliche Kreislauf wieder entwickelt.
Für umweltbewusste Konsumentinnen und Konsumenten ist es wichtig, wesentliche Informationen über die Entstehungsbedingungen der eigenen Kleidung zu erhalten. Erste Hilfe wird durch ein Öko-Label gegeben, welches Verbraucherinnen und Verbrauchern bei der Auswahl Orientierung gibt.

3 *Bilde mit den Wörtern im Wortspeicher Sätze im Passiv. Setze bei zwei Sätzen handelnde Personen ein. Schreibe ins Heft.*

Was wollen wir wirklich!?

auf die Langlebigkeit von Textilien achten   *unbehandelte Naturtextilien wünschen*

gesundheitliche Aspekte beachten   *umweltverträgliche Herstellung fordern*

fair gehandelte Mode kaufen

Das Verb: Modus

Indikativ und Konjunktiv richtig verwenden
Indikativ (Wirklichkeitsform) und Konjunktiv (Möglichkeitsform) sind die beiden Aussageweisen des Verbs (Sg. Modus, Pl. Modi).
Indikativ drückt Wirkliches aus: *Du bist Gärtnerin.*
Konjunktiv drückt Mögliches, Gewünschtes oder nur Vorgestelltes aus: *Mögest du Gärtnerin sein.*

Der **Konjunktiv I** wird gebildet, indem an den Stamm des Verbs (Infinitiv ohne *-en*) die entsprechenden Personalendungen angehängt werden. Häufig wird ein *-e-* eingefügt:

Infinitiv schreib-*en* – Konjunktiv I	
1. Pers. Sg. *ich schreibe*	1. Pers. Pl. *wir schreiben*
2. Pers. Sg. *du schreibest*	2. Pers. Pl. *ihr schreibet*
3. Pers. Sg. *er/sie/es schreibe*	3. Pers. Pl. *sie schreiben*

Der Konjunktiv I wird in erster Linie in der ▷ indirekten Rede verwendet. ▷ S. 30

1 *Bilde die Konjunktiv-I-Formen der angegebenen Verben für alle Personalformen: ich, du, er/sie/es, wir, ihr, sie. Schreibe ins Heft.*

sein   *sollen*   *ziehen*   *fahren*   *sehen*

Der **Konjunktiv II** wird vom Indikativ Präteritum des Verbs abgeleitet. Oft kommt es zu einem Wechsel von *a, u, o, au zu ä, ü, ö, äu*. Häufig wird ein *e* eingefügt, z. B. *er riefe*.
Infinitiv: *haben* – Präteritum: *ich hatte* – Konjunktiv II: *ich hätte*

Infinitiv haben (Präteritum: ich hatte) – Konjunktiv II	
1. Pers. Sg. *ich hätte*	1. Pers. Pl. *wir hätten*
2. Pers. Sg. *du hättest*	2. Pers. Pl. *ihr hättet*
3. Pers. Sg. *er/sie/es hätte*	3. Pers. Pl. *sie hätten*

Soll ausgedrückt werden, dass etwas nicht möglich, aber **wünschenswert** oder dass es **unwahrscheinlich** ist, wird der Konjunktiv II verwendet:
Ich wäre gern Astronaut. – Wenn ich fliegen könnte, flöge ich zum Mond.
Durch den Konjunktiv II können auch **Wünsche** oder **höfliche Aufforderungen** ausgedrückt werden:
Könnten Sie mir bitte das Teleskop geben?

2 *Unterstreiche die Verbformen im Konjunktiv.*

A   Hätte ich das Praktikum schon hinter mir, könnte ich über erste Eindrücke berichten.

B   Wenn du nicht so einen ausgefallenen Beruf erlernen wolltest, hättest du bestimmt schon einen Ausbildungsplatz.

C   Wärest du nicht so in Pflanzen verliebt, machtest du vermutlich keine Ausbildung zum Gärtner.

D   Als Pilotin könnte ich die ganze Welt bereisen.

E   Wäre ich Bundeskanzlerin, gäbe ich viel Geld für ökologische Projekte aus.

Grammatik

3 *Ergänze und schreibe zwei weitere Wünsche auf, die sich vermutlich eher nicht erfüllen werden.*

<u>Wenn ich Superstar wäre,</u>

4 *Schreibe die Wünsche von Jo und Alina auf: Verwende den Konjunktiv II.*

- einen guten Abschluss erzielen
- in der Schule mehr tun
- nicht faul sein
- Karriere machen

- einen Ausbildungsplatz als Gärtnerin finden
- bessere Noten bekommen
- viel Geld verdienen

<u>Erzielte ich doch einen guten Abschluss!</u>

Ersatzformen

Der Konjunktiv I findet insbesondere bei der ▷indirekten Rede Verwendung. ▷ S. 30–33
Wenn der Konjunktiv I nicht vom Indikativ Präsens zu unterscheiden ist, wählt man
- als **Ersatz den Konjunktiv II**: *sie denken* (Ind.) → *sie denken* (Konj. I) → *sie dächten* (Konj. II)
oder
- die **Umschreibung mit *würde***: *sie würden denken.* Die Umschreibung mit *würde* kann auch verwendet werden, wo der Konjunktiv II nicht eindeutig ist oder veraltet klingt.

direkte Rede (Ind.):	*Maja sagt: „Ökologische Tätigkeiten begeistern viele Jugendliche."*
indirekte Rede:	*Maja sagt, ökologische Tätigkeiten begeistern viele Jugendliche.*
Konj. II als Ersatz:	*Maja sagt, ökologische Tätigkeiten begeisterten viele Jugendliche.*
	(begeisterten → kann Konj. II oder Ind. Präteritum sein, darum hier die ...)
Umschreibung mit würde:	*Maja sagt, ökologische Tätigkeiten würden viele Jugendliche begeistern.*

---

5 *Fülle die Tabelle aus. Trage in die Spalte mit der Ersatzform einen Strich ein, wenn sie unnötig ist.*

Infinitiv	Indikativ Präsens	Konjunktiv I	Indikativ Präteritum	Konjunktiv II	Ersatzform
müssen (sie/Sg.)					
lernen (du)					
haben (er)					
gelingen (es)					
laufen (sie/Pl.)					
gehen (wir)					

Das Verb: Modus

6 *Das folgende Protokoll fasst kurz ein Referat über ein freiwilliges ökologisches Jahr zusammen.*
a) Unterstreiche die Konjunktivformen.
b) Kreuze Sätze an, in denen die Ersatzform mit würde *besser geeignet wäre.*
Begründe deine Entscheidung im Anschluss an den Satz.

Ein freiwilliges ökologisches Jahr

☐ A Das freiwillige ökologische Jahr fördere das ökologische Bewusstsein und gebe einen Einblick in Berufs-

felder mit ökologischem Schwerpunkt. _____

☐ B Dadurch erhielten Jugendliche eine Hilfestellung bei der beruflichen Planung der Zukunft.

_____

☐ C Obwohl viele das Jahr machten, weil sie keinen Ausbildungsplatz erhalten hätten, sei es für die meisten

eine Bereicherung. _____

☐ D Viele veränderten in diesem Jahr auch ihren zuvor oft gleichgültigen Umgang mit der Natur.

_____

☐ E Die praktischen Erfahrungen dienten vielen jungen Menschen als erster Schritt, bewusster und verant-

wortungsvoller mit Natur und Umwelt umzugehen. _____

☐ F In begleitenden Seminaren vertieften sie die praktischen Erfahrungen auch durch theoretisches Wissen.

_____

! **Ersatzform mit *würde* bei veralteten Formen**
Der Konjunktiv II kann auch dann mit *würde* umschrieben werden, wenn er als altmodisch oder ungebräuchlich empfunden wird:
Er dachte, die Pflanze röche gut.   *..., die Pflanze würde gut riechen.*
Sie beteuerte, sie verspräche nichts.   *..., sie würde nichts versprechen.*

---

7 *a) Trage die folgenden Verben in der Konjunktiv-II-Form ein.*
b) Bei welchen Formen erscheint dir die Ersatzform mit würde *besser? Schreibe diese Sätze verändert auf.*

verlieren   **brechen**   **treffen**   **ziehen**

_____ ich meinen Berufswunsch aus den Augen, _____ meine

Zukunftsvorstellung erst einmal zusammen. Allerdings _____ ich dann schnell neue

Entscheidungen, die mich hoffentlich aus den negativen Gedanken _____ .

_____

_____

_____

29

Grammatik

Formen der Redewiedergabe

Indirekte Rede
Äußerungen Dritter können durch indirekte Rede wiedergegeben werden:
- Die Redewiedergabe wird im ▷ Konjunktiv I ausgedrückt. ▷ S. 27
- In einem einleitenden Hauptsatz wird mitgeteilt, wer die Aussage getroffen hat.
- In der Redewiedergabe wechselt oft das Personalpronomen:
    Elvin erwähnt: „Ich will Karriere machen."
    Elvin erwähnt, sie wolle Karriere machen. (Konjunktiv I)

Wichtig: Zu den ▷ Ersatzformen siehe S. 28.

dass-Sätze
Äußerungen Dritter können als ▷ *dass*-Satz mit oder ohne Konjunktiv wiedergegeben werden: ▷ S. 42
- dass-Satz **mit Konjunktiv I**: *Die Schülerin betonte, dass sie Karriere machen wolle.*
- dass-Satz **mit Indikativ**: *Die Schülerin hob hervor, dass sie Karriere machen will.*

1 *Gib die folgenden Äußerungen indirekt wieder:*
a) Setze jede in die indirekte Rede.
b) Formuliere zu jeder einen *dass*-Satz im Konjunktiv und einen im Indikativ.

Berufswünsche

Mona

Ich will auf jeden Fall Gärtnerin werden. Der Umgang mit Pflanzen macht mir sehr viel Freude.

Leon

Da ich noch nicht genau weiß, was ich beruflich machen möchte, entscheide ich mich für ein freiwilliges ökologisches Jahr.

Als Modedesignerin komme ich in der ganzen Welt herum. Dies ist auch mein Grund, diesen Beruf zu erlernen.

Gülcan

Später möchte ich einmal in der Filmbranche arbeiten. Erste Einblicke habe ich im Praktikum beim WDR erhalten. Das hat meine Lust geweckt.

Lisa

Ich schreibe gern. Das muss auch in meinem Beruf eine große Rolle spielen.

Julian

ARBEITSTECHNIK – ABWECHSLUNGSREICH SCHREIBEN
Wähle in der Redewiedergabe geeignete Verben oder Wendungen, z. B.:
unterstützen   betonen   in den Mittelpunkt stellen   hervorheben   vermuten   fragen   antworten   äußern   zusammenfassen   bekannt sein   behaupten   mitteilen   andeuten   mutmaßen   (an)raten   abraten   zugestehen   leugnen

Formen der Redewiedergabe

Die Vergangenheit in der indirekten Rede
Steht in der direkten Rede

        Indikativ **Perfekt**,   Indikativ **Präteritum**,   Indikativ **Plusquamperfekt**,
Daria betont: „Ich habe mich informiert /   Ich informierte mich /   Ich hatte mich informiert!"
dann kann dies in der indirekten Rede wiedergegeben werden ...

- entweder im **Konjunktiv I**:   *Daria betont, sie habe sich informiert.*
- oder im **Konjunktiv II**:   *Daria betont, sie hätte sich informiert.*

2 a) Unterstreiche die Verbformen und bestimme das Tempus.
b) Übertrage die Äußerungen in die indirekte Rede. Achte auf das Tempus und wähle abwechslungsreiche Verben.

Daria: „Das Jahr hat mir sehr viel gebracht. Durch die Erfahrungen in der Naturschutzstation hat sich mein Berufswunsch verstärkt, mit Tieren zu arbeiten." Tempus: *Perfekt*

Daria sagt, das Jahr habe ihr sehr viel gebracht.

Milena: „Ich habe bereits nach kurzer Zeit sehr selbstständig arbeiten dürfen." Tempus: _____

Daniel: „Das Arbeitsklima in der Landschaftsgärtnerei war sehr ungezwungen. Trotzdem sammelte ich praktische Erfahrungen, die mich persönlich weiterbrachten." Tempus: _____

Die Zukunft in der indirekten Rede
Steht in der direkten Rede

        Indikativ **Futur**,
Daria betont: „Ich werde mich informieren."
dann kann dies in der indirekten Rede wiedergegeben werden ...

- entweder im **Konjunktiv I**:   *Daria betont, sie werde sich informieren.*
- oder im **Konjunktiv II**:   *Daria betont, sie würde sich informieren.*

3 Übertrage die Äußerungen in die indirekte Rede und schreibe sie ins Heft.

„Nach dem Abschluss im nächsten Jahr werde ich eine Ausbildung zum Bürokaufmann beginnen. Da werde ich viel lernen", berichtet André.

Valerie erklärt: „Ich werde mich im nächsten Frühjahr um einen Ausbildungsplatz als Maskenbildnerin bemühen. Meine Freundinnen werden mir bei der Bewerbung helfen. Fehlerhafte Unterlagen werde ich vermeiden."

Grammatik

> **Weitere Formen der Redewiedergabe**
> Neben der indirekten Rede kannst du die Äußerungen Dritter oder Auszüge daraus ...
> ☐ als **wörtliche** Rede wiedergeben: *„Ich finde den Film überaus gelungen", meint Irina.*
> ☐ als *dass*-**Satz** wiedergeben: *Irina meint, dass sie den Film beeindruckend findet.* (Indikativ)
> *Irina meint, dass sie den Film beeindruckend finde.* (Konjunktiv I)
> ☐ als **Zitat** einbinden: *Als „überaus gelungen" bezeichnet Irina den Film.*
> ☐ **mit eigenen Worten wiedergeben**
> (paraphrasieren): *Irina ist von dem Film beeindruckt.*

4 a) Unterstreiche die Verbformen (ggf. Personalform + Infinitiv/Partizip).
b) Gib das Interview mit eigenen Worten wieder:
Verwende alle Möglichkeiten der Redewiedergabe.
Schreibe in dein Heft.

Der Dokumentarfilm „We feed the world" zeigt die Produktion wichtiger Nahrungsmittel. Der Regisseur ist der Österreicher Erwin Wagenhofer, in einem Interview gibt er über seinen Film Auskunft:

Guter Umgang mit der Natur?

Gewächshäuser in Almería, Spanien

HELLES KÖPFCHEN: „Was ist die Idee des Films?"
ERWIN WAGENHOFER: „Ich wollte einen Film drehen, in dem deutlich wird, dass wir alle mit verantwortlich sind für die Art und Weise, wie heute Nahrungsmittel hergestellt werden."
HELLES KÖPFCHEN: „Warum heißt Ihr Film ‚We feed the world'?"
ERWIN WAGENHOFER: „An dem Titel ist mir vor allem das ‚We' wichtig. Denn ich möchte in dem Film zeigen, dass wir alle am gegebenen System beteiligt sind. Wir können uns nicht damit herausreden, dass ‚die da oben' handeln müssen. Denn wir selbst entscheiden, was wir kaufen und wen wir damit unterstützen."
HELLES KÖPFCHEN: „Wir können heute das ganze Jahr über Tomaten und sogar Erdbeeren essen. Was ist falsch daran?"
ERWIN WAGENHOFER: „Wir können sie zwar kaufen, aber sie schmecken nach nichts. Ich kann nur raten, mal eine im Sommer sonnengereifte Tomate zu probieren. Die schmeckt völlig anders, nämlich richtig gut und nach Tomate."
HELLES KÖPFCHEN: „Im Film zeigen Sie auch, wie der brasilianische Regenwald für die Fleischproduktion zerstört wird. Der Zusammenhang besteht nur indirekt. Können Sie das erklären?"
ERWIN WAGENHOFER: „In Brasilien wird Soja angebaut, eine der wichtigsten Futterpflanzen für die Massentierhaltung. Für die Sojaplantagen wird Regenwald gerodet. Den Böden fehlen aber Nährstoffe, die darum chemisch zugeführt werden. Nach wenigen Jahren wächst auf dem ehemaligen Urwaldboden nichts mehr. Die Großbauern fällen dann die nächsten Bäume und zerstören damit die grüne Lunge unserer Erde."
HELLES KÖPFCHEN: „Sie wollen zeigen, wie wir dazu beitragen können, dass sich etwas verändert. Was können wir tun?"
ERWIN WAGENHOFER: „Vor allem zwei Dinge: zum einen das eigene Konsumverhalten überdenken. Zum anderen müssen wir die Politiker zwingen, Politik wieder für die Menschen zu machen und nicht für die Wirtschaft."
HELLES KÖPFCHEN: „Glauben Sie, dass Ihre Filme die Welt verändern können?"
ERWIN WAGENHOFER: „Nein, sicher nicht. Filme können zum Nachdenken anregen und die Gefühle der Menschen berühren. Das gilt für Liebeskomödien genauso wie für einen Dokumentarfilm wie ‚We feed the world'. Aber die Menschen, die aus dem Kino kommen, die können tatsächlich die Welt verändern – wenn sie nur wollen. Und das ist das Schöne."

TESTE DICH! ■ TESTE DICH! ■ TESTE DICH! ■ TESTE DICH!

Teste dich! – Nomen, Verb und indirekte Rede

1 *Bestimme den Kasus der unterstrichenen Nomen. Trage ein.*

Viele Kundinnen und Kunden freuen sich auf ökologisch unbedenkliche Produkte _____ .

Angesichts der immer stärker werdenden Nachfrage _____ nach Ökotextilien wird

nun auch die Jeans als Organic Denim angeboten. Die „grüne" Jeans ist mittlerweile von namhaften Firmen

_____ entdeckt worden.

2 *Trage die Ziffer der richtigen Verbform ein.*

A Die Kaufentscheidung ⬚ sich immer stärker nach ökologischen Kriterien, meint Frau Öko.

1 richtet   2 richte   3 richtete   4 würde richten

B Herr Retter vermutet, die Menschen ⬚ aber nicht viel mehr für die Produkte.

1 zahlten   2 würden ... zahlen   3 zahlen

3 *Setze in die indirekte Rede.*

A Johanna meint: „Ich kann mir gut vorstellen, auch bei der Jeans zuzugreifen, da ich schon sehr lange ökologische Produkte kaufe."

_____

_____

B Jost gibt zu bedenken: „Ich habe schon vielfach nach solchen Jeans Ausschau gehalten. Leider sitzen sie oft
nicht, sodass ich sie im Geschäft liegen lasse."

_____

_____

4 *Um welche Art der Redewiedergabe handelt es sich? Kreuze jeweils die beiden richtigen Lösungen an.*

A Die Firma „Grüne Kleidung" kündigt mit dem Beginn der neuen Saison an, dass sie ökologisch unbedenkliche Jeans auf den Markt bringen wolle.

⬚ wörtliche Rede   ⬚ indirekte Rede

⬚ Paraphrase   ⬚ dass-Satz

B Damit sei der erste Schritt in „die ökologische Zukunft der Firma" getan.

⬚ wörtliche Rede   ⬚ indirekte Rede

⬚ Paraphrase   ⬚ Zitat

Werte deine Ergebnisse aus, indem du deine Antworten mit dem Lösungsheft abgleichst.
Für jede richtige Antwort bekommst du einen Punkt.

11–9 Punkte	8–6 Punkte	5–0 Punkte
☺ Gut gemacht!	☺ Schau dir die Merkkästen der Seiten 25 bis 32 noch einmal an.	☹ Arbeite die Seiten 25 bis 32 noch einmal sorgfältig durch.

33

Grammatik

Wiederholung: Satzglieder

ARBEITSTECHNIK – WICHTIGES HERVORHEBEN, WIEDERHOLUNGEN VERMEIDEN

Der Autor | erzählt | seinen Leserinnen und Lesern | auf spannende Weise | die Geschichte eines Streits.

Subjekt   Prädikat   (Dativ-)Objekt   ▷ adv. Bestimmung   (Akkusativ-)Objekt   ▷ S. 36

Wer/Was?   Wem?   Auf welche Art + Weise?   Wen/Was?

Satz

Ein **Satz** setzt sich aus verschiedenen Satzgliedern zusammen.
Ob ein einzelnes Wort oder eine Wortgruppe ein **Satzglied** bildet, erkennst du durch die **Umstellprobe**:

Auf spannende Weise | erzählt | der Autor | seinen Leserinnen und Lesern | die Geschichte eines Streits.
Die Geschichte eines Streits | erzählt | der Autor | auf spannende Weise | seinen Leserinnen und Lesern.

Die Umstellprobe hilft dir, **Texte** zu **überarbeiten**. Du kannst …
☐ Wichtiges an den Satzanfang stellen und so hervorheben,
☐ immer gleiche Satzanfänge (Wiederholungen) vermeiden.

In dem Roman „Dann eben mit Gewalt" erzählt Jan de Zanger über die Freundschaft zwischen der dunkelhäutigen Sandra und Lex. Die beiden leben in den Niederlanden und besuchen dieselbe Schule. Als Rechtsradikale bestimmte Jugendliche unter Druck setzen und die Schule mit Nazisymbolen beschmieren, versteht Lex Sandra plötzlich nicht mehr. Was hat sie damit zu tun? Lex kommt einem Geheimnis auf die Spur …

1 *Wende die Umstellprobe an: Trenne die Satzglieder voneinander und schreibe jeden Satz in zwei weiteren Anordnungen auf.*

TIPP
Prädikate können zweiteilig sein: *Einige Schüler* **werden** *von einer Bande* **bedroht**.

A Eines Morgens finden die Schüler unerwartet Hakenkreuze an den Wänden der Schule.

B Wenige Tage später stehen Schüler und Lehrer völlig überrascht vor dem Haupteingang der Schule.

C Das Namensschild der Schule wurde in der vergangenen Nacht von Unbekannten verunstaltet.

D Bald darauf werden ausländische Schüler durch gemeine Drohbriefe verängstigt.

Wiederholung: Satzglieder

ARBEITSTECHNIK – ÜBERFLÜSSIGES WEGLASSEN

Die **Weglassprobe** hilft beim Überarbeiten eines Textes: Ermittle die Satzglieder und prüfe dann, ob sie alle dazu beitragen, die Aussage des Satzes klar darzustellen:
Es | war | ~~halt~~ | ein schöner Tag | ~~eigentlich,~~ | ~~irgendwie~~ | einer der schönsten | in diesem Frühling.

2 *Marjan hat den Inhalt des Buchs zusammengefasst. Wende die Weglassprobe an, um im Textauszug überflüssige Satzglieder zu streichen.*

Eines Tages wird Sandra irgendwie brutal auf dem Heimweg zusammengeschlagen. Sie weiß ja dann auch gar nicht, wer das eigentlich gewesen ist. Sie findet es halt ziemlich schrecklich und gemein.

ARBEITSTECHNIK – WIEDERHOLUNGEN VERMEIDEN

Verbinde Sätze, wenn möglich, mit Hilfe von **Konjunktionen**. So gestaltest du deinen Text flüssiger.
Eine Bande überfällt Sandra. Sandra wird von der Bande zusammengeschlagen. Die Bande muss verfolgt werden.
Wende die **Ersatzprobe** an: Wiederholen sich Satzglieder?
Bei Wiederholungen: Kannst du streichen? Wenn nicht, ersetze durch Pronomen oder durch andere Wörter:

                                                   sie   Die Täter müssen

Eine Bande überfällt Sandra und die Jugendlichen schlagen ~~Sandra~~ zusammen. ~~Die Bande~~ muss verfolgt werden.

3 *Verbinde die Sätze, wo möglich, und wende die Ersatzprobe an.*

A Sandra schließt sich mit anderen betroffenen Jugendlichen zusammen. Die betroffenen Jugendlichen versuchen herauszufinden, welche Jugendlichen oder Erwachsenen an der rechtsradikalen Bande beteiligt sind.

B Sandra informiert Lex nicht über ihre Aktivitäten. Lex ist sehr enttäuscht und fühlt sich zurückgewiesen. Lex macht sich auf eigene Faust auf die Suche nach den Tätern. Lex will Sandra helfen.

C Ein neuer Lehrer der Schule gerät in Verdacht. Der neue Lehrer äußert im Unterricht ausländerfeindliche Parolen. Der neue Lehrer hat einige Anhänger unter den Schülern der Schule. Lex beobachtet den neuen Lehrer. Der neue Lehrer und die Schüler verwenden ein Geheimzeichen.

Grammatik

ARBEITSTECHNIK – GENAU SCHREIBEN MIT ADVERBIALEN BESTIMMUNGEN

Adverbiale Bestimmungen (Umstandsbestimmungen) sind Satzglieder, mit denen man die Zeit, den Ort, den Grund oder die Art und Weise eines Geschehens genauer beschreiben kann.
Man unterscheidet folgende adverbiale Bestimmungen:

Warum?	**Wo?** **Wohin?**
In welchem Fall?	Wie weit?
Wozu?	Woher?
Wie?	**Wann?** **Wie lange?**
Womit?	Wie oft? Seit wann?
Wie viel?	Bis wann?

(Grund / Ort + Richtung / Art + Weise / Zeit + Dauer — adverbiale Bestimmung)

<u>Eines Morgens</u> sind <u>in der Schule</u> die Wände <u>auf empörende Weise</u> beschmiert.
Wann?   Wo?   Auf welche Art und Weise?

4 *Im folgenden Textauszug aus dem Roman „Dann eben mit Gewalt" sind einige adverbiale Bestimmungen unterstrichen. Bestimme sie: Schreibe die Art der Bestimmung und das Fragewort darüber.*

adv. Best. d. Ortes (wo?)
<u>An der gewohnten Stelle</u> hatte Lex <u>bis zur letzten Minute</u> gewartet. <u>Seit Tagen</u> versuchten beide, <u>so früh wie möglich</u> <u>in der Schule</u> zu sein, dann konnten sie sich <u>noch eine Weile</u> <u>ungestört</u> unterhalten. Aber <u>heute</u> war Sandra <u>wegen des Überfalls</u> <u>spät</u> gekommen. Als <u>im Umkleideraum</u> kein Andrang mehr war, hatte Lex plötzlich <u>überrascht</u> gesehen, dass das Hakenkreuz noch nicht ganz verschwunden war. Die Stelle an der Wand war <u>vergangene Woche</u> sofort überpinselt worden, aber die dicken, schwarzen Balken waren <u>unter der weißen Wandfarbe</u> doch noch zu erkennen.

5 *a) Unterstreiche im folgenden Textauszug die adverbialen Bestimmungen.*
b) Trage sie in die Tabelle ein.

In der vierten Stunde hatten sie gehört, dass in allen Klassen der Blitzpfeil, der die gleiche Unterschrift trug, auf der Tafel gestanden hatte. Fischer erzählte, dass der Rektor sehr wütend war. Die Putzfrauen hatten gestern nach dem Unterricht in allen Räumen Kontrollen durchgeführt, der Hausmeister hätte um sechs Uhr seine letzte Runde ebenfalls durch alle Klassenräume gemacht und die Haustür zur Sicherheit doppelt abgeschlossen. Heute Morgen wären alle Türen verschlossen und keine Einbruchspuren zu finden gewesen, und trotzdem musste jemand die Gelegenheit gehabt haben, abends oder in der Nacht in mehr als fünfzig Klassen die Wände zu beschmieren.

Ort:	*in allen Klassen*
Zeit:	*In der vierten Stunde*
Grund:	
Art und Weise:	

Wiederholung: Satzglieder

ARBEITSTECHNIK – ANSCHAULICH UND GENAU SCHREIBEN MIT ATTRIBUTEN

Ein Satz wird anschaulicher und wirkungsvoller, wenn man wichtige Nomen durch Attribute (Beifügungen) näher bestimmt. Diese können vor oder hinter dem Nomen stehen, auf das sie sich beziehen.

Attribute sind Teil eines Satzglieds, sie werden bei der Umstellprobe mit ihrem Bezugswort verschoben. Es gibt verschiedene **Arten von Attributen**:
- **Adjektivattribut:** *die grausame Bande, die mutige Schülerin, schlagende Bandenmitglieder*
- **Genitivattribut:** *die Meinung der Schülerinnen und Schüler (wessen?)*
- **präpositionales Attribut:** *die Schmierereien auf der Wand, der Abschied von der Schule*
- **Apposition** (im Satz in Kommas eingeschlossen): *Die Schule, ein Gebäude aus den Achtzigerjahren, wurde beschmiert.*
- **Relativsatz:** *Sandra, die bedroht wurde, schloss sich mit anderen zusammen.*

Wende bei der Überarbeitung deiner Texte die **Erweiterungsprobe** an: Kannst du anschaulicher und genauer schreiben, indem du Attribute einfügst?

6 a) Bestimme die Satzglieder der vorgegebenen Sätze.
b) Füge die angebotenen Wörter als Attribute ein: Formuliere jeweils zwei unterschiedliche Sätze. Beim Umformulieren hilft dir die ▷ Umstellprobe.
Schreibe die erweiterten Sätze auf die blauen Linien. Achte auf die richtigen grammatischen Anschlüsse. ▷ S. 34
c) Bestimme die von dir eingefügten Attribute und schreibe auf die rote Linie, um welche Art Attribut es sich handelt.

A Klassenkameraden bekommen Drohbriefe.

gemein   *des Schülers Lex*   *dunkelhäutig*

A1 _____

_____

A2 _____

B Einige Räume wurden mit Parolen beschmiert.

Schule   *rechtsradikal*   *verschlossen*   *ausländerfeindlich*

B1 _____

_____

B2 _____

Grammatik

Wiederholung: Satzreihe und Satzgefüge

Zwei oder mehrere selbstständige Hauptsätze können zu einer **Satzreihe** verbunden werden:
- Durch **Komma**: *Den Menschen in Westeuropa sind ihre Hosen zu eng, wegen der guten Ernährung werden viele größer und breiter.*

———————— HS ————————, ———— HS ————.

- Durch **Komma und Konjunktion**: *Es muss sich etwas ändern, denn vielen passen die angebotenen Kleidungsstücke nicht.*

———————— HS ————————, Konjunktion ———— HS ————.

Vor den Konjunktionen *denn* bzw. *aber* steht ein Komma.
Vor den Konjunktionen *und* bzw. *oder* kann das Komma fehlen.

1 a) Setze die fehlenden Kommas. Klammere Kommas ein, die stehen können, aber nicht müssen.
b) Umkreise die Konjunktionen.

Weniger Kurven, mehr Breite

Die Körperproportionen der Deutschen verändern sich, die Textilindustrie muss reagieren

Deutsche werden immer größer und immer breiter aber in der Welt der Mode hat sich das noch nicht überall herumgesprochen. Immer mehr Menschen finden nur mit Mühe passende Bekleidung denn die Proportionen von Männern und Frauen haben sich in den letzten Jahrzehnten verändert. Gezeigt hat dies eine aktuelle Vermessung durch ein Textilforschungszentrum sie wurde von großen Textilherstellern in Auftrag gegeben. Die Lebensbedingungen in den vergangenen 50 Jahren haben sich stetig verbessert und jüngere Generationen sind zum Glück ohne Hungerperioden aufgewachsen. Der Taillenumfang hat im Vergleich zu anderen Körperteilen enorm zugenommen und es gibt eine starke Tendenz zu geraderen Körperformen. Die ausgeprägte Taille verschwindet zunehmend von Seiten der Textilindustrie werden nun Änderungen erwartet.

Kölner Stadt-Anzeiger, 22. 4. 2009

2 a) Verbinde je zwei Hauptsätze sinnvoll, indem du sie durch eine Linie verbindest.
b) Schreibe drei Satzreihen ins Heft. Achte auf das Komma und verbinde durch eine Konjunktion.

A	Diese Entwicklung hat nicht nur mit Fast Food zu tun.	1	Auch Hersteller anderer Produkte werden die neuen Daten berücksichtigen.
B	Die Vermessung erfolgte berührungslos über 3-D-Bodyscanner im Stehen und Sitzen.	2	Anhand von 400 000 Messpunkten wurden elektronische Zwillinge der freiwillig vermaßten Personen am PC erzeugt.
C	Die Automobilhersteller nutzen die Daten über Körpermaßveränderungen zur Fahrzeugentwicklung – etwa zur Innenraumgestaltung.	3	Die Wissenschaft erklärt die Veränderung der Größen mit wachsendem Wohlstand.

Wiederholung: Satzreihe und Satzgefüge

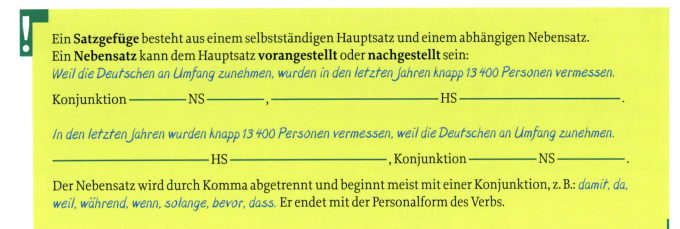

3 a) Setze die fehlenden Kommas.
b) Unterstreiche vorangestellte Nebensätze grün, nachgestellte blau.
c) Umkreise die Konjunktionen.

Deutsche Kinder heute größer als vor 30 Jahren

Weil Kinderärzte ihre kleinen Patienten bei Vorsorgeuntersuchungen regelmäßig messen hat man gesicherte Daten über das Wachstum von Kindern. Vor allem im Kindesalter hat sich die Wachstumsgeschwindigkeit erhöht. Die 7- bis 10-Jährigen sind den Angaben zufolge 1 bis 1,5 Zentimeter größer als noch in den 1970er-Jahren obwohl sich die Größe der Neugeborenen zwischen 1984 und 1997 fast gar nicht geändert hat. Indem man auch die Ergebnisse für Jugendliche auswertete konnte man etwas anderes beobachten. Während der Wachstumszuwachs nach der Pubertät sinkt ist er im frühen Jugendalter noch hoch.

> Ein **Nebensatz** kann auch **eingeschoben** sein, dann wird er vorn und hinten durch ein Komma abgetrennt: *Es wurden, weil die Deutschen an Umfang zunehmen, knapp 13 400 Personen vermessen.*
>
> ——— HS ———, Konjunktion ——— NS ———, ——— HS ———.

4 a) Unterstreiche die Hauptsätze.
b) Setze in den Sätzen die fehlenden Kommas.
c) Umkreise die Konjunktionen, die die Nebensätze einleiten.
d) Unterstreiche in den Nebensätzen die Personalform des Verbs.

Schlankheitswahn als Modeerscheinung

Eine bekannte deutsche Frauenzeitschrift erregte weil sie keine mageren Models mehr engagieren will große Aufmerksamkeit. Designer überraschen obwohl sie in der Vergangenheit vorwiegend Kleidung für Überschlanke entwarfen durch eine neue Laufstegmode für normalgewichtige Menschen. Diese Entwicklung ist heute da selbst Topmodels für Size Zero hungern müssen längst überfällig. Eigentlich sollten Käuferinnen und Käufer weil die viel zu engen und ungünstig geschnittenen Hosen sie quälen lieber andere Schnitte einfordern. Schließlich müssen Designer wenn sie davon leben wollen verkäufliche Kleidung für alle Menschen entwerfen.

Grammatik

> In einem Satzgefüge steuert der Nebensatz wichtige **Informationen zum Gesamtverständnis** bei.
> ▷ Adverbiale Bestimmungen können als Nebensätze auftreten. Diese heißen **Adverbialsätze**. ▷ S. 36
> ☐ Adverbialsätze werden durch **Komma** vom Hauptsatz getrennt.
> ☐ Sie werden mit **Konjunktionen** eingeleitet, die bestimmte Zusammenhänge zeigen, z. B. eine Ursache, eine Folge oder eine Einschränkung.

5 Konjunktionen zeigen bestimmte Zusammenhänge an.
Trage die Konjunktionen in die Tabelle ein.

falls   als   dass   obwohl   während   weil   nachdem
sodass   indem   bis   da   bevor   wenn   damit   sofern

Zusammenhänge erfragen	Konjunktionen
1. Wann? Seit wann? Wie lange?	
2. Unter welcher Bedingung? Wann?	
3. Mit welcher Folge? Mit welcher Wirkung?	
4. Aus welchem Grund? Warum?	
5. Mit welcher Absicht?	
6. Wie? Auf welche Weise?	
7. Trotz welcher Einschränkung?	

6 a) Lies den folgenden Text und entscheide, welche der drei Konjunktionen den Zusammenhang am besten wiedergibt. Umkreise die gewählte Konjunktion.
b) Unterstreiche im Text jeweils den Hauptsatz blau, den Adverbialsatz grün.

Reise zum Ätna – wegen Hitze geschlossen
Von Arndt Hermening

Wir hatten unser Vulkan-Abenteuer extra in den Juni gelegt, *falls, weil, während* es auf Sizilien dann normalerweise noch nicht so heiß wird wie im Juli und August.

Als, Wenn, Sodass wir dann ankamen, leuchtete uns an den Zeitungskiosken die Schlagzeile „Sicilia chiusa per caldo: 47°C" entgegen. Auf Deutsch: „Sizilien wegen Hitze geschlossen!" Das ging ja gut los …

Zum Glück hielt der Zubringerbus vom Flughafen nicht weit entfernt vom Hotel, *obwohl, sodass, nachdem* wir mit unserem Gepäck nur einen kurzen Marsch überstehen mussten. *Während, Obwohl, Wenn* wir uns in den abgedunkelten, klimatisierten Zimmern abkühlten, tranken wir eine große Menge Mineralwasser. Unsere bunt zusammengewürfelte Truppe verstand sich sehr

40

gut, weil, obwohl, indem Schüler, Lehrer, Vulkanologen und Laien im Alter von 12 bis 70 Jahren vertreten waren.

Der Vulkan ruft

Falls, Obwohl, Während man mit dem Bus auf den Ätna fahren will, muss man Zeit mitbringen. Der Busfahrer legt eine Dreiviertelstunde Pause ein, indem, da, obwohl die Strecke sehr anstrengend ist. Die Pause braucht er, dass, weil, wenn er in der Bergstation als Barkeeper arbeiten wird, indem, damit, bevor er den Bus sechs Stunden später wieder zurücksteuert. Uns jedenfalls brachte der Busfahrer sicher auf den Vulkan, nachdem, sodass, obwohl wir den kühlenden Wind auf fast 2000 Metern Höhe genießen konnten. In Richtung Krater ging es weiter, indem, weil, sodass wir eine Seilbahn benutzten. Allradgetriebene Kleinbusse ruckelten uns anschließend über wüstenartige Aschefelder, indem, damit, als wir dort in den aktiven Kraterbereich schauen konnten. Von dieser Endstation aus kann man einen atemberaubenden Ausblick bis hinüber auf das italienische Festland genießen, falls, nachdem, indem die Luft einigermaßen klar ist.

bilden + REISEN, mehr auf: www.bildung-plus.de

7 *Wähle passende Konjunktionen aus und trage sie so in die Lücken ein, dass sie sinnvolle Zusammenhänge im Satz herstellen.*
Hinweis: Einige Konjunktionen kannst du mehrfach verwenden, an einigen Stellen können unterschiedliche Konjunktionen eingesetzt werden. Alle angegebenen Konjunktionen werden gebraucht. Prüfe sorgfältig.

obwohl   nachdem   sofern   als   weil   damit   da   wenn

Haithabu – eine Hauptstadt der Wikinger

_____ im Mittelalter der Wasserstand in der Ostsee und auch im Meeresarm Schlei anstieg, ging die stolze Wikingerstadt Haithabu endgültig unter. Doch da war die Niederlassung bereits verlassen, _____ die Nordmänner ihre Siedlung ans andere, höher gelegene Ufer der Schlei verlegt hatten. Sie gründeten dort die Stadt Schleswig. Mehrfach war Haithabu seit der Gründung im 6. Jahrhundert überfallen und ausgeraubt worden, _____ die Handelsstadt von einem neun Meter hohen Palisadenwall umgeben war. Um das Jahr 1000 herum blühte der Handel in Haithabu, _____ gerade kein Krieg mit anderen nordischen Völkern herrschte. Mit mindestens 1500 Einwohnern war die Stadt der wichtigste Handelsplatz im gesamten westlichen Ostseeraum, _____ sie über einen gut geschützten und gesicherten Hafen verfügte und _____ sie an der Kreuzung zweier wichtiger Handelsrouten lag: dem Ochsenweg, der von Hamburg nach Dänemark führte, und der Seehandelsroute, die von der Schlei aus durch einige Flüsse von der Ostsee bis in die Nordsee führte. Heute gibt es ein Museum, _____ wir erfahren, wie die Wikinger lebten. _____ Filme, Exkursionen und Theateraufführungen spannende Einblicke geben, ist man dort stets gut unterhalten.

Grammatik

dass-Sätze

> **Redewiedergabe durch dass-Sätze**
> Äußerungen Dritter können durch *dass*-Sätze wiedergegeben werden:
> 1. Wer etwas gesagt oder geschrieben hat, gibt der einleitende Hauptsatz an. Dieser kann vor oder nach dem Nebensatz stehen und enthält meist Verben des Sagens, Meinens, Denkens und Fühlens: *wiedergeben, darstellen, zusammenfassen, behaupten, meinen, hinweisen auf, anführen, mitteilen …*
> 2. In dem mit der Konjunktion *dass* eingeleiteten Nebensatz wird der Inhalt der Äußerung im **Indikativ** oder im ▷ **Konjunktiv I** wiedergegeben. ▷ S. 27
> 3. Der *dass*-Satz wird mit einem **Komma** vom Hauptsatz abgetrennt.
>
> *Es ist unglaublich, dass viele Menschen nicht auf ihre Sprache achten.* (Indikativ)
> *Dass die Sprache eines Menschen seine Visitenkarte sei, betont Jasmin Bartel.* (Konjunktiv I)

1 Marten hat den Text von Jasmin Bartel in *dass*-Sätzen wiedergegeben:
a) Lies beide Texte.
b) Unterstreiche in Martens Wiedergabe die einleitenden Hauptsätze.
c) Umkreise in den einleitenden Hauptsätzen die Verben des Sagens, Meinens, Denkens und Fühlens.

Ich geh Pizza!
Jasmin Bartel

Gestern fuhr ich in der Mittagszeit mit der U-Bahn. Offenbar hatten die Schulen gerade Unterrichtsschluss, denn die Bahn war voller junger Leute. Die Sprache der Jugendlichen war bemerkenswert verkürzt. Aber die Verständigung zwischen ihnen schien dennoch zu gelingen. Jemand sagte: „Ich geh McDonald's." Ein anderer antwortete: „Ich geh Pizza."

So hat Marten den Text von Jasmin Bartel „Ich geh Pizza!" wiedergegeben:

Jasmin Bartel berichtet, dass sie am Tag zuvor in der Mittagszeit mit der U-Bahn gefahren sei. Sie nahm an, dass die Schulen gerade Unterrichtsschluss hatten, denn die Bahn war voller junger Leute. Dass sie ein seltsames Gefühl beschlich, als sie den Gesprächen lauschte, verwunderte die Autorin. Dass jemand sagte: „Ich geh McDonald's", nahm sie hin. Dass ein anderer antwortete: „Ich geh Pizza", erstaunte sie.

2 Forme den folgenden Text um: Gib die Äußerungen der Autorin in *dass*-Sätzen wieder. Verwende in den einleitenden Hauptsätzen das Präsens. Setze die Kommas und schreibe in dein Heft.

Der Sinn der Mitteilungen ist verständlich. Ein Mangel an Sprachfähigkeit ist also nicht zu vermuten. Vielmehr scheint es sich um eine Art Mode zu handeln. Bin ich selbst vielleicht nur ein wenig altmodisch? Manchmal versteht mich selbst meine Tochter nicht. Als ihr neulich ein Missgeschick zustieß, sagte ich zu ihr: „Du dauerst mich." Meine Tochter blickte mich an, als sei ich nicht ganz richtig im Kopf.

Relativsätze

> Ein unselbstständiger Nebensatz, der sich auf ein Nomen oder Pronomen bezieht (Bezugswort) und es erläutert, heißt Relativsatz:
> *Er hat eine neue Frisur, die ihm sehr gut zu Gesicht steht.*
>   Bezugswort
> - Ein Relativsatz ist ein ▷ Attribut in Satzform (Attributsatz), das ein Bezugswort ergänzt.   ▷ S. 37
> - Er wird durch ein **Relativpronomen** eingeleitet: *der, die, das, welcher, welche, welches.*
>   Das Relativpronomen richtet sich in ▷ Genus, Kasus und Numerus nach dem Bezugswort.   ▷ S. 25
> - Der Relativsatz wird durch **Komma** abgetrennt.

1 *Markiere das Bezugswort im Satz und ergänze es durch einen Relativsatz. Achte auf die Kommasetzung.*

Hin und wieder wirkt ein neuer Haarschnitt wahre Wunder.   *modisch sein*

Unser Äußeres ist für die meisten von uns wichtig.   *Individualität zeigen*

Manche haben nach dem Friseurbesuch ein neues Aussehen.   *nicht jedem gefallen*

ARBEITSTECHNIK – WIEDERHOLUNGEN VERMEIDEN

Formulierungen mit Relativsätzen helfen, Wiederholungen zu vermeiden:
Nico wünscht sich eine neue Frisur. Die Frisur soll möglichst cool wirken. → *Nico wünscht sich eine neue Frisur, die möglichst cool wirken soll.*

2 *Formuliere um und schreibe die folgenden Sätze ohne Wiederholungen ins Heft. Achte auf die Kommasetzung.*

Ariane lässt sich beim Friseur die Augenbrauen zupfen. Die Augenbrauen sollen möglichst schmal aussehen.

Marco liebt hochgegelte Haare. Die Haare sollen aber dennoch natürlich wirken.

Fatma trägt ein Kopftuch über ihrem Haar. Das Kopftuch ist meist sehr modisch gebunden.

Livia lässt ihre Mähne einfach wachsen. Die Mähne sieht inzwischen ziemlich wild aus.

3 a) *Unterstreiche im folgenden Text die Relativsätze, umkreise ihre Bezugsworte.*
b) *Setze die fehlenden Kommas.*
c) *Trage die Buchstaben der Relativsätze ein, die sich auf ein Bezugswort im Plural beziehen.* ☐☐☐☐

A Wie sieht es eigentlich bei den Personen aus die dafür sorgen, dass wir gut aussehen? **B** Ein Gespräch das ich mit einer Auszubildenden im Friseurberuf führte brachte Aufklärung. **C** Jennifer die zwanzig Jahre alt ist ist im dritten Ausbildungsjahr das sich jetzt langsam dem Ende zuneigt. **D** Der Start ins Berufsleben welcher wohl alle jungen Menschen vor viele Herausforderungen stellt ist nicht immer ganz leicht für sie gewesen. **E** Ihre Tätigkeiten welche zu Beginn nur aus Putzen und Üben am Modell bestanden waren manchmal ziemlich langweilig. **F** Mittlerweile beherrscht Jennifer jedoch viele Techniken die sie an Kundinnen erproben darf. **G** Dieser Beruf der sehr viel Kreativität verlangt reizt sie täglich aufs Neue. **H** Auch das viele Stehen das nicht wenige in diesem Beruf anstrengend finden ist für sie nie ein Problem gewesen. **I** Jennifer berichtet über viele Weiterbildungsmöglichkeiten die auch nach der Prüfung sehr interessant seien.

Grammatik

ARBEITSTECHNIK – DAS ODER DASS SICHER UNTERSCHEIDEN

Ob *das* oder *dass* richtig ist, kannst du mit der **welches-Probe** entscheiden.

☐ Kann man *welches* einsetzen, ist das ▷ Relativpronomen *das* richtig. ▷ S. 43
*Ich wünsche mir ein angenehmes Leben, **das** mir Zeit für meine Hobbys lässt.*
                                          ↑
                                       welches

☐ Funktioniert die welches-Probe nicht, ist die ▷ Konjunktion *dass* richtig. ▷ S. 42
*Ich wünsche mir, **dass** ich meine Ausbildung schaffe.*
                    ~~welches~~

4 a) Füge das Relativpronomen *das* oder die Konjunktion *dass* ein.
b) Setze die fehlenden Kommas.

Im Sendestudio zählen die Sekunden
Praktikantin für einen Tag   Von Michaela Paus

Bergisches Land Die Stimme aus dem Autoradio _____ laut eingestellt war kündigte ein Gewinnspiel an. Im Sendestudio _____ die Praktikantin Miriam Buchenbäcker kurz darauf betrat lernte sie die Person hinter dieser Stimme kennen: den Moderator Gerrit Springer. Das Begrüßen _____ nur kurz ausfiel war dennoch sehr herzlich. Der Chefredakteur führte Miriam durch den Sender Radio Berg. Sie erklärte ihm _____ das Praktikum _____ nur einen Tag dauern würde für sie eine wichtige Erfahrung darstelle. „Ich finde es toll _____ Moderatoren ständig mit neuen Themen und Menschen zu tun haben", erzählt die 16-Jährige heute. Bei einem Gerät mit Tonband _____ sich im Flur befindet blieb sie stehen. Sie erfuhr _____ es sich um eine alte analoge Bandmaschine handelt _____ aber heute alles digital am Computer produziert werden würde.

Kölner Stadt-Anzeiger, 17.4.2009

5 Forme die folgenden Hauptsätze in Satzgefüge um. Beachte die Kommasetzung.

Mit dem kleinen Team ist es unmöglich, täglich 24 Stunden lang Programm zu machen. Das Team besteht aus zehn Festangestellten und rund 15 freien Mitarbeitern.

Mit dem kleinen Team, das aus zehn Festangestellten und rund 15 freien Mitarbeitern besteht, ist es unmöglich, täglich 24 Stunden lang Programm zu machen.

Eine Moderatorin erklärt Anrufern etwas. Beim Gewinnspiel können sie 5 000 Euro gewinnen.

_____

Radio Berg hat den Betrieb im Jahr 1995 aufgenommen. In Spitzenzeiten zählt Radio Berg 130 000 Hörer pro Stunde.

_____

_____

Grammatik

Infinitivsätze

> Ein Infinitiv + *(um)* zu + weitere/s Wort oder eine Wortgruppe bilden einen Infinitivsatz.
> Infinitivsätze werden in der Regel durch **Komma** vom Hauptsatz abgetrennt.
> *Zac Sunderland hat viel gewagt, um den Rekord von David Dicks zu brechen.*
> *Ihn zu übertrumpfen, ist Jessica Watsons Ziel.*

1 Unterstreiche im folgenden Text die Infinitivsätze und setze die Kommas.

Ein Jahr allein auf einem Boot:
17-jähriger Weltumsegler hält neuen Rekord Von Stefanie Boewe

VORSICHT FEHLER!

Auf seiner Internetseite lief ein Countdown um die Sekunden bis zum Start anzuzeigen. Am 14. Juni 2008 brach der damals 16-jährige US-Amerikaner Zac Sunderland auf um allein die Welt auf einem Segelboot zu umrunden. Sein großes Vorhaben umsetzen zu können erforderte Zeit und viel Geld. Zacs erklärtes Ziel war es als jüngster Segler aller Zeiten in die Geschichte einzugehen. Zac trotzte 13 Monate lang allen Krisen, Flauten und Stürmen um am 17. Juli 2009 in Marina del Rey in der Nähe von Los Angeles begeistert wieder von seiner Familie, Freunden und vielen Schaulustigen empfangen zu werden.
Um David Dicks, den Rekordhalter von 1996/97, zu überrunden hat Zac trotz seines jugendlichen Alters nur wenig dem Zufall überlassen. Er schaffte es tatsächlich seinen Trip professionell zu organisieren. Zac war in der Lage insgesamt 13 Firmen und viele Privatpersonen als Sponsoren zu gewinnen. Um ein Jahr lang sein Zuhause sein zu können war seine elf Meter lange Yacht gut ausgerüstet worden. Um bei heftigerem Seegang nicht durch die Kajüte geschleudert zu werden musste sich der Teenager nachts festschnallen. Ein Alarmsystem half ihm auch im Schlaf nicht mit großen Schiffen zusammenzustoßen. Um Mangelerscheinungen entgegenzuwirken aß Zac gefriergetrocknete Lebensmittel und Vitamintabletten. Angelzeug und jede Menge japanische Teriyaki-Soße halfen dem Speiseplan geschmacklich erträgliche Fischgerichte hinzuzufügen. Zac verfügte über ein Satelliten-Telefon, eine professionelle Kameraausrüstung und einen Computer um täglich Kontakt zu seiner Familie aufnehmen zu können. Auch Schulbücher hatte Zac eingepackt um nach seiner Rückkehr schulischen Anschluss zu finden. Es ist geschafft: 45 000 Kilometer sind erfolgreich bewältigt.
Doch Rekorde währen nicht ewig: Der jüngere Brite Mike Perham will versuchen Zacs Rekord mit einem größeren und längeren Boot zu brechen. Eine weitere Herausforderin ist bereits unterwegs: Am 19. Oktober 2009 brach die Australierin Jessica Watson auf ihrer Zehn-Meter-Yacht „Ella's Pink Lady" in Sydney auf um Zac zu überrunden. Auch sie ist 16 Jahre alt und wild entschlossen völlig ohne Unterstützung ans Ziel zu gelangen.

> **TIPP**
> Die Kommasetzung in Infinitivsätzen entscheidet in manchen Sätzen über die **Bedeutung des Satzes**:
> *Der Segeltrainer forderte wiederholt, die Windverhältnisse zu prüfen.*
> *Der Segeltrainer forderte, wiederholt die Windverhältnisse zu prüfen.*

2 a) Ein Satz – zwei Bedeutungen: Entscheide durch die Kommasetzung, welche Lesarten es gibt.
b) Schreibe für jeden Satz die Bedeutung in dein Heft.

A Zac überlegte sorgfältig die Segel einzuholen und von Bord zu gehen.

B Zac überlegte sorgfältig die Segel einzuholen und von Bord zu gehen.

Teste dich! – Satzgefüge und Zeichensetzung

1 *Setze im folgenden Text die fehlenden Kommas.*

Kalkuttas vergessene Schätze

Kalkutta ist eine Stadt in Indien mit fast 15 Millionen Einwohnern die sich täglich durch den Gestank, den Lärm und die Enge der Stadt schieben. Kaum jemand weiß dass es herrliche Prachtbauten mit exotischen Gärten im Norden der Stadt gibt die einem schleichenden Verfall ausgesetzt sind. Wenn sich abends die Sonne über Kalkutta senkt erheben sich über der in Schlaf gefallenen Stadt wunderschöne Säulen und Venusstatuen. Sie werden in ein goldenes Abendrot getaucht das die Silhouette der Stadt hervorhebt.

Die Geschichtsstudentin Kamalika Bose kann sich kaum erklären dass sich nur wenige für diese Prachtstücke interessieren. Als wir bei 45 °C im Schatten die große Chitpur Road entlangwandern führt sie uns zu exotischen Palästen. Wir sind überrascht sogar in Seitenstraßen herrliche Bauten zu entdecken. Obwohl es so extrem heiß ist vergessen wir bei deren Anblick die körperliche Anstrengung.

2 a) *Ergänze in den nachfolgenden Sätzen die Kommas.*
b) *Begründe deine Entscheidung in einem vollständigen Satz.*

A Kalkutta war so prächtig dass es London im britischen Empire fast als ebenbürtig galt.

Begründung: *Es handelt sich um* _____

B Bengalische Kaufleute ließen Paläste im kolonialen Stil erbauen die als modern galten.

Begründung: _____

C Um die Briten zu beeindrucken ließen sie aufwändige Hausfassaden gestalten.

Begründung: _____

3 *Was liegt vor: Hauptsatz (HS), Satzreihe (SR) oder Satzgefüge (SG)?*
Schreibe das richtige Kürzel hinter jeden Satz.

A Kamalika Bose beschreibt die Paläste der bengalischen Babus, denn sie möchte vor allem die Erinnerung an die damaligen Prachtbauten wachhalten.

B Ursprünglich wollte Kamalika Bose nur fünf Häuser aufnehmen, seitdem sind aber schon fünfundfünfzig daraus geworden.

C Über zwanzig Studenten der Hochschule für Kunst in Bremen helfen ihr, weil die Erfassungsarbeiten so kompliziert sind.

D Bei ihrer Arbeit im Straßengewirr Nordkalkuttas hat sie schon vor so mancher unerwarteter, aber schöner Überraschung gestanden.

TESTE DICH! ■ TESTE DICH! ■ TESTE DICH! ■ TESTE DICH!

4 a) Bestimme die Nebensätze.
   b) Ordne anschließend die Buchstaben der Sätze den Nebensatzarten zu.

A Obwohl man Kalkutta aus westlicher Sicht nicht mit einem positiven Lebensgefühl in Verbindung bringt, bezeichnen die Bewohner selbst den Ort als „Stadt der Freude".

B Man sollte bedenken, dass nur etwa 25 Prozent der Menschen selbstständig und regelmäßig für ihren Lebensunterhalt aufkommen können.

C Das Sterben, das in den Straßen Kalkuttas alltäglich ist, wurde durch Mutter Teresa gelindert und an die Öffentlichkeit gebracht.

D Doch man kann viele positive Seiten entdecken, wenn man sich für die Stadt interessiert.

E Die Metropole unternimmt zahllose Anstrengungen, um den Anschluss an das 21. Jahrhundert zu finden.

F Viele Callcenter und IT-Firmen haben Einzug in einen neuen Vorort gehalten, der in Kalkutta „Salt Lake" genannt wird.

Nebensatzarten

Adverbialsatz: _____   Infinitivsatz: _____

dass-Satz: _____   Relativsatz: _____

5 *das* oder *dass*? Trage richtig ein.

Mit dem Taxi in Kalkutta

Der Schweizer Louis Palmer reist in einem Taxi um die Welt, _____ durch

solare Energie betrieben wird. In seinem Blog schreibt er, _____ er gut

vorankommt. Louis Palmer war auch schon in Kalkutta, darüber berich-

tet er Folgendes: „Wir waren begeistert, _____ Kalkutta uns alle so positiv

überrascht hat. Ich hatte nie nachgedacht und nur ein Bild im Kopf, _____ viele Arme zeigte. Ich war über-

zeugt, _____ die Hälfte der Bevölkerung nur dank Mutter Teresa über die Runden kommt. Das stimmt jedoch

überhaupt nicht. Kalkutta bot im Gegenteil bisher das angenehmste indische Stadtbild, _____ sich mit

vielen Grünflächen und Seen präsentiert hat. _____ ein Taxi vom äußeren Stadtring bis ins Stadtzentrum nur

sieben Minuten braucht, ist in Indien eigentlich undenkbar. Vielleicht liegt es daran, _____ sich hier nicht

so viele Menschen ein Auto leisten können. Es gibt jedenfalls sehr viel weniger Autos als in anderen Städten.

Nie habe ich erlebt, _____ ein Stau länger als zwei Minuten dauerte."

Werte deine Ergebnisse aus, indem du deine Antworten mit dem Lösungsheft abgleichst.
Für jede richtige Antwort bekommst du einen Punkt.

37–29 Punkte	28–19 Punkte	18–0 Punkte
☺ Gut gemacht!	😐 Schau dir die Merkkästen der Seiten 34 bis 45 noch einmal an.	☹ Arbeite die Seiten 34 bis 45 noch einmal sorgfältig durch.

Rechtschreibung

Groß- und Kleinschreibung

ARBEITSTECHNIK – NOMEN ERKENNEN

Im Deutschen werden **die meisten Wörter kleingeschrieben**.
Groß schreibt man nur **Satzanfänge, Eigennamen** oder **Nomen**.

Nomen kann man einen **Artikel** oder ein anderes **begleitendes Wort** (z. B. Pronomen, Präposition, Mengenangabe oder Adjektiv) voranstellen, und sie haben meist einen **Plural**:
die/eine Untersuchung, bei/viele/genaue Untersuchungen.

Wende die **Artikelprobe** an, wenn du unsicher bist: Gibt es einen Artikel oder kannst du ihn gedanklich einsetzen?

die
↓
Die Bienen sammeln Pollen. → die Pollen.

Achtung – nicht immer steht der Artikel direkt vor dem Nomen: *der lange Flug.*

1 Unterstreiche im folgenden Text alle Nomen. Wende die Artikelprobe an.

Rettet die Bienen!

Nachdem in Nordamerika im Jahr 2007 ein rätselhaftes Bienensterben aufgetreten war, untersuchten auch deutsche Imker ihre Bestände sorgfältig. Obwohl sie selbst noch keinen Bienentod hatten feststellen können, gingen sie sofort an die Ursachenforschung. Die Obstbauern sollen doch im Frühjahr auch weiterhin auf fleißige Blütenbestäuber zählen können. Und für Kinder muss es Honig geben. Die Imker fanden einiges über das Bienensterben heraus. Wenn die Insekten von einer asiatischen Milbensorte befallen werden, verenden sie. Auch können ganze Bienenvölker bei großer Kälte erfrieren. Während die amerikanischen Imker ihre Verluste noch betrauerten, hielten die deutschen Forscher bereits ganz bestimmte Gründe für ausschlaggebend für den Tod der dortigen Bienenbestände, nämlich Stress.

2 Schreibe den Text ins Heft ab. Achte auf die Groß- und Kleinschreibung.

DIE INDUSTRIALISIERUNG DER NORDAMERIKANISCHEN LANDWIRTSCHAFT TRÄGT DEUTLICH ZUR GEFÄHRDUNG DER BIENEN BEI. WEIL FELDER MIT UMWELTGIFTEN BESPRÜHT WERDEN, KÖNNEN DIE BIENEN NICHT MEHR GEFAHRLOS AUF JEDER PFLANZE LANDEN. DURCH RÜCKSICHTSLOSE FORSTWIRTSCHAFT GEHEN IMMER MEHR NATÜRLICHE NISTPLÄTZE IN HOHLEN ASTLÖCHERN VERLOREN, DARUM MÜSSEN IMKER GEZIMMERTE KISTEN BEREITSTELLEN. VIELE ZÜCHTER FÜHREN AUSWAHL- UND VERBESSERUNGSPROZESSE IN IHREN BIENENVÖLKERN DURCH, FÜR DIE TIERE REINSTER STRESS. WANDERIMKER FAHREN IHRE BIENENVÖLKER ALS BEZAHLTE BESTÄUBER VON FELD ZU FELD. EUROPA IST GEWARNT: WIRD BEI UNS DER NATÜRLICHE LEBENSRAUM DER BIENEN IN ÄHNLICHER WEISE BEDROHT, KÖNNTE EIN BIENENSTERBEN DIE FOLGE SEIN.

Groß- und Kleinschreibung

Nominalisierung
Verben und Adjektive oder Partizipien schreibt man groß, wenn sie wie Nomen verwendet (nominalisiert) werden. Sie haben dann dieselben ▷ begleitenden Wörter wie Nomen: ▷ S. 48
- einen Artikel: *das Reparieren, ein Erkennen, der Ältere*
- Artikel + Präposition: *beim (bei + dem) Shoppen, im (in + dem) Großen und Ganzen*
- ein Pronomen: *sein Lachen, ihr Bestes*
- eine Mengenangabe: *viel Schönes, etwas Ähnliches*

Wende die ▷ Artikelprobe an, wenn du unsicher bist: ▷ S. 48
Das ↓ *das* ↓
Schmökern hält den Geist fit. Viele Jugendliche lieben Lesen.

1 Entscheide, ob es sich bei den Verben und Adjektiven um eine Nominalisierung handelt. Streiche den falschen Buchstaben durch.

Svenja Rubens liebt Bücher, jedes einzelne
Zum Welttag des Buches: 23. April

Ich habe eine Schwäche für Bücher. Nicht nur das l/Lesen, sondern auch das r/Riechen daran bereitet mir Vergnügen. Vor allem haben es mir neue Exemplare angetan. Das b/Bemerkenswerte daran ist der Geruch nach frischer Druckfarbe und Papier. Schon allein das d/Denken an die vielen gemütlichen Stunden, die mir das Buch bescheren wird, erhöht die Vorfreude. Das n/Neue beschränkt sich jedoch nicht nur auf den Geruch, sondern auch auf den Klang. Ja, ihr habt richtig gelesen: Bücher machen Geräusche. Denkt zum Beispiel an das r/Rascheln

ihrer Seiten beim d/Durchblättern. Am liebsten höre ich aber das leise k/Knacken, das jedes Mal ertönt, wenn ich ein gebundenes Buch zum ersten Mal aufschlage. Überhaupt sind meine Bücher etwas ganz s/Schönes für mich.

2 a) Unterstreiche im folgenden Text die Nominalisierungen.
b) Schreibe sie mit ihren begleitenden Wörtern in dein Heft.

DAS KENNZEICHNEN DER SEITEN DURCH ESELSOHREN KANN ICH ÜBERHAUPT NICHT LEIDEN. DIE SIND FAST SO SCHLIMM WIE ABGESTOSSENE ECKEN ODER RISSE. WASSER IST NOCH SCHLIMMER, REINES GIFT FÜR JEDES TASCHENBUCH. ALS ICH MEIN BUCH NACH EINEM HEFTIGEN REGENGUSS AUS DER TASCHE ZOG, MUSSTE ICH ETWAS SCHMERZLICHES FESTSTELLEN: DICKE WASSERFLECKEN AN DEN RÄNDERN, HEFTIGES AUFQUELLEN DES PAPIERS SOWIE EINREISSEN DES BUCHDECKELS. MEIN BEMÜHEN UM SCHNELLES TROCKNEN DES BUCHES WAR VERGEBLICH. GLÜCKLICHERWEISE HATTE DIE SCHRIFT NICHT GELITTEN, SODASS DAS WEITERLESEN MÖGLICH WAR. NACH MEINER HEIMKEHR LANDETE DAS BUCH AUF DEM HEIZKÖRPER. PÜNKTLICH ZUM WELTTAG DES BUCHES ERSTRAHLTE ES WIE NEU. BEIM ERBLICKEN DER FLECKEN FÜHLE ICH MICH JEDES MAL ERMAHNT, MEINE GELIEBTEN BÜCHER NIE WIEDER IN EINEM STOFFBEUTEL HERUMZUSCHLEPPEN.

Rechtschreibung

TIPP

▷ Attribute können Nomen oder Nominalisierungen näher beschreiben.   ▷ S. 37
Meist werden Adjektive oder Partizipien als Attribute verwendet:
der große Lesespaß, das spannende Buch
Möglich sind auch mehrere Attribute:
das spannende, entspannte Lesen

Bei Wiederholungen im Satz kann das Nomen aus stilistischen Gründen entfallen:
Bücher
↓
Svenja bevorzugt die spannenden Bücher, aber sie mag auch die langweiligen.

Mach die **Probe**: Wenn du ein **Nomen hinzudenken** kannst, handelt es sich um ein Attribut, das kleingeschrieben wird.

3 *Prüfe, wo Nomen entfallen sind, um Wiederholungen zu vermeiden. Schreibe diese über die Zeile und unterstreiche die Attribute.*

Aus Svenjas Praktikumsbericht

Seit heute arbeite ich in einer kleinen, gemütlichen Buchhandlung. Es gibt ein breites Angebot mit vielen interessanten, anregenden Büchern, aber auch mit weniger ansprechenden. Ich mag Buchhandlungen grundsätzlich gern, aber diese ist mit Abstand die schönste von allen. Meine Kolleginnen sind fast alle nett. Es gibt viele junge, jedoch auch einige ältere mit viel Erfahrung. Neben der Chefin, die auch die Inhaberin ist, gibt es in meinem Praktikumsbetrieb eine ganztags arbeitende sowie eine halbtags eingesetzte Kraft, beide sind Buchhändlerinnen.

4 *Schreibe den folgenden Text in dein Heft ab: Achte auf die Groß- und Kleinschreibung.*

MANCHMAL VERLANGT EIN KUNDE EIN BESTIMMTES BUCH, DAS NICHT AM LAGER IST. DER BUCHHÄNDLER KANN EIN ANDERES EMPFEHLEN ODER DIESES EINE GEWÜNSCHTE BEIM GROSSHÄNDLER BESTELLEN. ER FRAGT DEN KUNDEN DANN, OB DIESER DEN AUTOR ZUM ELEKTRONISCHEN ODER IN PAPIER BLÄTTERNDEN NACHSCHLAGEN IM KATALOG ANGEBEN KANN. UNTER DEM NAMEN DES AUTORS SIND SÄMTLICHE SEINER WERKE MIT IHRER INTERNATIONALEN BESTELLNUMMER (ISBN) AUFGELISTET. DIE VIERTE ZIFFER GIBT AN, AUS WELCHEM LAND DAS JEWEILIGE BUCH STAMMT (DIE -3- STEHT Z. B. FÜR DEUTSCHLAND), ALLE WEITEREN STEHEN FÜR DEN VERLAG, DEN TITEL SOWIE DIE „PERSÖNLICHE NUMMER" DES BUCHES, AUCH PRÜFZIFFER GENANNT. OHNE ISBN KANN DER BUCHHÄNDLER KEINE AKTUELLEN BÜCHER ANFORDERN, ABER AUCH KEINE VERGRIFFENEN FESTSTELLEN.

TESTE DICH! ■ TESTE DICH! ■ TESTE DICH! ■ TESTE DICH!

Teste dich! – Groß- und Kleinschreibung

1 *a) Lies den folgenden Text.*

Nachwuchsschmiede für Cats und Co.

Katharina kennt etwas ❶ Gutes: ❷ Träumen von der großen Bühne, vom ❸ Tanzen der Scheinwerfer und dem Toben des aufgeregten ❹ Publikums. Für Katharina eine alltägliche ❺ Erfahrung. „Auf einer echten Bühne zu stehen statt auf der ❻ kleinen in der Schule und andere Menschen mit ❼ Spielen, Singen und ❽ Tanzen zu begeistern, stelle ich mir toll vor", schwärmt die 16-Jährige. Im ❾ Allgemeinen ist sie eher schüchtern, dennoch wagte sie mit Erfolg ❿ Auftritte bei einigen Schulmusicals. Der erste Schritt ist also getan …

b) Begründe für die mit ❶ bis ❿ gekennzeichneten Wörter, warum sie groß- oder kleingeschrieben werden.

❶ _____ ❻ _____

❷ _____ ❼ _____

❸ _____ ❽ _____

❹ _____ ❾ _____

❺ _____ ❿ _____

2 *a) Streiche die falschen Buchstaben durch.*
b) Bei welchen Wörtern handelt es sich um eine Nominalisierung? Unterstreiche.

Das a/Anmelden für einen Intensivworkshop war sehr m/Mutig von Katharina. Beim t/Tanzen, s/Singen und s/Schauspielern zeigte sie vorhandenes Talent, aber auch die n/Nötige Disziplin. Das paarweise l/Laufen durch den Saal schweißt zusammen: Die eine Person muss mit g/Geschlossenen, die andere mit offenen Augen gehen. „Vertrauen ist wichtig, bedeutet aber auch ein h/Herausfordern eines jeden Einzelnen", hebt der Schauspiellehrer Domian Mauser hervor. Weitere Aufgaben warten: Das s/Sprechen mit einem Korken zwischen den Lippen ist etwas u/Ungewöhnliches, trainiert jedoch eine d/Deutliche Aussprache. Auch während der Pausen dreht sich a/Alles nur um das w/Wesentliche – die große Abschlussaufführung am Wochenende.

Werte deine Ergebnisse aus, indem du deine Antworten mit dem Lösungsheft abgleichst.
Für jede richtige Antwort bekommst du einen Punkt.

33–26 Punkte	25–18 Punkte	17–0 Punkte
☺ Gut gemacht!	😐 Schau dir die Merkkästen der Seiten 48 bis 50 noch einmal an.	☹ Arbeite die Seiten 48 bis 50 noch einmal sorgfältig durch.

Rechtschreibung

Getrennt oder zusammen?

> **V**erbindungen aus **Nomen und Verb** werden in der Regel getrennt geschrieben:
> *Sonntags gehen wir oft Eis essen. Lieber würde ich dann aber Musik hören.*
> **Aber**: Werden Verbindungen aus Nomen und Verb **nominalisiert**, schreibt man zusammen:
> *Das Eisessen wird immer teurer. Ein beliebtes Hobby ist Musikhören.*

1 a) Notiere zu den folgenden Abbildungen ein passendes Nomen mit einem passenden Verb.
b) Formuliere vier sinnvolle Sätze, in denen alle Tätigkeiten vorkommen, und schreibe sie auf.

 _____

 _____

 Schule besuchen

 _____

 _____

 _____

 _____

 _____

 _____

_____
_____
_____
_____

2 a) Ergänze zu den folgenden Nomen sinnvolle Verben.
b) Formuliere mit vier ausgewählten Verbindungen aus Nomen und Verb Sätze aus, in denen sie als Nominalisierung auftreten.

Rad fahren   Angst _____   Rat _____

Schlange _____   Segel _____   Haare _____

Briefe _____   Blumen _____

Radfahren macht besonders im Sommer Spaß. _____

_____

Getrennt oder zusammen?

> **Verbindungen aus Verb und Verb** werden getrennt geschrieben:
> *lesen lernen, schwimmen gehen, spazieren gehen*
>
> **Achtung, Ausnahme**: Bei Verbindungen mit *bleiben* und *lassen* ist bei übertragener Bedeutung auch Zusammenschreibung möglich: *sitzenbleiben* (= nicht versetzt werden), *stehenlassen* (= sich abwenden).

3 *Schreibe die Verbindung von Verb und Verb richtig und in sinnvoller Zuordnung neben den Satz. Achte auf die Getrennt- und Zusammenschreibung.*

A Bevor ein Referat gehalten werden kann, muss man _____. VORTRAGEN ? ÜBEN

B Ein guter Vortrag bewirkt, dass viele Informationen _____. HÄNGEN ? BLEIBEN

C Damit alle gut _____ ZUHÖREN ? KÖNNEN,

muss der Vortragende deutlich sprechen.

D Niemand sollte beim Vortragen _____ SITZEN ? BLEIBEN,

sonst sieht und hört man ihn nicht.

E Die Zuhörerschaft wird es zu _____ SCHÄTZEN ? WISSEN,

wenn das Referat einen Sachverhalt bildhaft und anschaulich darstellt.

F Sollte der Vortrag einmal nicht so gelungen sein, wird niemand

deshalb _____. SITZEN ? BLEIBEN

> **Verbindungen mit *sein*** werden immer getrennt geschrieben: *dort sein, zufrieden sein, haltbar sein*

4 *a) Bilde mit den folgenden Wörtern Verbindungen mit sein.*
b) Wähle je zwei Verbindungen aus und schreibe damit einen sinnvollen Satz.

gewissenhaft   zusammen   verrückt   vorbei

mutig   beliebt   sein   dabei   böse

glücklich   da   schlecht   fertig

53

Rechtschreibung

> **!** **Verbindungen von Adjektiv und Verb** werden im Infinitiv (Grundform) meist getrennt geschrieben: *hoch springen, schnell laufen*
> In wenigen Fällen hat die Verbindung eine neue, übertragene Bedeutung, dann schreibt man zusammen: *schwerfallen* (= Mühe haben, etwas zu tun), *schwarzfahren* (= ohne Fahrausweis fahren)

5 *Kreuze die Verbindung zwischen Adjektiv und Verb an, die zusammengeschrieben wird.*

Abhängen war gestern – Tricking ist in

Spaziergänger sitzen ruhig im Café am Platz, als plötzlich ein Turnschuh LAUT **?** QUIETSCHT ☐ und Hände KRAFTVOLL **?** KLATSCHEN ☐. Was ist los? Die Szene wirkt wie aus einem Comicfilm geschnitten, in dem Leute HOCH **?** FLIEGEN ☐ und FREI **?** SCHWEBEN ☐ können, ohne dass sie SCHNELL **?** STÜRZEN ☐. Alex und Jan brauchen keine Computeranimation für ihre akrobatische Performance, sondern nur ein paar lässige Schritte Anlauf. ZIELGERICHTET **?** WIRBELN ☐ sie in flatternden T-Shirts meterhoch über Treppengeländer, COOL **?** LAUFEN ☐ sie an Betonwänden entlang und FLINK **?** SCHLAGEN ☐ sie ihre Salti mannshoch auf dem Platz. Das alles geschieht, ohne dass es ihnen SCHWER **?** FALLEN ☐ würde. Gelenke werden zu Sprungfedern, Jungs zu Gummibällen. So SCHNELL **?** SPRINGEN ☐ sie ab, dass ihre Arme und Beine in der Luft zu Streifen verwischen.

> **!** **Verbindungen von Adverb/Präposition und Verb** werden im Infinitiv (Grundform) zusammengeschrieben: *hinabstürzen, aufgeben*
> **Aber**: Im Satz werden sie häufig getrennt: *Markus Schultz stürzte die Rampe hinab. Er gab aber nicht auf.*

6 *Die folgenden Verben stehen im Infinitiv. Trage sie passend in den Lückentext ein.*

aufwärtsgehen   voranbringen   nachdenken   annehmen

herausfinden   weiterentwickeln

The Big Trick national – Markus Schultz (18) ist Tricking-Meister 2009

Auf die Frage, wie sich sein Sport in der Zukunft _____ wird, antwortet Markus ohne Zögern: „Mit dem Tricking wird es _____ , der Sport steht gerade erst am Anfang. Was es einem bringt, muss jeder selbst _____ . Lernen kann es jeder." Er muss kurz _____ . „Toll ist, wie einen das Training _____ . Ich liebe es, neue Moves, meinen ganz eigenen Style entwickeln zu können. Interessierte können sich über Foren im Internet informieren. Tipps von qualifizierten Coaches muss man am Anfang unbedingt _____ ."

54

Getrennt oder zusammen?

> Die **Zusammenschreibung** tritt auf bei:
> - **Nomen und Nomen:** *der Samstagabend, der Esstisch, der Badezimmerteppich*
> - **Adjektiv und Nomen:** *der Billigpreis, das Trockentuch*
>   **Wichtig:** Steht ein **Nomen am Schluss** des zusammengesetzten Worts, wird dieses **großgeschrieben**.
> - **Nomen und Adjektiv:** *kindgerecht, haushoch*
>   **Wichtig:** Steht ein **Adjektiv am Schluss** des zusammengesetzten Worts, wird dieses **kleingeschrieben**.

7 a) Unterstreiche zusammengeschriebene Nomen.
b) Markiere Wörter, die aus Adjektiv und Nomen bestehen.

Abini Zöllner
Erwachsene sind seltsam

Es ist verwirrend: Erwachsene wissen zwar sehr viel, aber verstehen immer weniger. Sie benutzen lauter komische Sachen, von denen Kinder nicht einmal wissen, dass es sie gibt: Schuhspanner und Brillentücher zum Beispiel. Ihre Abenteuer beschränken sich darauf, kleinlich ihre Kontoauszüge zu prüfen und Quittungen pingelig in Aktenordnern abzuheften. Und sie lassen sich von Alltagsdingen verrückt machen, die Kindern völlig egal sind: Sie reinigen Flusensiebe und säubern ihre Computermäuse. Sie schauen auf Lebensmittelverpackungen nach dem Verfallsdatum und im Internet nach Billigtarifen fürs Festnetz. Erwachsene haben auf der Toilette Feuchttücher. Schreiben sich Geheimzahlen auf. Mögen Jodsalz. Zünden nach Arbeitsschluss Duftkerzen an. Kaufen nur Frischwaren. Bezahlen Mahnungen. Bestellen Kinokarten im Voraus. Und das ist längst noch nicht alles: Sie bürsten sich sogar die Fingernägel.

8 Trage die Wörter aus Nomen und Adjektiv in die Lücken ein. Achte auf grammatische Richtigkeit.

geistreich   *herzensgut*   *nachtschwarz*   *strohdumm*
blitzschnell   *eiskalt*   *steinreich*   ~~*bildschön*~~

Märchen von heute

Es war einmal ein kleiner Hund, der hieß Schätzelein. Schätzelein wohnte bei einem *bildschönen* Mädchen, das Caroline hieß. Sie bewohnte eine _____, kleine Kellerwohnung. Caroline war _____, sie sprach gern und sehr gebildet mit Schätzelein. Schätzelein dagegen war eher _____. Doch wenn Caroline aus dem Haus ging, ohne die Tür zu schließen, war Schätzelein _____. Er war schneller durch die Tür, als man schauen konnte. Am liebsten verschwand er in den _____ Keller, dort gab es kein Licht, aber viele Abenteuer. Seltsame Tiere, duftende Kartons, muffige Wäsche im Trockenraum – ein Paradies für Schätzelein. Am liebsten kroch er hinter die Heizungsrohre und schlummerte auf dem Altpapierstapel. Er träumte von Caroline, denn tief in seinem Innern wusste er: Er war ein _____ und _____ Prinz.

TESTE DICH! ■ TESTE DICH! ■ TESTE DICH! ■ TESTE DICH!

Teste dich! – Getrennt- und Zusammenschreibung

1 *Der folgende Text enthält sechs richtige und vier falsche Schreibweisen von Adjektiven und Verben. Unterstreiche die richtigen Schreibweisen grün, die falschen rot.*

Abschlussparty für die Austauschschüler

Die Jahrgangsstufe 9 hat es tatsächlich fertiggebracht: Eine Party in der Schule! Mit den Austauschschülern aus England ist die Freundschaft nicht schwer gefallen, und nun sollen die Gäste freundlich verabschiedet werden.

Da an diesem besonderen Abend nichts schief gehen darf, muss von den Schülerinnen und Schülern alles gutgeplant werden. Es ist z. B. klar festgelegt, welches Team kocht und backt oder kleine Geschenke bastelt. Die Küchengruppe darf ein „Chili con Carne" starkwürzen und Törtchen mit Guss in den Schulfarben der Gastschule farbig gestalten, was der Stimmung guttun sollte. Für Fotocollagen als Andenken wurden Illustriertenbilder ausgeschnitten und, zu lustigen Bildern angeordnet, auf Tonkarton eng aufgeklebt.

2 *Schreibe die folgenden Sätze in regelgerechter Schreibweise auf. Trenne die Wörter ab und achte beim Schreiben auf die Zusammenschreibung, aber auch auf die ▷ Groß- und Kleinschreibung.* ▷ S. 48

1 amfetenabendhabensichallegutamüsiert.
_____

2 imstehenwurdekuchengegessenundcolagetrunken.
_____

3 bereitsnachkurzerzeitwardasbüfettstarkgeplündert.
_____

4 eswurdevielundschnellgetanztundlautgesungen.
_____

5 nachdiesempartyerfolghofftman,dassnochvieleschülergruppenamaustauschprogrammteilnehmen.
_____

3 *Trage hinter den Wörtern im Text ein, um welche Art von Zusammenschreibung es sich handelt.*

A Nomen + Nomen,   B Nomen + Adjektiv   oder   C Adverb/Präposition + Verb.

Für die Abschiedsfeier ☐ am Freitagabend ☐ wollen die deutschen Schülerinnen und Schüler der Klassen 9 die Mensa im Schulgebäude ☐ partygerecht ☐ vorbereiten ☐. Um Platz für die Musikanlage ☐ bereitzustellen ☐, werden die Tische in einer nachtschwarzen ☐ Ecke zusammengeschoben ☐. Einige Tische werden zur Tanzfläche ☐ hin quergestellt ☐, um Platz für das liebevoll ☐ zubereitete Büfett zu haben. Zwei sternenhell ☐ glitzernde Diskokugeln ☐ und mehrere bildschöne ☐, kräftige Strahler werden von der Decke herabhängen ☐.

56

TESTE DICH! ■ TESTE DICH! ■ TESTE DICH! ■ TESTE DICH!

4 *Bilde Verbindungen mit sein und setze sie in die Lücken ein.*

zusammen   los   fertig   zufrieden   da   dabei

„Hallo, Jonas, hast du gehört, dass heute in der Schule die Abschiedsparty stattfindet? Kannst du um sechs _____? Da soll nämlich richtig was _____."

„Ja, klar, ich muss _____! Ich will vor der Abreise doch noch einmal mit Jenny _____. Ich werde sicher nicht _____, bevor ich mit ihr getanzt habe."

„Okay, ich muss mich nun beeilen, denn ich will auch rechtzeitig _____."

5 *Vervollständige die Regeln und ergänze je zwei Beispiele.*

a) Verbindungen aus Nomen und Verb werden in der Regel _____ geschrieben.

_____,_____

b) Verbindungen aus _____ und Verb werden getrennt geschrieben.

baden gehen, _____,_____

c) Verbindungen von _____ und _____ werden meist getrennt geschrieben.

klar denken, _____,_____

Werte deine Ergebnisse aus, indem du deine Antworten mit dem Lösungsheft abgleichst.
Für jede richtige Antwort bekommst du einen Punkt.

46–35 Punkte	34–23 Punkte	22–0 Punkte
☺ Gut gemacht!	😐 Schau dir die Merkkästen der Seiten 52 bis 55 noch einmal an.	☹ Arbeite die Seiten 52 bis 55 noch einmal sorgfältig durch.

57

Rechtschreibung

Fach- und Fremdwörter

ARBEITSTECHNIK – FACH- UND FREMDWÖRTER NACHSCHLAGEN

◻ Die Schreibung von Fachwörtern und Fremdwörtern ist oft ungewöhnlich: Schlage zur Sicherheit im (Fremd-)Wörterbuch nach. Dort ist auch das ▷ Genus der Wörter angegeben und du erhältst Hinweise zur Beugung sowie zur Bedeutung, Herkunft und Aussprache der Wörter. ▷ S. 25

◻ Findest du ein Fach- oder Fremdwort nicht an der erwarteten Stelle, überlege, ob eine andere Schreibweise möglich wäre – schlage darunter erneut nach. Bei vielen Fremdwörtern hilft **genaues Mitsprechen**, entweder laut oder leise im Kopf.

◻ Fremdwörter können Besonderheiten in der Laut-Buchstaben-Zuordnung und besondere Präfixe oder Suffixe aufweisen.

◻ Viele Fremdwörter, auch in der Alltagssprache, kommen aus dem Englischen: Sie werden **Anglizismen** genannt. Überlege, ob ein dir unbekanntes Wort aus dem Englischen kommen kann, die Schreibweise englischer Wörter kennst du möglicherweise aus dem Englischunterricht.

1 a) *Markiere im folgenden Text die Anglizismen.*
b) *Schreibe sechs der Begriffe richtig ab und erkläre ihre Bedeutung.*

Aus einer Anwendungsanleitung für PC-User

Wenn Sie eine Frage zu Ihrem Hardwareprodukt haben, gehen Sie wie folgt vor:

◻ Überprüfen Sie die Systemanforderungen für Ihr Produkt, um die Kompatibilität Ihres Systems sicherzustellen.

◻ Lesen Sie die gesamte gedruckte Dokumentation.

◻ Weitere Produktinformationen finden Sie auf der Hardwarewebsite.

◻ Wenden Sie sich mit Ihren Supportfragen bitte an den Hersteller.

◻ Durchsuchen Sie unsere Knowledge Base und informieren Sie sich per Video zu gängigen Problemen. Verfügbare Updates können Sie herunterladen.

◻ Chatten Sie bei Problemen mit einem Supportmitarbeiter oder senden Sie eine E-Mail.

_____ *bedeutet:* _____

_____ *bedeutet:* _____

_____ *bedeutet:* _____

_____ *bedeutet:* _____

_____ *bedeutet:* _____

_____ *bedeutet:* _____

2 *Kreuze an, welche Aussagen zutreffen, welche nicht zutreffen.*

	trifft zu	trifft nicht zu
A Die Anglizismen in dem Text sind nicht für jedermann verständlich.	◻	◻
B Die Anglizismen erschweren das Verständnis von Texten.	◻	◻
C Die Anglizismen machen den Text leichter verständlich.	◻	◻
D Die Anglizismen machen eine schnelle Verständigung zwischen Insidern möglich.	◻	◻
E Die Anglizismen machen den Text kürzer.	◻	◻
F Die Anglizismen machen den Text für Außenstehende genauer.	◻	◻

Fach- und Fremdwörter

3 *Viele Fremdwörter kannst du richtig schreiben, wenn du sie in Silben sprichst.*
  a) Sprich sehr deutlich und markiere beim Sprechen die Silben: ex klu siv
  b) Kreuze die Wörter an, die du kennst.
  c) Kläre die Bedeutung der dir unbekannten Wörter mit Hilfe eines (Fremd-)Wörterbuches.

☐ Mikrowelle ☐ Resonanz ☐ Antennen ☐ Terrasse ☐ Paprika

☐ Ventilator ☐ Kommission ☐ Neutralität ☐ Ritual ☐ Parallele

☐ Administration ☐ Fatalismus ☐ Direktion ☐ Stadion ☐ Station

4 **Fremdwörter mit th** *musst du dir merken. Bei der weiteren Schreibung hilft es, sie in Silben zu sprechen.*
  a) Ordne die folgenden Wörter ihren Bedeutungen zu. Trage ein.

Theater	Thunfisch	Theke	Bibliothek
Theorie	Thermostat	Thermometer	Thematik
Panther	These	Therapeut	Theologie

THE-RA-PEUT

Regler für die Temperatur _____   Behauptung _____

Gerät zum Messen der Temperatur _____   beliebter Speisefisch _____

Ausschank in einer Gaststätte _____   Religionswissenschaft _____

Gebäude für Aufführungen _____   Bücherei _____

Gegenstand von Texten _____   Betrachtungsweise _____

Behandelnder (kein Arzt) _____   Raubtier _____

  b) Schlage im (Fremd-)Wörterbuch nach: Zwei Wörter kann man auch nur mit T schreiben. Markiere sie.

5 *-tion, -ieren und -tiv sind besondere Suffixe für Fremdwörter.*
  a) Prüfe, ob du zu jedem Nomen ein Verb bzw. Adjektiv findest.
  b) Schlage im (Fremd-)Wörterbuch nach, wenn du die Bedeutung nicht kennst.

Nomen	Verb	Adjektiv	Bedeutung des Nomens
Addition	addieren	additiv	_____
Subtraktion	_____	_____	_____
Attraktion	_____	_____	_____
Kooperation	_____	_____	_____
Explosion	_____	_____	_____
Intervention	_____	_____	_____
Konstruktion	_____	_____	_____
Situation	_____	_____	_____

Rechtschreibung

Wiederholung: Zeichensetzung

ARBEITSTECHNIK – ZEICHENSETZUNG PRÜFEN

Regel 1: ▷ **Satzreihen** (Hauptsatz + Hauptsatz) werden durch ein Komma getrennt. ▷ S. 38
    ☐ Vor *und* oder *oder* **kann** ein **Komma** stehen.
    ☐ Vor *aber, jedoch* oder *denn* **muss** ein **Komma** stehen.
Regel 2: ▷ **Satzgefüge** (Hauptsatz + Nebensatz) werden durch ein Komma voneinander getrennt. ▷ S. 39–45
    ☐ ▷ Eingeschobene Nebensätze werden durch zwei Kommas vom Satz abgetrennt. ▷ S. 39
    ☐ ▷ Infinitivsätze werden durch Komma vom Hauptsatz getrennt. ▷ S. 45
Regel 3: **Aufzählungen** werden durch ein Komma getrennt.

1 a) Setze in den folgenden Sätzen die fehlenden Kommas.
b) Schreibe für jeden Satz auf, nach welcher Regel das Komma gesetzt wird (siehe Arbeitstechnik).

A ☐ Sauberkeit bedeutete früher Mühe weil die Menschen großen Aufwand betreiben mussten.

B ☐ Wenn sie sauber sein wollten mussten sie erfinderisch sein.

C ☐ Den Luxus eines Badezimmers den wir heute für selbstverständlich halten gab es damals nicht.

D ☐ Der Waschort war meistens draußen dort war es ziemlich zugig und ungemütlich.

2 a) Schau dir die folgenden Sätze genau an. Notiere, welche Regel hier gilt.

_____

b) Setze die fehlenden Kommas.

A Während der Woche betreiben sie Katzenwäsche um sich nach der Arbeit zu säubern.

B Um sauber und gepflegt zu sein legte manche Familie einen regelrechten Badetag ein.

C Man hatte aber kein fließendes Wasser um sich und seine Kleidung sauber zu halten.

D Viele Leute auf dem Lande mussten Wasser in Eimern aus Brunnen holen um sich waschen zu können.

3 a) Schau dir die folgenden Sätze genau an. Notiere, welche Regel hier für die Kommasetzung wichtig ist.

_____

b) Setze die fehlenden Kommas.

A Am Waschort lagen ein Napf mit Seife Kamm und Spiegel bereit.

B Außerdem mussten sich viele Menschen Wasser Seife und ein Handtuch teilen.

C Weil sich die Landbewohner meist nur in der eigenen Schlafkammer richtig waschen konnten, standen dort Wasserkrüge Waschschüsseln und Seifentöpfchen aus Porzellan Steingut oder emailliertem Blech.

D Erst im 20. Jahrhundert spielten auf dem Land die Wasch- und Futterküchen eine Rolle. In ihnen wurden Hände und Gesicht gereinigt Gartenschaufeln abgewaschen Milchkannen gespült Hühner gerupft und Schweinekartoffeln gekocht.

Wiederholung: Zeichensetzung

4 a) Schau dir im Merkkasten auf S. 39 an, woran man einen Nebensatz erkennt. Notiere die Merkmale.

_____

b) Unterstreiche: Wo ist ein Nebensatz?
c) Kreuze an, bei welchem der folgenden Sätze es sich um eine Satzreihe handelt.
d) Setze in allen Sätzen die fehlenden Kommas.

A ☐ Die Vorläufer der heutigen Badezimmer waren die Waschküchen die hauptsächlich zum Kochen des Viehfutters und zum Wäschewaschen genutzt wurden.

B ☐ In manchen Gegenden befand sich die Waschküche nicht im Haus denn sie war in einem separaten Waschhaus untergebracht.

C ☐ Die Hygiene hing von den Gegebenheiten ab sie war aber auch vom Wohlstand der Familien bestimmt.

D ☐ Während der Woche lief die Körperpflege auf Sparflamme doch am Samstag war Badetag.

5 a) Setze die fehlenden Kommas.
b) Gib für jeden Satz an, welche Regel oder welche Regeln (s. S. 60 oben) jeweils gelten.

A Am Samstag war Schluss mit der Katzenwäsche weil jeder ordentlich in die Kirche gehen wollte. R _____

B Samstag war auch der Tag an dem sich die Männer rasierten alle Hofbewohner sich R _____ ;

frische Wäsche anzogen und ihre Kleidung wechselten. R _____

C Mägde und Knechte gingen nach Hause um sich dort umzuziehen. R _____

D Nach dem Ersten Weltkrieg kamen Badewannen auf es waren zunächst transportable Zinkbadewannen. R _____

E Man stellte sie an solchen Orten auf an denen es warm war. R _____

F Das war meistens die Küche weil nicht alle Zimmer geheizt R _____ ;

werden konnten aber in der Küche wurde ja gekocht. R _____

G Diese Wärme war besonders wichtig da es im Winter manchmal so kalt war dass Eisblumen an den Scheiben festfroren. R _____

H In Töpfen wurde das Wasser auf dem Herd zum Kochen gebracht in der Wanne mit kaltem Wasser gemischt und für alle Mitglieder der Familie genutzt. R _____

J Niemand wäre auf den Gedanken gekommen das kostbare heiße Wasser nach jedem Bad auszuschütten. R _____

K Die Kinder drängelten sich um als Erster ins Wasser zu kommen aber meistens hatte R _____ ;

keines von ihnen die Wanne für sich allein. R _____

L Jede Familie hatte ihre eigene Reihenfolge beim Baden die jeden Samstag eingehalten wurde. R _____

M Nach dem Baden wurde das Wasser nicht einfach in den Ausguss geschüttet denn R _____ ;

man schrubbte die Holzschuhe säuberte benutzte Geräte und wässerte anschließend die Beete. R _____

N Erst viel später setzte sich das Badezimmer durch aber das warme Wasser kam immer noch nicht aus dem Wasserhahn und es musste in einem Badeofen erhitzt werden. R _____

Rechtschreibung

Richtig zitieren

ARBEITSTECHNIK – REGELN ZUM ZITIEREN
- Ein wörtlich wiedergegebener Textausschnitt steht in Anführungszeichen.
- Zitiert man, muss der genaue Wortlaut wiedergegeben werden. Innerhalb eines Zitats darf nichts verändert werden.
- Gehören Satzzeichen zum Zitat, werden sie auch wiedergegeben.
- […] bedeutet, dass ein Satzteil oder mehrere Sätze im Zitat ausgelassen wurden.
- Eine Zeilenangabe (bei Gedichten: Angabe von Versen) gibt in Klammern hinter dem Zitat an, wo es im Text steht.
- Wird ein Zeitungsartikel, ein Buchauszug oder ein Text aus dem Internet übernommen, muss die Fundstelle (Quelle) angegeben werden.

1 *Lies den folgenden Text.*

Baderituale

Im Barock setzte besonders der Adel Wasser nur sehr sparsam ein, wohingegen das Volk zum Vergnügen auch in Flüssen badete. Die vornehme Gesellschaft reinigte sich vor allem mit parfümierten Tüchern. Den unvermeidlichen Körpergeruch versuchte sie, mit Körperpuder und Duftöl zu überdecken. Besonders luxuriöse Bäder dienten wohl vor allem der Repräsentation. Die eingeführte und häufig gewechselte Unterwäsche sollte den Schweiß aufnehmen. Aus Angst vor Krankheiten verzichtete man bis ins 19. Jahrhundert vor allem bei Hofe weitestgehend auf Wasser.
Im Zeitalter der Aufklärung begann allmählich ein Umdenken. Fortschritte in der Medizin änderten die Vorstellungen über Gesundheit und Hygiene. Während der industriellen Revolution waren jedoch die Städte mit  dem enormen Wachstum der Bevölkerung überfordert. Schmutz- und Brauchwasser floss ungefiltert in Flüsse und Seen und vergiftete Brunnen und Wasserspeicher. Epidemien wie Cholera oder Typhus brachen aus.
Wer es sich leisten konnte, kaufte Quellwasser von Wasserhändlern, die es mit Fasswagen oder Wasserträgern frei Haus lieferten. Die schweren Wasserbutten mussten in langsamen, wiegenden Schritten getragen werden. Kamen die Träger aus dem Tritt oder machten eine falsche Bewegung, so „lief es ihnen eiskalt den Rücken herunter". Sauberes Trinkwasser war immer mehr ein Privileg der Reichen.

2 a) Vergleiche die folgenden Textauszüge sorgfältig mit dem Originaltext: Welcher Teil ist ein Zitat? Stimmt innerhalb des Zitats der Wortlaut überein? Kennzeichne Auslassungen über der Zeile.
b) Setze die notwendigen Zeichen und gib die Zeilen an.

A In einem Artikel über Baderituale heißt es Im Barock setzte besonders der Adel Wasser nur sehr sparsam ein. Die vornehme Gesellschaft reinigte sich mit parfümierten Tüchern. (vgl. Z. _____)

B Damit man nicht unangenehm roch, versuchte man, den Körpergeruch mit Körperpuder und Duftöl zu überdecken. (vgl. Z. _____)

C Es gab auch schon luxuriöse Badezimmer, aber sie dienten der Repräsentation. (vgl. Z. _____)

D In dem Artikel heißt es weiter, dass Fortschritte in der Medizin bewirkten, dass sich die Vorstellungen über Gesundheit und Hygiene änderten. (vgl. Z. _____)

3 *Überprüfe die Zitierzeichen. Schreibe verbessert in dein Heft und gib die Zeilen an.*

A Weil das Abwasser „ungefiltert" in Flüsse und Seen floss, waren die Brunnen bald vergiftet.

B Deshalb kauften reiche Leute sich Quellwasser von Wasserhändlern, die es mit „Fasswagen" oder Wasserträgern frei Haus lieferten.

C

62 Von unachtsamen Wasserträgern kommt der Ausdruck, es liefe ihnen „eiskalt" den Rücken herunter.

Rechtschreibung

Texte überarbeiten

ARBEITSTECHNIK – RECHTSCHREIBFEHLER FINDEN

Diese Strategien helfen dir, Fehler in Texten zu finden:
- Vergessene oder überzählige Buchstaben findest du, wenn du die Wörter **in Silben mitsprichst** (oder denkst): *die Ta schen tü cher, der Hus ten er re ger*
- Fehler am Wortende und bei Einsilbern findest du durch **Verlängern** (bei *b*, *d* und *g*; bei Doppelkonsonanten):
  der Berg → die Ber ge, das Hemd → die Hem den, er schwimmt → schwim men, brennbar → bren nen
- Prüfe die Schreibweise von *e* und *ä* bzw. *äu* und *eu*, indem du nach **verwandten Wörtern mit *a* bzw. *au*** (Ableitungsprobe) suchst:
  die Häuser → das Haus, die Scheune → –, läuten → laut, heute → –
- Fehler in zusammengesetzten Wörtern findest du, indem du diese **zerlegst**, um dann zu verlängern oder die Grundform zu prüfen: *der Trimmpfad → trim men + die Pfa de*
- Wörter, bei denen diese Strategien nicht helfen, musst du dir **merken**:
  man, wenn, dann, der Hahn, vor, nie, ihr, ihm, in …

1 Überarbeite den folgenden Text: Wende dazu die Strategien aus der Arbeitstechnik an. Markiere die Fehlerwörter.

Ranga Yogeshwar
Warum ist das Taschentuch quadratisch?

Den Grat der Zivilistion einer Gesellschaft messen wir hierzulande an seltsamen Dingen: am Gebrauch von Messer und Gabel, der Verwendung von Deospray, dem Umbinden von Krawaten oder dem stets grifbereiten
5 Taschentuch. Doch ist es Ihnen schon mal aufgefallen? Taschentücher sind fast immer quadratisch, egal, ob aus Stof oder aus Papier. Diese Form ist kein Zufal, den die Geschichte des Taschentuches stekt voller Regeln und Verbote.
10 Die ersten Taschentücher waren übrigens gar nicht zum Naseschnäuzen gedacht. Das tat man damals mit Daumen und Zegefinger, die man dan am Ärmel oder am Tischtuch abwischte!
Das einfache Volk schnäuzte mal mit der rechten und
15 mal mit der linken Hand; die feinere Gesellschaft hingegen schnäuzte ausschliesslich mit links. Taschentücher hingegen waren ein Statusymbol, oft aus teuren Stoffen wie Seide […]. Das edle Tuch diente mehr als eleganntes Zubehör zur Kleidung. Manche wurden sogar mit köstlichem Parfüm getrenkt – man sollte eines nicht ver- 20 gessen: Die Städte stanken bestialisch.
Die Formenvielfalt der Tücher war gewaltich: runde, dreieckige, rechteckige. Dies missfiel jedoch der äusserst modebewussten französichen Königin Marie Antoinette. Ihr Gemal erließ daraufhin eine Verordnung, 25 wonach Taschentücher so lang wie breit zu sein hatten. Kurz darauf began die Französische Revolution, König und Königin wurden hingerichtet. Das Taschentuch wurde demokratisch, es trat einen weltweiten Siegeszug bei Arm und Reich an. Erst aus Stof und seit 1929 30 auch aus Papier. Geblieben ist das quadratische Mass, weil es einer Königin gefiel.

2 *a)* Lege eine Tabelle nach folgendem Muster im Heft an.
b) Schreibe die markierten Fehlerwörter verbessert in die Spalte derjenigen Strategie, die dir geholfen hat, den Fehler zu finden.

Mitsprechen	Verlängern	Ableiten	Zerlegen	Merken
…	*Grad – Grade*			

Rechtschreibung

ARBEITSTECHNIK – GROSSSCHREIBUNG ÜBERPRÜFEN

Nomen und ▷ Nominalisierungen schreibt man groß. ▷ S.49
Du erkennst sie an den begleitenden Wörtern:
- ☐ Artikel: *Ich finde (das) Singen wunderbar.*
- ☐ Präposition und Artikel: *Beim Singen unter der Dusche komme ich zum Erholen.*
- ☐ unbestimmte und bestimmte Mengenangaben: *Gegen schlechte Laune hilft viel Singen.*
- ☐ Adjektive: *Er verbreitete durch lautes Singen am frühen Morgen gute Laune.*

1 *Wenn du unsicher bist, gehe strategisch vor:*
Prüfe, ob du
- ☐ *einen Artikel,*
- ☐ *eine Mengenangabe*
- ☐ *oder ein Adjektiv vor das Wort setzen kannst, ohne dass der Satz sich ändert.*

Setze ein:

Artikel: Morgens fällt mir (_____) Aufstehen immer schwer.

Mengenangabe: Um wach zu werden, brauche ich (_____) Gutes zum Frühstück.

Adjektiv: Die (_____) Milch weckt meine Lebensgeister.

2 a) *Markiere im folgenden Text die Wörter, die großzuschreiben sind.*
b) *Schreibe sie zusammen mit den sie begleitenden Wörtern auf.*

Aufgepasst!

Schon beim aufwachen denke ich morgens ans essen. Wenn ich nichts leckeres auf dem küchentisch vorfinde, bin ich trotz meines hungers nicht unzufrieden, denn dann kann ich auf dem weg zur schule beim bäcker vorbeigehen und mir etwas essbares besorgen. Das kann ich im gehen verspeisen und mich dabei in gedanken schon auf die schule einstellen.
Wenn ich das haus verlasse, ruft mir meine mutter häufig hinterher, dass ich meine arbeit ernst nehmen soll. Das ist für mich etwas ganz selbstverständliches, nur mein kopf ist meistens in der frühe noch gar nicht auf den kommenden alltag eingestellt. Das hat wirklich nichts mit fehlendem interesse zu tun. Kaum aus dem haus, passiert mir häufig etwas unangenehmes: Ich stelle fest, dass ich wieder einmal meine aufgaben nicht vollständig erledigt und viele materialien vergessen habe. Und das, obwohl mich doch in der schule mal wieder viel interessantes erwartet. Es ist schon etwas sonderbares, dass ich morgens vor der schule nichts gescheites hinbekomme. Eine etwas bessere konzentration täte da sicher gut. Ich denke aber, dass ich trotz meines gedankenlosen verhaltens diese klasse schaffen werde, weil ich im unterricht gut mitarbeite. Sollte ich das klassenziel erreichen, ist meine morgenmuffeligkeit ja auch nichts schlimmes, oder?

TESTE DICH! ■ TESTE DICH! ■ TESTE DICH! ■ TESTE DICH!

Teste dich! – Texte überarbeiten

1 *Kreuze an: Ist die Schreibweise richtig oder falsch?* **VORSICHT FEHLER!**

	richtig	falsch		richtig	falsch
im Großen und ganzen	☐	☐	der kluge und der dumme	☐	☐
in der Stille des Sees	☐	☐	der kluge Schüler	☐	☐
der Stille See	☐	☐	viel Interessantes	☐	☐
etwas wunderbares	☐	☐	ein Interessantes erlebnis	☐	☐
der Nette Nachbar	☐	☐	der faule und der Fleißige	☐	☐
viel Nettes und Neues	☐	☐	die schöne und das Biest	☐	☐

2 *Lies den Text und markiere die Fehlerwörter.* **VORSICHT FEHLER!**

Damit man weiß, wie man Fehler vermeiden kan, sollte man Strattegiewissen aufbauen. Wenn man heufig schludert und Buchstaben vergist oder verdret, sollte man die Wörter beim Schreiben deutlich in Silben mitsprechen und hinterher kontollieren.

Bei Einsilbern und am Wortende kan man Fehler, die sich eingeschlichen haben, durch Verlengern finden und korrigiren.

Zusammengesetzte Wörter kan man durch Zerlegen überprüfen.

Bei Unsicherhieten bei den Vokalen ä und äu sucht man am besten nach verwandten Wörtern mit a und au. Diese Strategie nent man „Ableiten".

Wörter, bei denen man mit diesen Strategien nicht weiterkomt, mus man sich merken. Aber das ist nicht mehr so bedeutend.

3 *Markiere im Text oben die drei nominalisierten Verben. Schreibe sie mit dem begleitenden Wort auf.*

_____

4 *Schreibe vier Merkwörter aus dem Text oben auf.*

_____

5 *Setze in den folgenden Sätzen die Kommas und nenne die* Regel *(vgl. S. 60).*

A Man mag sich wundern dass Badezimmer der Mode unterworfen sind. R_____

B Zurzeit sind Bäder mit Wannen Waschtischen und Verkleidungen aus Stein modern. R_____

C Diesen funktionalen Raum nutzt man heute nicht mehr nur zur Körperpflege er ist auch für die Erholung von Bedeutung. R_____

D Man macht sich heute viele Gedanken um eine gute Badezimmeratmosphäre zu schaffen. R_____

Werte deine Ergebnisse aus, indem du deine Antworten mit dem Lösungsheft abgleichst.
Für jede richtige Antwort bekommst du einen Punkt.

41–31 Punkte	30–21 Punkte	20–0 Punkte
☺ Gut gemacht!	☺ Schau dir die Merkkästen der Seiten 58 bis 64 noch einmal an.	☹ Arbeite die Seiten 58 bis 64 noch einmal sorgfältig durch.

Lesen – Umgang mit Texten und Medien

Einen Sachtext verstehen und zusammenfassen

ARBEITSTECHNIK – SACHTEXTE LESEN UND WIEDERGEBEN

Sachtexte, z. B. Zeitungsartikel, umfassen häufig neben dem reinen Text, der vielfältig gegliedert sein kann (z. B. durch Überschriften und Absätze), auch Grafiken und Fotos. Alle Informationen müssen erschlossen und in eine Beziehung zueinander gebracht werden. Gehe so vor:

1. Schritt – Text **überfliegen** und **Thema erfassen** (worum geht es?); auch auf den Aufbau und die Gestaltungsmerkmale achten (z. B. Überschriften, Absätze, Abbildungen, Grafiken).
2. Schritt – **Fragen an den Text** stellen: Was weißt du schon über das Thema? Was möchtest du genauer wissen?
3. Schritt – Erneut lesen und **Informationen auswerten**, z. B. **Schlüsselwörter** und Fachbegriffe unterstreichen, unbekannte Wörter nachschlagen. Beantwortet der Text deine Fragen?
4. Schritt – **Sinnabschnitte** einteilen (wo beginnt ein neuer Gedanke?), deren Inhalte in **Zwischenüberschriften** zusammenfassen.
5. Schritt – Inhalt des Textes **knapp mit eigenen Worten wiedergeben**.

1 *Der folgende Sachtext ist im Nachrichtenmagazin „Der Spiegel" erschienen. Worüber berichtet die Autorin? Überfliege den Text und verschaffe dir einen ersten Eindruck vom Thema. Notiere: Worum geht es?*

Abschreiben 2.0

von Julia Bonstein

Das Netz bietet Schülern neue Schummelmethoden: Aufsätze werden zusammengegoogelt, Referate einfach kopiert. Lehrerinnen und Lehrer setzen auf digitale Abwehr und Aufklärung.

Ⓐ Für Norbert Tholen kam die Ernüchterung auf einer Hochzeitsfeier. Begeistert erzählte der Lehrer dort von einem exzellenten Aufsatz eines seiner Schüler. Die Ausführung hatte der Deutschlehrer mit „sehr gut" bewertet –
bis einer der anderen Hochzeitsgäste anmerkte, diese Geschichte kenne er
5   bereits, das sei eine Erzählung des Autors Benjamin von Stuckrad-Barre.   *Wer ist das?*
Lehrer Tholen forschte nach und fand tatsächlich das Original im Internet:
„Ein dreister Täuschungsversuch." Misstrauisch geworden, gab er auch
Phrasen aus anderen Aufsätzen zur Suche bei Google ein und siehe da: *??? nachschlagen!*
Einige Werke entpuppten sich als Plagiate. Statt Einser und Zweier hagelte
10   es jetzt Sechser. „Abschreiben ist heute so leicht wie nie", sagt Tholen.   *wichtige These!*
Ⓑ Zum Kopieren von Hausaufgaben müssen Schüler nicht einmal mehr
schreiben oder selbst tippen: Ein paar Klicks genügen, per Copy und Paste
lassen sich Fundstellen im Internet schnell markieren und zu Aufsätzen
zusammenstückeln. Im Internet stehen neben Wikipedia-Einträgen längst
15   auch komplette Referate und Schularbeiten zur Verfügung. Auf Seiten wie
www.hausaufgabe.de oder www.referate.de finden sich Shakespeare-
Interpretationen ebenso wie vorgefertigte Texte zu Themen wie Klima-
wandel oder Genmutationen. Verbraucherschützer warnen bereits vor der
Hausaufgaben-Abzocke im Internet.

Einen Sachtext verstehen und zusammenfassen

C „Plagiate sind an Universitäten und Schulen ein großes Problem", berichtet die Berliner Medieninformatikerin Debora Weber-Wulff. Für Dozenten und Lehrer hat sie deshalb den Leitfaden „Fremde Federn finden" entwickelt, der zeigt, wie Pädagogen Kopisten durch eigene Internet-Recherche überführen können. „Es ist ganz leicht, den Schülern auf die Schliche zu kommen", sagt Weber-Wulff. Für viele Lehrer gehört der Check bei Google bereits zur Routine. „Kopien erkenne ich meist sofort", sagt Volker Hofheinz, Lehrer aus Köln. Wenn die Sätze beim Vortragen zu flüssig klingen, bittet er den betreffenden Schüler, das eben Gesagte genauer zu erläutern. „Dann wird schnell klar, wer nichts verstanden hat, weil er nur abgeschrieben hat", merkt Hofheinz an.

D Sebastian Schuhbeck, Religionslehrer im bayerischen Traunstein, hat technisch aufgerüstet: Mit einer speziellen Software, „Plagiarism Finder" genannt, überprüft er in Abschlussarbeiten, ob Passagen aus dem Internet abgekupfert sind. „Die Software ist unser Raketenabwehrschild", bringt Schuhbeck es auf den Punkt. Er ermutigt seine Schüler sehr, das Internet zur Recherche zu nutzen – nur eben nicht zum Schummeln: „Richtig eingesetzt, ist das Internet für Schüler ein tolles Hilfsmittel." Methoden zur sinnvollen Recherche müssten von den Lehrern im Unterricht vermittelt werden. Bei aller Technikbegeisterung der Jugendlichen steht nämlich fest: Der kompetente Umgang mit dem Medium Internet muss erst erlernt werden.

Der Spiegel, 11.08.2008

2 *Erkläre die Bedeutung der Überschrift mit eigenen Worten.*

_____
_____

3 *Notiere in Stichworten: Was weißt du schon über das Thema?*

_____

ARBEITSTECHNIK – TALKING TO THE TEXT
- **Markiere Schlüsselwörter** (Begriffe oder Textstellen) und Fachbegriffe.
- **Kennzeichne** Textstellen, die dir wichtig erscheinen bzw. noch unklar sind, **mit Zeichen:** *? / ! / + / – ...*
- **Nutze die Randspalte**, um während des Lesens Fragen, Anmerkungen oder Zwischenüberschriften aufzuschreiben.
- **Schau** während der Arbeit mit dem Text immer wieder **auf deine Fragen**. Wenn du sie selbst beantworten kannst, hast du den Text verstanden.

Lesen – Umgang mit Texten und Medien

4 a) Lies den Text erneut: Sprich mit ihm (talking to the text, vgl. S. 67 unten).
b) Notiere: Was würdest du gern genauer wissen?

_____

_____

_____

_____

5 Ordne den folgenden Fachbegriffen die passende Definition zu, indem du eine Linie zwischen beiden ziehst.

A Phrase	1 unrechtmäßige Aneignung von Gedanken oder Ideen
B Plagiat	2 Einfügen von kopierten Passagen
C Copy	3 zusammengehöriger Teil eines Satzes
D Paste	4 Markieren und Kopieren von Textpassagen
E Genmutation	5 fortlaufender, zusammenhängender Teil eines Textes
F Kopisten	6 zur Gewohnheit gewordene Tätigkeit
G Routine	7 Veränderung der Erbanlage
H Passage	8 Abschreiber

6 Welche der folgenden Aussagen zum Abschreiben im Internet ist richtig? Kreuze an.

A ☐ Zum Kopieren im Internet müssen Schüler sich bei bestimmten Internet-Anbietern mit Genehmigung der Eltern anmelden.

B ☐ Nicht nur an Schulen, sondern auch an den Universitäten werden Plagiate zu einem immer größeren Problem.

C ☐ Den Lehrerinnen und Lehrern wird es immer schwerer gemacht, Internet-Kopisten zu überführen.

D ☐ Nur mittels teurer Software gelingt es, Plagiate aufzudecken.

7 Entscheide, welche der folgenden Aussagen zutreffen und welche nicht. Kreuze an.

		trifft zu	trifft nicht zu
A	Benjamin von Stuckrad-Barre ist ein Autor, der Erzählungen schreibt.	☐	☐
B	Das Internet erschwert das Kopieren, da Texte dort kopiergeschützt sind.	☐	☐
C	Mit wenigen Mausklicks lassen sich Textpassagen aus dem Internet zu einem fertigen Text zusammensetzen.	☐	☐
D	Als Nutzer von Hausaufgaben-Websites wird man finanziell ausgenutzt.	☐	☐
E	Nur an Universitäten treten Plagiate auf.	☐	☐
F	Kopisten können von Pädagogen auch nicht durch gezielte Internet-Recherchen des Abschreibens überführt werden.	☐	☐

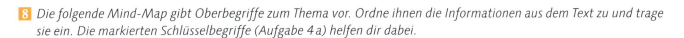

8 *Die folgende Mind-Map gibt Oberbegriffe zum Thema vor. Ordne ihnen die Informationen aus dem Text zu und trage sie ein. Die markierten Schlüsselbegriffe (Aufgabe 4 a) helfen dir dabei.*

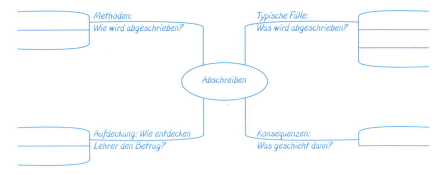

9 *Die Absätze des Textes geben die Sinnabschnitte wieder. Ordne die Sinnabschnitte den folgenden Zwischenüberschriften zu. Trage den Buchstaben des dazu passenden Absatzes ein.*

☐ Dem Betrug auf der Spur   ☐ Statt schummeln: Das Internet kompetent nutzen

☐ Enttäuschung: Toller Aufsatz ist abgeschrieben   ☐ Plagiate im Zeitalter des Internets

10 *Das folgende Schaubild zeigt, wozu Jugendliche im Alter zwischen 14 und 19 Jahren das Internet am liebsten nutzen. Befragt wurden 1 200 Jugendliche.*
a) Notiere die drei häufigsten Internet-Nutzungen.

_____

b) Stützen die Informationen, die das Schaubild gibt, die Aussage des Textes auf S. 66–67? Kreuze an und begründe kurz.

☐ ja   ☐ nein   _____

_____

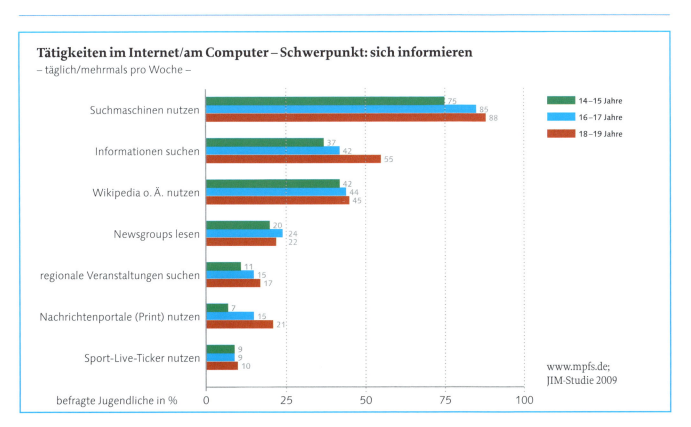

11 *Fasse den Textinhalt des Sachtextes mit eigenen Worten kurz zusammen. Schreibe ins Heft.*

Teste dich! – Sachtexte verstehen und zusammenfassen

1 *Erschließe den nachfolgenden Zeitungsartikel in fünf Schritten (S. 66).*

„Ich bring' dein Kaninchen um"
Von Antonia Clausen

A Rhein-Sieg-Kreis. „Blöde Schlampe, ich bring dein Kaninchen um." Sandra (Name geändert) ist schockiert, als sie die Nachricht in ihrem virtuellen Postfach findet. Woher weiß der Absender, der sich „mobber" nennt, dass sie ein Kaninchen hat? Warum macht er der 14-Jährigen solche Angst? Muss Sandra diese Warnung ernst nehmen? Verwirrt schaltet die Siegburger Schülerin den Computer aus. Für heute hat sie genug, aber die Gemeinheit lässt sie nicht los.

B Würde Sandra unter ihren Altersgenossen fragen, würden sich viele an „gemeine" Nachrichten, offene Angriffe oder sogar sexuelle Belästigungen im Internet erinnern. Das bestätigt Dirk Stein: „Ich habe meiner Tochter klargemacht, dass z. B. Fotos, die sie ins Netz stellt, für alle Menschen zugänglich sind. Sie weiß, dass ihre Daten quer über den Globus wandern und andere damit Schindluder treiben können." Auch von Chatrooms, in denen Beschimpfungen ausgesprochen werden, hat Stein von anderen Eltern und Schülern schon gehört.

C Das Gefahrenpotenzial des Internets ist auch Ellen Kaufmann, Leiterin der Alexander-von-Humboldt-Realschule in Sankt Augustin, bewusst: „Uns ist es ein Anliegen, Schülerinnen und Schülern bewusst zu machen, in welche Gefahren sie sich begeben, wenn sie naiv im Internet unterwegs sind", so Kaufmann. „Dafür aber müssen wir die Eltern mit ins Boot holen. Viele kennen sich im Internet wesentlich schlechter aus als ihre Kinder." Mehr als einmal habe sie gehört, dass Eltern völlig überraschend haushohe Rechnungen bezahlen mussten, weil ihre Kinder im Internet arglos ihre MP3-Player mit Musik vollgeladen hatten – ohne darauf zu achten, dass das Angebot kostenpflichtig ist.

D Doch der finanzielle Schaden ist nur die eine Seite. Wer einen Ausbildungsplatz sucht und gleichzeitig Bilder vom letzten Alkoholexzess ins Netz stellt, darf ruhig davon ausgehen, dass ein zukünftiger Chef in der Lage ist, dies zu googeln. „Dieses Medium hat eine große Macht", betont Kaufmann mit Blick aufs Internet. „Unsere Kinder leben ganze Stunden in einer zweiten, einer virtuellen Welt, zu der wir als Erwachsene viel zu selten Zugang haben. Wir müssen sie darauf besser vorbereiten."

Bonner General-Anzeiger, 24.03.2009

2 *Worum geht es in dem Sachtext? Schreibe das Thema in einem vollständigen Satz auf.*

_____

3 *Hast du den Text verstanden? Welche Aussagen treffen zu, welche nicht?*   trifft zu   trifft nicht zu

A   Im Internet werden Beschimpfungen ausgesprochen.   ☐   ☐

B   Eine Internet-Polizei wacht über verletzende Eintragungen.   ☐   ☐

C   Mit Daten im Netz kann kein Schindluder getrieben werden.   ☐   ☐

D   Eltern kennen sich stets besser im Internet aus als ihre Kinder.   ☐   ☐

E   Pädagogen wollen Schülern die Gefahren des Internets erklären.   ☐   ☐

F   Ins Netz gestellte Fotos können Bewerbungsgespräche beeinflussen.   ☐   ☐

4 *Bestimme die richtige Reihenfolge der folgenden Zwischenüberschriften: Nummeriere sie.*

A ☐ Angriffe und Beschimpfungen   B ☐ Vorbereitung verhindert Schaden

C ☐ Eltern und Kinder sitzen in einem Boot   D ☐ Gemeinheit online

---

Werte deine Ergebnisse aus, schau dazu ins Lösungsheft. Für jede richtige Antwort bekommst du einen Punkt.

16–13 Punkte   **12–9 Punkte**   **8–0 Punkte**
☺ Gut gemacht!   ☺ Schau dir die Merkkästen der Seiten 66 bis 69 noch einmal an.   ☹ Arbeite die Seiten 66 bis 69 noch einmal sorgfältig durch.

Lesen – Umgang mit Texten und Medien

Einen Erzähltext erschließen

Um einen Erzähltext zu erschließen, musst du die inhaltlichen Zusammenhänge genau verstehen.
- **Ort und Zeit**: Wo und wann spielt das Geschehen?
- **Handlungsaufbau**: Was geschieht?
  Die **äußere Handlung** beschränkt sich auf Ereignisse und gibt eine Außensicht auf die Figuren.
  Die **innere Handlung** bietet die Innensicht der Figuren: ihre Gedanken, Gefühle, Ängste oder Wünsche.
- **Figuren**: Welche Figuren kommen vor, wie werden sie charakterisiert **(Figurenbeschreibung)** und in welcher Beziehung stehen sie zueinander **(Figurenkonstellation)**?

1 *Erschließe die Kurzgeschichte durch* ▷ *„talking to the text":* ▷ S.67
Lies sie mehrfach und kläre unbekannte Wörter. Notiere deine ersten Beobachtungen zu Inhalt, Form und Sprache.

Sibylle Berg
Hauptsache weit (2001)

Und weg, hatte er gedacht. Die Schule war zu Ende, das Leben noch nicht, hatte noch nicht begonnen, das Leben. Er hatte nicht viel Angst davor, weil er noch keine Enttäuschungen kannte. Er war ein schöner Junge mit
5 langen dunklen Haaren, er spielte Gitarre, komponierte am Computer und dachte, irgendwie werde ich wohl später nach London gehen, was Kreatives machen. Aber das war später.

Und nun?

10 Warum kommt der Spaß nicht? Der Junge hockt in einem Zimmer, das Zimmer ist grün, wegen der Neonleuchte, es hat kein Fenster und der Ventilator ist sehr laut. Schatten huschen über den Betonboden, das Glück ist das nicht, eine Wolldecke auf dem Bett, auf der schon
15 einige Kriege ausgetragen wurden. Magen gegen Tom Yan, Darm gegen Curry. Immer verloren, die Eingeweide. Der Junge ist 18, und jetzt aber Asien, hatte er sich gedacht. Mit 1 000 Dollar durch Thailand, Indien, Kambodscha, drei Monate unterwegs und dann wieder heim,
20 nach Deutschland. Das ist so eng, so langweilig, jetzt was erleben und vielleicht nie zurück. Hast du keine Angst, hatten die blassen Freunde zu Hause gefragt, so ganz alleine? Nein, hatte er geantwortet, man lernt ja so viele Leute kennen unterwegs. Bis jetzt hatte er haupt-

sächlich Mädchen kennen gelernt, nett waren die schon, 25 wenn man Leute mag, die einen bei jedem Satz anfassen. Mädchen, die aussahen wie dreißig und doch so alt waren wie er, seit Monaten unterwegs, die Mädchen, da werden sie komisch. Übermorgen würde er in Laos sein, da mag er jetzt gar nicht dran denken, in seinem hässli- 30 chen Pensionszimmer, muss Obacht geben, dass er sich nicht aufs Bett wirft und weint, auf die Decke, wo schon die anderen Dinge drauf sind. In dem kleinen Fernseher kommen nur Leute vor, die ihm völlig fremd sind, das ist das Zeichen, dass man einsam ist, wenn man die Fern- 35 sehstars eines Landes nicht kennt und die eigenen keine Bedeutung haben. Der Junge sehnt sich nach Stefan Raab, nach Harald Schmidt und Echt. Er merkt weiter, dass er gar nicht existiert, wenn er nichts hat, was er kennt. Wenn er keine Zeitung in seiner Sprache kaufen 40 kann, keine Klatschgeschichten über einheimische Prominente lesen, wenn keiner anruft und fragt, wie es ihm geht. Dann gibt es ihn nicht. Denkt er. Und ist unterdessen aus seinem heißen Zimmer in die heiße Nacht gegangen, hat fremdes Essen vor sich, von einer fremd- 45 sprachigen Serviererin gebracht, die sich nicht für ihn interessiert, wie niemand hier. Das ist wie tot sein, denkt der Junge. Weit weg von zu Hause, um anderen beim

71

Lesen – Umgang mit Texten und Medien

Leben zuzusehen, könnte man umfallen und sterben in der tropischen Nacht und niemand würde weinen darum. Jetzt weint er doch, denkt an die lange Zeit, die er noch rumbekommen muss, alleine in heißen Ländern mit seinem Rucksack, und das stimmt so gar nicht mit den Bildern überein, die er zu Hause von sich hatte. Wie er entspannt mit Wasserbüffeln spielen wollte, in Straßencafés sitzen und cool sein. Was ist, ist einer mit Sonnenbrand und Heimweh nach den Stars zu Hause, die sind wie ein Geländer zum Festhalten. Er geht durch die Nacht, selbst die Tiere reden ausländisch, und dann sieht er etwas, sein Herz schlägt schneller. Ein Computer, ein Internet-Café. Und er setzt sich, schaltet den Computer an, liest seine E-Mails. Kleine Sätze von seinen Freunden, und denen antwortet er, dass es ihm gut gehe und alles großartig sei, und er schreibt und schreibt, und es ist auf einmal völlig egal, dass zu seinen Füßen ausländische Insekten, so groß wie Meerkatzen, herumlaufen, dass das fremde Essen im Magen drückt. Er schreibt seinen Freunden über die kleinen Katastrophen und die fremde Welt um ihn verschwimmt, er ist nicht mehr allein, taucht in den Bildschirm ein, der ist wie ein weiches Bett, er denkt an Bill Gates und Fred Apple, er schickt eine Mail an SAT.1, und für ein paar Stunden ist er wieder am Leben, in der heißen Nacht weit weg von zu Hause.

2 Beantworte folgende Fragen in Stichworten.

Wo spielt die Handlung? _____

_____

Wann findet sie statt? _____

_____

Was geschieht? _____

_____

_____

_____

_____

3 a) Markiere in der Kurzgeschichte auf S. 71–72 die **äußere Handlung** mit gelbem Marker.
   b) Schreibe die Handlungsschritte auf, ergänze die angefangenen Sätze.

– junger Mann sitzt während einer Reise durch Asien in einem schäbigen Pensionszimmer

– mitten in der Nacht

_____

_____

–

_____

_____

Einen Erzähltext erschließen

> **Eine Figur beschreiben**
> In einer Figurenbeschreibung wird jemand nicht nur äußerlich, sondern in seiner gesamten Persönlichkeit dargestellt und beurteilt. Das nennt man auch charakterisieren. Dabei sind wichtig:
> ☐ Allgemeine Angaben: Name, Alter ...
> ☐ Aussehen: körperliche Merkmale, Kleidung, besondere Auffälligkeiten ...
> ☐ Lebensumstände: Familienverhältnisse, Beruf, gesellschaftliche Stellung ...
> ☐ Eigenschaften, Verhalten: Vorlieben, Abneigungen, Verhalten gegenüber Mitmenschen, Redeweise ...
> In einer **Kurzgeschichte** sind handelnde Figuren meist „Alltagsmenschen". Man erfährt wenig über sie.

4 Untersuche die **innere Handlung** im Hinblick darauf, was sich der Junge von der Reise erhofft hat und wie er sich tatsächlich auf der Reise fühlt.
  a) Markiere Textstellen, die die innere Handlung wiedergeben. Verwende einen grünen Marker.
  b) Schreibe diese Textstellen mit Zeilenangaben heraus und erkläre sie mit eigenen Worten. Arbeite die Tabelle im Heft aus.

Innere Handlung (Textstelle: Z. _____)	Erklärung/Beschreibung
und jetzt aber Asien, hatte er sich gedacht (Z. _____)	*Wunsch, aus dem vertrauten Leben auszubrechen*
jetzt was erleben und vielleicht nie zurück (Z. _____)	*Hoffnung auf Abenteuer und Veränderung ...*
man lernt ja so viele Leute kennen unterwegs (Z. _____)	

5 Beschreibe die **Hauptfigur** kurz. Schreibe ins Heft.
  Tipp: Gib Textstellen mit Zeilenangaben an. Berücksichtige auch deine Ergebnisse aus Aufgabe 3.

> **Erzählperspektiven: Wer erzählt?**
> ☐ Ein/e **Ich-Erzähler/in** ist unmittelbar in das Geschehen verwickelt und schildert alles aus persönlicher Sicht. Was andere denken oder fühlen, kann sie/er nur vermuten. – Beispiel: *An manchen Tagen warte ich, dass etwas passiert. Ich glaube, anderen geht es ähnlich wie mir.*
> ☐ Ein **personaler Erzähler** erzählt in der Er-/Sie-Form aus der Sicht einer handelnden Figur und weiß, was diese wahrnimmt, denkt oder fühlt. – Beispiel: *Und weg, hatte er gedacht.*
> ☐ Ein **auktorialer („allwissender") Erzähler** steht über dem gesamten Geschehen und weiß alles über die äußere Handlung, die Figuren und ihre Gedanken (die innere Handlung). – Beispiel: *Wenn Sibylles Großmutter in ihrem rosafarbenen Schlafrock auf der Dorfstraße entlangging, sahen die Erwachsenen stur geradeaus und ließen sich nichts anmerken. Nur unter sich nannten sie sie die rosa Frau.*

6 a) Untersuche die **Erzählperspektive** der Kurzgeschichte.
  b) Kreuze die zutreffende Aussage an.

A ☐ Das Geschehen wird von einem Ich-Erzähler geschildert.

B ☐ Ein auktorialer Erzähler berichtet über äußere und innere Handlung.

C ☐ Die Geschichte wird personal erzählt.

D ☐ Die Geschichte ist sowohl personal als auch auktorial erzählt.

Lesen – Umgang mit Texten und Medien

Sprachliche und formale Gestaltung
- ☐ Der **Anfang** einer Kurzgeschichte ist unvermittelt (ein Sprung mitten hinein ins Geschehen).
- ☐ **Wortwahl** und **Satzbau** sind meist einfach.
- ☐ Eine **bildhafte Sprache** und **Vergleiche** tragen zu einer zugespitzten Darstellung bei.
- ☐ Der **Schluss** ist offen und fordert dazu auf, selbst über ein Ende oder eine „Lösung" nachzudenken.

7 *Das Zimmer in der Pension wird anschaulich beschrieben (Z. 10–15, 30–31). Ergänze die Wörter in der Tabelle um genauere Angaben, gib die Zeilen im Text an und beschreibe die Wirkung in der rechten Spalte.*

Wortwahl	Wirkung
hässliches Pensionszimmer (Z.)	*wenig einladend*
das Zimmer ist grün (Z.)	*Farbe, die eine unangenehme Atmosphäre verbreitet*
Neonleuchte (Z.)	*künstliches Licht, wirkt …*
es hat kein Fenster (Z.)	
Ventilator (Z.)	
Decke (Z.)	

8 *Wie werden die Gefühle des jungen Mannes vor und während seiner Reise zum Ausdruck gebracht? Untersuche den Satzbau und erläutere, wie dieser die inhaltliche Aussage der Kurzgeschichte unterstützt.*

Und weg, hatte er gedacht (Z. ____): *kurzer und unvollständiger Satz; zeigt den sehnlichen Wunsch, Deutschland schnell zu verlassen; zu kurz gedacht, ohne Folgen zu bedenken*

Magen gegen Tom Yan, Darm gegen Curry. (Z. _____): *unvollständiger Satz, Verben fehlen, Aufzählung; Gegenüberstellung von Organ und Lebensmittel verdeutlicht starke Verschmutzung der Decke, Verkürzung wirkt*

Immer verloren, die Eingeweide. (Z. _____):

Ein Computer, ein Internet-Café. (Z. _____):

9 *Vergleiche verdeutlichen im Text die wechselnden Gefühle des jungen Mannes.*
Setze die Tabelle im Heft fort: Ermittle weitere Vergleiche. Notiere sie mit Zeilenangaben und erkläre mit eigenen Worten, was sie bedeuten.

Vergleiche	Bedeutung
Das ist wie tot sein. (Z. _____)	*Vergleich drückt aus, dass der Junge sich in dem fremden Land völlig einsam fühlt, weil er niemanden kennt und sich ohne Sprachkenntnisse nicht verständigen kann.*
…	…

TESTE DICH! ■ **TESTE DICH!** ■ **TESTE DICH!** ■ **TESTE DICH!**

Teste dich! – Einen Erzähltext erschließen

1 *Welche der folgenden Formulierungen trifft das Thema der Kurzgeschichte „Hauptsache weit"?*
Kreuze an.

A ☐ Die Kurzgeschichte „Hauptsache weit" handelt von der exotischen Reise eines jungen Mannes.

B ☐ Sibylle Berg zeigt in ihrer Geschichte „Hauptsache weit" die Sehnsucht eines Jugendlichen nach einem aufregenden Leben in einem fremden Land.

C ☐ In der Geschichte „Hauptsache weit" schildert Sibylle Berg, dass die Erwartungen eines jungen Mannes an eine Reise in ein fremdes Land und die Realität dort sehr weit auseinanderklaffen.

D ☐ Die Kurzgeschichte zeichnet ein lebendiges Bild des Landes, das der junge Mann bereist.

2 *Im Hauptteil der folgenden Texterschließung geht es um die Ergebnisse zu der Frage „Wer erzählt?"*
Setze die Textausschnitte fort, indem du die Ergebnisse deiner Texterschließung (S. 71–74) ausformulierst.
Gib Textbelege und Zeilen an.

In der Geschichte werden äußere und innere Handlung miteinander verschränkt. Während die äußere Handlung recht knapp geschildert wird, erhält man einen sehr genauen Einblick in die innere Handlung, also die Gedanken und die Gefühle des Jungen. Die äußere Handlung beschränkt sich ...

_____

_____

_____

_____

Die von der Autorin Sibylle Berg gewählte Erzählperspektive trägt dazu bei, dass man die Gedanken- und Gefühlswelt des Jungen kennen lernen kann. Drei Beispiele für die personale Erzählperspektive sind:

_____

_____

_____

_____

3 *Wie ist die Kurzgeschichte sprachlich gestaltet? Kreuze für jedes Adjektiv an, ob es zutrifft oder nicht.*

	trifft zu	trifft nicht zu		trifft zu	trifft nicht zu
altmodisch	☐	☐	umständlich	☐	☐
umgangssprachlich	☐	☐	bildreich	☐	☐
locker	☐	☐	langatmig	☐	☐
modern	☐	☐	schwer verständlich	☐	☐

Werte deine Ergebnisse aus, indem du deine Antworten mit dem Lösungsheft abgleichst.
Für jede richtige Antwort bekommst du einen Punkt.

9–6 Punkte	5–3 Punkte	2–0 Punkte
☺ Gut gemacht!	☺ Schau dir die Merkkästen der Seiten 71 bis 74 noch einmal an.	☹ Arbeite die Seiten 71 bis 74 noch einmal sorgfältig durch.

Lesen – Umgang mit Texten und Medien

Dramenszenen untersuchen

> Ein Drama besteht aus Gesprächen (**Dialoge**) oder Selbstgesprächen (**Monologe**) und Handlungen mehrerer Figuren auf einer Bühne.
> Kern des Dramas ist ein **Konflikt**, eine zentrale Auseinandersetzung, um die das Geschehen auf der Bühne kreist.
> Schauspielerinnen oder Schauspieler übernehmen eine **Rolle**, in der sie die Figuren des Dramas verkörpern (z. B. Rolle des Bösewichts, des Opfers). Diese wird jeweils mit besonderen Eigenschaften, typischen Verhaltensweisen und in ihrer Beziehung („Konstellation") zu den anderen Figuren dargestellt.

1 *Lies die folgende Szene.*

„Ab heute heißt du Sara" (1988) – Ein Theaterstück

In diesem Theaterstück haben Volker Ludwig und Detlef Michel die Autobiografie von Inge Deutschkron verarbeitet („Ich trug den gelben Stern"). Die Handlung der folgenden Szene spielt 1941 an dem Tag, an dem die Juden zum ersten Mal den Judenstern tragen mussten.

14. Bild
Am nächsten Tag
In der S-Bahn, Linie Potsdam – Erkner

S-Bahn, Zeitungslesende und andere Fahrgäste. Mehrere Fahrgäste steigen ein, als Letzte, mit Stern auf dem Mantel, Inge, die als Einzige stehen muss. Unterschiedliche Reaktionen auf Inge, von Verachtung bis Entsetzen, vor allem aber Verlegenheit.

INGE: Seht her, seht ruhig her
    Seht her auf eure Schande
    Den letzten Dreck im Lande
    Bald seht ihr ihn nicht mehr
    Als Schandmal steh ich hier
    Zum Ekeln und Entsetzen
    Zum Feixen und Ergötzen
    Geringer als ein Tier
    Was wendet ihr euch ab?
    Ihr könnt mich doch verjagen
    Bespucken, treten, schlagen
    Was hält euch davon ab?
    Auch wenn ihr euch verrenkt
    Ich seh in euren Blicken
    Und euren krummen Rücken
    Was ihr so alles denkt
    (Man hört in vor- und zurückgezogenen, sich überschneidenden Schleifen die Gedanken der Fahrgäste.)
FRAU: Das arme Mädchen! Eine Schande! Was könnte ich denn tun? Ich darf jetzt nicht heulen – nur nicht heulen – das arme Mädchen! Eine ...
MANN: Eine Drecksau –! Jüdinnen sollen ja unglaublich gut im Bett sein! [...]
ARBEITER: Ich muss ihr das Frühstücksbrot in die Tasche stecken ... Das Frühstücksbrot in ihre Tasche ... Aber die gucken ja alle ...

HJLER[1]: 'ne echte Judensau! Mann! Der müssten wa mal auflauern! Die könnte was erleben, die Stinksau! 'ne echte ...
JUNGER MANN: Ich muss was tun. Irgendwas tun. Sie muss wissen, dass ich zu ihr stehe. Das bin ich mir schuldig. Ich muss was tun ...
2. FRAU: Nur kein Mitleid. Die ham jenuch verbrochen. Hat der Führer alles bewiesen. Det mit dem Stern jeht allerdings zu weit. Nur kein ...
INGE: Seht her, seht ruhig her
    Seht her auf eure Schande
    Den letzten Dreck im Lande
    Bald seht ihr ihn nicht mehr
    Leute, seht nicht weg
    Seht her auf euer Gewissen
    Verrottet und verschlissen
    Mit einem großen gelben Fleck
    Den kriegt ihr nie mehr weg
    Nie mehr weg
    (Der Zug hält.)
1. HJLER: Los raus! Hier stinkt's!
2. HJLER: Nach Judenschweiß! *(beide kreischend ab)*
    (Stille. Der Arbeiter sucht ihr umständlich das Frühstücksbrot in die Manteltasche zu stecken. In dem Moment springt der junge Mann auf.)
JUNGER MANN: Ich möchte, dass Sie sich sofort auf meinen Platz setzen!
INGE: Nein – – das geht nicht – –
JUNGER MANN: Ich bitte Sie! Setzen Sie sich!
INGE: Das geht doch nicht – !
JUNGER MANN: Und ob das geht!
INGE: *(leise, aber heftig)* Juden dürfen sich nicht setzen! Wollen Sie unbedingt, dass ich verhaftet werde?!

1 **HJler:** Hitler-Jugend, national-sozialistische Jugendorganisation

Dramenszenen untersuchen

JUNGER MANN: – – Entschuldigung – – ich bitte viel-
mals –
70 INGE: Aber nein – – Sie sind sehr freundlich – vielen
Dank – ich muss jetzt aussteigen.
JUNGER MANN: *(hinter ihr her)* Aber ich darf Sie doch
begleiten?

INGE: Nein! Bitte – nein!! *(Der Mann zögert, dann steckt er
ihr kurzentschlossen seine Lebensmittelmarken in die* 75
*Tasche, sie gehen in verschiedenen Richtungen ab. Der
Arbeiter steht da mit seinem Frühstücksbrot – fühlt sich
von allen Seiten beobachtet, und schlingt es schließlich
ängstlich in sich rein.)*

2 *Worum geht in dieser Szene? Kreuze die Formulierung an, die das Thema am besten trifft.*

A ☐ Das 14. Bild zeigt den Hass der Fahrgäste auf die Juden.

B ☐ Im 14. Bild wird deutlich, wie sehr Inge leiden muss.

C ☐ Das 14. Bild drückt aus, wie angespannt alle in der S-Bahn sind.

D ☐ Das 14. Bild zeigt Unterschiede in der Einstellung und im Verhalten der Fahrgäste gegenüber Inge.

3 *Zeichne eine Skizze, die Inges Situation wiedergibt: Stell dir die Situation in der S-Bahn bildlich vor.*

4 *Im Text werden die Gedanken einzelner Fahrgäste zum Ausdruck gebracht (Z. 25–43).*
a) Markiere die Gedanken in unterschiedlichen Farben.
b) Fasse in Stichworten die Einstellungen zusammen, die Inge gegenüber deutlich werden. Schreibe ins Heft.

5 *Wenig später im Text wird erneut das Verhalten einiger Fahrgäste gezeigt (Z. 55–79).*
Beschreibe kurz ihr Verhalten und ihre Sprache. Schreibe ins Heft.

ARBEITSTECHNIK – ROLLENMONOLOG

Ein Rollenmonolog ist ein **Selbstgespräch**, in dem eine Figur ihre Absichten, Gefühle und Einstellungen zu Problemen und anderen Figuren klärt. Dabei spricht sie ihre Gedanken so direkt aus, wie sie ihr durch den Kopf gehen: manchmal sprunghaft und mit Wiederholungen, mit plötzlichen Abbrüchen ...

6 *Wie reagiert Inge auf das Verhalten des jungen Mannes? Verfasse einen Rollenmonolog.*

Warum springt der junge Mann von seinem Platz auf? ...

TESTE DICH! ■ TESTE DICH! ■ TESTE DICH! ■ TESTE DICH!

Teste dich! – Dramenszenen untersuchen

1 *Welche Gefühle hat jede der Figuren Inge gegenüber?*
Ordne die Stichworte der jeweils passenden Figur zu.

hasserfüllt

aufrichtig   mitleidig

zwiegespalten   verächtlich

anteilnehmend

Frau

2. Frau   Mann

Arbeiter   junger Mann

HJ ler

2 *Die Gefühle der beiden Frauen gegenüber Inge unterscheiden sich.*
Nenne den Unterschied und erkläre, wie er auch in der Sprache zum Ausdruck kommt.

Unterschied in den Gefühlen: _____

_____

Sprache – 1. Frau: _____

Sprache – 2. Frau: _____

3 *Der junge Mann verhält sich mutig und entschlossen. Beschreibe, wie sich das an seiner Sprache ablesen lässt.*

_____

_____

4 *Kreuze die fünf Begriffe an, die das Verhalten Inges gegenüber dem jungen Mann treffend beschreiben.*

☐ unhöflich   ☐ bestimmt   ☐ feige   ☐ misstrauisch   ☐ aufrichtig

☐ höflich   ☐ unbestimmt   ☐ ängstlich   ☐ überlegt   ☐ naiv

5 *In der Szene gibt es zwei längere Redebeiträge von Inge (Z. 9–24, 44–53).*
Kreuze an, welche der folgenden Aussagen über Inges Redebeiträge richtig ist.

A ☐ Inge möchte die Aufmerksamkeit der Fahrgäste auf sich lenken.

B ☐ Inge möchte Mitleid erwecken.

C ☐ Die Beiträge sollen dem Leser/Zuschauer zeigen, dass Inge sich in die Rolle des Opfers fügt.

D ☐ Inges Beiträge sollen dem Leser/Zuschauer antisemitisches Verhalten verdeutlichen und ihn dazu auffordern, auch heute gegenüber einem ähnlichen Verhalten wachsam zu sein und etwas dagegen zu tun.

Werte deine Ergebnisse aus, indem du deine Antworten mit dem Lösungsheft abgleichst.
Für jede richtige Antwort bekommst du einen Punkt.

21–16 Punkte
☺ *Gut gemacht!*

15–11 Punkte
☺ *Schau dir die Merkkästen der Seiten 76 bis 77 noch einmal an.*

10–0 Punkte
☹ *Arbeite die Seiten 76 bis 77 noch einmal sorgfältig durch.*

Ein Gedicht erschließen

Die Zeilen eines Gedichts heißen **Verse**, seine Abschnitte nennt man **Strophen**.
Ein wichtiges Gestaltungsmittel von Gedichten ist der **Reim**:

a ⎤
a ⎦ Paarreim
b ⎤
b ⎦

b ⎤
c ⎦ umarmender Reim
c ⎤
b ⎦

a ⎤
b ⎦ Kreuzreim
a ⎤
b ⎦

Oft, aber nicht immer, enden die Verse mit einem Reim. Sie zeigen häufig eine gleichmäßige Folge von betonten und unbetonten Silben (**Metrum**), z. B.:

Trochäus: / _ / _ / _ /
(x́ x)   Als ich nachher von dir ging   x́ x x́ x x́ x x́

Jambus: _ / _ / _ / _ /
(x x́)   Ich sing das Lied von dir und mir   x x́ x x́ x x́ x x́

Daktylus: / _ _ / _ _ / _ _ /
(x́ x x)   Liebend und leidend vergeht unsere Zeit   x́ x x x́ x x x́ x x x́

In vielen Gedichten spricht ein „Ich" über seine Beobachtungen, Gedanken, Gefühle und Stimmungen. Dieses **lyrische Ich** darf nicht mit der Autorin/dem Autor verwechselt werden.

Stilistisch zeichnen sich viele Gedichte durch sprachliche Bilder (z. B. Metaphern, Vergleiche, Personifikationen) und auffallende Wortstellungen aus. Von einem **Enjambement** (Zeilensprung) spricht man, wenn man zum Verständnis einer Verszeile die folgende mitlesen muss.

Marie Luise Kaschnitz
Am Strande (1965)

Besonderheiten/Auffälligkeiten: x́ x x́ x x́ x x́ x	Metrum / _ / _ / _ / _ /		Reim	sprachliche Bilder:
	Heute sah ich wieder dich am Strand		a	Wellen stehen für Endlosigkeit, Wiederkehr, Kraft, Natur ...
	Schaum der (Wellen) dir zu Füßen trieb		b	Sand ...
	Mit dem Finger grubst du in den (Sand)		a	
Enjambement	Zeichen ein, von denen keines blieb.		b	
	5 Ganz versunken warst du in dein Spiel			
Widerspruch	Mit der ewigen Vergänglichkeit,			
paralleler Satzbau/ Wiederholung	Welle kam und Stern und Kreis zerfiel			
	Welle ging und du warst neu bereit.			
	Lachend hast du dich zu mir gewandt			
Doppelpunkt	10 Ahntest nicht den Schmerz, den ich erfuhr:			
	Denn die schönste Welle zog zum Strand,			
	Und sie löschte deiner Füße Spur.			

Lesen – Umgang mit Texten und Medien

1 Bestimme das **Reimschema** und das **Metrum** des Gedichts auf S. 79.

Reimschema: _____

Metrum: _____

2 Untersuche die **sprachliche Gestaltung** des Gedichts auf S. 79.
   a) Marie Luise Kaschnitz verwendet einige sprachliche Bilder.
      Umkreise sie im Gedicht und notiere in der rechten Spalte, was sie bedeuten.
   b) Unterstreiche weitere Besonderheiten/Auffälligkeiten. Notiere in der linken Spalte weitere sprachliche Merkmale,
      die du entdeckt hast, z. B. Wiederholungen, Widersprüchliches …

3 a) Untersuche nun den **Inhalt** des Gedichts auf S. 79: Markiere alle Personalpronomen.
   b) Prüfe mit Blick auf das Verhältnis von lyrischem Ich zum Du die nachfolgenden Aussagen.
      Streiche Unzutreffendes.
   c) Notiere zu jeder Aussage die entsprechenden Verse.

1. Strophe: Das lyrische Ich erblickt eine Person (Du) am Strand und weiß nicht, ob es sie ansprechen soll/wird nach-

denklich. Vers: _____

2. Strophe: Das lyrische Ich beobachtet das Du und fühlt sich zugleich fern und vertraut/ist traurig über das fehlende

Interesse des Du. Vers: _____

3. Strophe: Das lyrische Ich wird durch den erahnten Verlust des Du verletzt, spürt aber dennoch große Zuneigung

und Sehnsucht/ist enttäuscht und blickt ihm voller Wut hinterher. Vers: _____

4 Merve hat ihre Untersuchungsergebnisse zur ersten Strophe aufgeschrieben.
   Unterstreiche mit verschiedenen Farben:
   a) inhaltliche Wiedergabe,
   b) Deutungen/Beschreibung der Wirkung,
   c) Belege/Zitate.

Das Gedicht besteht aus drei Strophen mit je vier Versen. Das Metrum ist ein Trochäus. Das Reimschema ist ein regelmä-

ßiger Kreuzreim (abab).

In der ersten Strophe wird dargestellt, wie das lyrische Ich auf einen Strand blickt und das lyrische Du beim Spiel mit Sand

und Wellen beobachtet. Diese Situation scheint sich bereits mehrfach wiederholt zu haben („Heute sah ich wieder dich …",

V. 1). Die Stimmung in der ersten Strophe des Gedichts ist eher neutral. Man weiß noch nicht, wie sich das lyrische Ich

fühlt. Die sprachlichen Bilder der „Wellen" (V. 2), welche die „Zeichen" (V. 4) wegspülen, sowie der „Sand" (V. 3) deuten aber

schon das traurige Thema der „Vergänglichkeit" (V. 6) an. Die insgesamt ruhige Stimmung wird durch das gleichmäßige

Metrum und den Kreuzreim unterstützt.

5 Vervollständige die Analyse, indem du die Strophen 2 und 3 nach ähnlichem Muster interpretierst.
   Schreibe in dein Heft.

6 Formuliere eine Gesamtaussage mit Blick auf das zentrale Thema und die Stimmung des Gedichts.
   Schreibe in dein Heft. Beginne so:

Abschließend lässt sich feststellen, dass Marie Luise Kaschnitz mit dem Gedicht „Am Strande" … _____

7 Nimm Stellung zum Gedicht: In welcher Situation könnte es entstanden sein? Spricht es dich an? Schreibe ins Heft.

80

TESTE DICH! ■ TESTE DICH! ■ TESTE DICH! ■ TESTE DICH!

Teste dich! – Ein Gedicht erschließen

1 *Erkläre die Bedeutung des Begriffs „lyrisches Ich".*

_____

_____

Hermann Hesse (1877–1962)

2 *a) Lies das folgende Gedicht und untersuche seinen formalen Aufbau (Strophen, Metrum, Reim). Notiere am linken Rand.*
Tipp: *Das Metrum weist Unregelmäßigkeiten auf.*

Hermann Hesse
Frühsommernacht (1898)

a) formaler Aufbau:

    Der Himmel gewittert,
    Im Garten steht
    Eine Linde und zittert.
    Es ist schon spät.

5 Ein Wetterleuchten
    Beschaut sich bleich
    Mit großen feuchten
    Augen im Teich.

    Auf schwanken[1] Stengeln
10 Die Blumen stehn,
    Hören Sensendengeln[2]
    Herüberwehn.

    Der Himmel gewittert,
    Schwül geht ein Hauch.
15 Mein Mädel zittert –
    „Sag, spürst du's auch?"   R

b) sprachliche Mittel:

Vermenschlichung …

c) Wirkung:

[1] **schwanken:** altertüml. für schwankenden
[2] **Sensendengeln:** Geräusche beim Schärfen der Sensen (zum Heumachen)

b) In dem Gedicht überwiegt ein bestimmtes sprachliches Mittel: Unterstreiche es. Notiere in der rechten Randspalte, worum es sich handelt.
c) Erkläre, welche Wirkung dieses rhetorische Mittel hat.

Werte deine Ergebnisse aus, indem du deine Antworten mit dem Lösungsheft abgleichst.
Für jede richtige Antwort bekommst du einen Punkt.

13–11 Punkte	10–7 Punkte	6–0 Punkte
☺ Gut gemacht!	😐 Schau dir die Merkkästen der Seiten 79 bis 80 noch einmal an.	☹ Arbeite die Seiten 79 bis 80 noch einmal sorgfältig durch.

81

TESTE DICH! ■ TESTE DICH! ■ TESTE DICH! ■ TESTE DICH!

Ich teste meinen Lernstand

> **TIPP**
>
> Mit Hilfe des Tests auf S. 83–95 kannst du erkennen, ob du die wichtigsten Inhalte und Arbeitstechniken im Fach Deutsch beherrschst.
> Vorab solltest du überlegen, was du bereits gelernt hast: Wo liegen deine Stärken oder Schwächen im Textverstehen und Schreiben, in der Grammatik und in der Textüberarbeitung?

Diagnose: Meine Stärken und Schwächen im Fach Deutsch

1 *Die Übersicht zeigt dir die wichtigsten Bereiche im Fach Deutsch.*
a) Kreuze für jeden Bereich an, wie gut du ihn schon beherrschst.
b) Frische dein Wissen auf und fülle Lücken: Schlage zu den Bereichen, die du nicht gut oder mittelmäßig beherrschst, noch einmal die Übungen auf den angegebenen Seiten nach. Sieh dir dort die Merkkästen an. Führe die Übungen aus, die du noch nicht gemacht hast.

Bereich	gut	mittel	nicht gut	Übungen auf Seite	Wiederholung erledigt
Textverstehen, z. B.					
Informationen aus Texten schrittweise entnehmen (lesen, markieren, Begriffe klären, Fragen stellen, Stichworte notieren, gliedern, zusammenfassen, Textaussagen bewerten)	☐	☐	☐	S. 66–69	☐
Informationen aus Grafiken, Schaubildern und Tabellen entnehmen, zusammenfassen und bewerten	☐	☐	☐	S. 69, 89–91	☐
Merkmale von Texten unterscheiden und ihre Wirkungsweisen kennen (z. B. Bericht, Stellungnahme, Kurzgeschichte, Drama, Gedicht)	☐	☐	☐	S. 9–12, 19, 66–81	☐
Literarische Texte erschließen (mit Hilfe von Skizzen, Inhaltsangaben, Figuren charakterisieren)	☐	☐	☐	S. 75–79	☐
Lyrische Texte (z. B. motivgleiche Gedichte) untersuchen, ihre Merkmale und deren Funktion erarbeiten	☐	☐	☐	S. 80–81	☐
Schreiben, z. B.					
Eigene Texte vorbereiten, schreiben und überarbeiten (Ideen sammeln, gliedern, Formulierungen mit Proben überprüfen, begründen)	☐	☐	☐	S. 9–12, 14–24	☐
Sachlich informieren (z. B. über Sachverhalte, Praktikum)	☐	☐	☐	S. 3–7, 9–13	☐
Argumentieren (z. B. Stellung nehmen, begründen, erörtern)	☐	☐	☐	S. 14–17, 19–23	☐
Nachdenken über Sprache, z. B.					
Ausdrucksweise und Wirkung von sprachlichen Äußerungen/Texten unterscheiden und vergleichen (z. B. informierende, argumentierende Texte)	☐	☐	☐	S. 23, 74, 77–78, 79–81, 85, 87	☐
Wortarten kennen, sicher und gezielt verwenden (Nomen/Pronomen, Adjektiv, Verb, Konjunktion)	☐	☐	☐	S. 25, 26–33	☐
Tempusformen und weitere Verbformen kennen, richtig bilden und verwenden (Modus, Aktiv/Passiv, Konjunktiv)	☐	☐	☐	S. 26, 27–29	☐
Satzglieder und Satzverbindungen unterscheiden/anwenden	☐	☐	☐	S. 34, 38–45	☐
Wortbedeutungen erschließen und richtig anwenden (z. B. Metapher, Fremdwort)	☐	☐	☐	S. 58–59, 68, 79–80	☐
Richtig schreiben (Rechtschreib- und Zeichensetzungsregeln kennen und beachten, Schreibungen überprüfen)	☐	☐	☐	S. 48–65, 94–95	☐

TESTE DICH! ■ TESTE DICH! ■ TESTE DICH! ■ TESTE DICH!

Beruf oder Berufung?

A1 Literarische Texte verstehen

1 *Lies die folgende Kurzgeschichte.*

Reiner Kunze
Clown, Maurer oder Dichter

Ich gebe zu, gesagt zu haben: Kuchenteller. Ich gebe ebenfalls zu, auf die Frage des Sohnes, ob er allen Kuchen auf den Teller legen solle, geantwortet zu haben: allen. Und ich stelle nicht in Abrede, daß der Kuchen drei Viertel der Fläche des Küchentischs einnahm. Kann man denn aber von einem zehnjährigen Jungen nicht erwarten, daß er weiß, was gemeint ist, wenn man Kuchenteller sagt? Das Händewaschen hatte ich überwacht, und dann war ich hinausgegangen, um meine Freunde zu begrüßen, die ich zum Kartoffelkuchenessen eingeladen hatte. Frischer Kartoffelkuchen von unserem Bäcker ist eine Delikatesse. Als ich in die Küche zurückkehrte, kniete der Sohn auf dem Tisch. Auf einem jener Kuchenteller, die nur wenig größer sind als eine Untertasse, hatte er einen Kartoffelkuchenturm errichtet, neben dem der Schiefe Turm zu Pisa senkrecht gewirkt hätte. Ich sparte nicht mit Stimme. Ob er denn nicht sähe, daß der Teller zu klein sei. Er legte sich mit der Wange auf den Tisch, um den Teller unter diesem völlig neuen Gesichtspunkt zu betrachten. Er müsse doch sehen, daß der Kuchen nicht auf diesen Teller passe. Aber der Kuchen passe doch, entgegnete er. Das eine Blech lehnte am Tischbein, und auch das andere war fast leer. Ich begann, mich laut zu fragen, was einmal aus einem Menschen werden solle, der einen Quadratmeter Kuchen auf eine Untertasse stapelt, ohne auch nur einen Augenblick daran zu zweifeln, daß sie groß genug sein könnte. Da standen meine Freunde bereits in der Tür. „Was aus dem Jungen werden soll?" fragte der erste, meine Worte aufnehmend: Er peilte den Turm an. „Der Junge offenbart ein erstaunliches Gefühl für Balance. Entweder er geht einmal zum Zirkus, oder er wird Maurer." Der zweite ging kopfschüttelnd um den Turm herum. „Wo hast du nur deine Augen?" fragte er mich. Erst jetzt entdeckte ich, daß die von mir geschnittenen Kuchenstücke geviertelt waren, als wären wir zahnlose Greise. Mein Freund sah die größeren Zusammenhänge. „Siehst du denn nicht, daß in dem Jungen ein Künstler steckt?" sagte er. „Der Junge hat Mut zum Niegesehenen. Er verknüpft die Dinge so miteinander, daß wir staunen. Er hat schöpferische Ausdauer. Vielleicht wird aus ihm sogar ein Dichter, wer weiß." „Eher ein richtiger oder ein genialer Soldat", sagte der dritte, den ich jedoch sogleich unterbrach. „Soldat? Wieso Soldat?" fragte ich auf die Gefahr hin, dem Sohn die Wörter wieder abgewöhnen zu müssen, die zu erwarten waren, sobald sich dieser Freund seiner Armeezeit erinnerte. Er antwortete: „Ein richtiger Soldat, weil er auch den idiotischsten Befehl ausführt. Und ein genialer Soldat, weil er ihn so ausführt, daß das Idiotische des Befehls augenfällig wird. Ein Mensch wie er kann zum Segen der Truppe werden." Ich hoffte, der Sohn würde das meiste nicht verstanden haben. Am Abend hockte er sich jedoch zu Füßen seiner Schwester aufs Bett und fragte sie, was zu werden sie ihm rate: Clown, Maurer oder Dichter. Soldat zu werden zog er nicht in Betracht, weil er es dann mit Vorgesetzten wie seinem Vater zu tun haben könnte. Seitdem bedenke ich, wer bei uns zu Gast ist, bevor ich eines meiner Kinder kritisiere.

R

83

TESTE DICH! ■ TESTE DICH! ■ TESTE DICH! ■ TESTE DICH!

2 *Wie ist es zu dem Missverständnis zwischen Vater und Sohn gekommen? Kreuze die richtige Antwort an.* **2 P.**

Der Junge hat anders gehandelt, als der Vater es erwartete, weil

A ☐ er unfähig ist, Aufgaben richtig zu lösen.   C ☐ er nur einen Teller gefunden hat.

B ☐ der Vater sich unklar ausgedrückt hat.   D ☐ er seinen Vater ärgern wollte.

3 *Warum sollte der Junge Dichter werden? Kreuze die richtige Antwort an.* **2 P.**

Der Junge sollte Dichter werden, weil er

A ☐ witzige Einfälle hat.   C ☐ sich nicht um Alltagsdinge kümmert.

B ☐ Alltagsdinge in neuen Zusammenhängen   D ☐ ein Gefühl für Balance hat.
zeigen kann.

4 *Kreuze an, welche der folgenden Aussagen zum Text zutreffen und welche nicht.* **4 P.**

	trifft zu	trifft nicht zu
A Der Vater hat den Auftrag an den Sohn in Eile gegeben.	☐	☐
B Der Vater meint, sich klar ausgedrückt zu haben.	☐	☐
C Der Vater schätzt die Fähigkeiten seines Sohnes richtig ein.	☐	☐
D Die Freunde des Vaters reagieren offener als der Vater.	☐	☐
E Der Junge ist gewohnt, seinem Vater aufs Wort zu folgen.	☐	☐
F Der Junge hat das Gespräch der Freunde mit dem Vater nicht verstanden.	☐	☐
G Der Vater will seine Kinder in Zukunft nicht mehr kritisieren.	☐	☐
H Der Vater hat seine Einstellung zu den Kindern grundlegend geändert.	☐	☐

5 *Verstehst du Doppeldeutigkeiten? Kreuze die richtige Antwort an.* **2 P.**

Der Junge könnte ein „genialer Soldat" werden, weil er

A ☐ auch dumme Befehle unbedingt befolgt.

B ☐ die Dummheit von Befehlen aufdeckt.

C ☐ dumme Befehle nicht befolgt.

D ☐ alle Befehle ohne Nachfragen ausführt.

6 *Was bedeutet der folgende Satz in Z. 57–59: „Seitdem bedenke ich, wer bei uns zu Gast ist, bevor ich eines meiner Kinder kritisiere?" Kreuze die richtige Deutung an.* **2 P.**

Der Vater hat gelernt,

A ☐ dass seine Kinder immer recht haben.

B ☐ seine Kinder nur noch zu kritisieren, wenn Außenstehende sich nicht einmischen können.

C ☐ seine Kinder grundsätzlich nicht mehr zu kritisieren.

D ☐ seinen Kindern nur noch eindeutige Aufträge zu geben.

TESTE DICH! ■ TESTE DICH! ■ TESTE DICH! ■ TESTE DICH!

B1 Nachdenken über Sprache

7 a) Kreuze an, in welchem Modus (Konj. I oder Konj. II) die unterstrichenen Prädikate in den Sätzen stehen.

		Konj. I	Konj. II
A	„... neben dem der Schiefe Turm zu Pisa senkrecht gewirkt hätte." (Z. 15 f.)	☐	☐
B	„Er müsse doch sehen, ..." (Z. 20 f.)	☐	☐
C	„Aber der Kuchen passe doch, entgegnete er." (Z. 21 f.)	☐	☐

3 P.

b) Formuliere Satz C in die direkte Rede um.

2 P.

A2 Literarische Texte verstehen

Erich Kästner
Die Entwicklung der Menschheit (1932)

Einst haben die Kerls auf den Bäumen gehockt,
behaart und mit böser Visage[1].
Dann hat man sie aus dem Urwald gelockt
und die Welt asphaltiert und aufgestockt,
5 bis zur dreißigsten Etage.

Da saßen sie nun, den Flöhen entflohn,
in zentralgeheizten Räumen.
Da sitzen sie nun am Telefon.
Und es herrscht noch genau derselbe Ton
10 wie seinerzeit auf den Bäumen.

Sie hören weit. Sie sehen fern.
Sie sind mit dem Weltall in Fühlung.
Sie putzen die Zähne. Sie atmen modern.
Die Erde ist ein gebildeter Stern
15 mit sehr viel Wasserspülung.

Sie schießen die Briefschaften durch ein Rohr.
Sie jagen und züchten Mikroben[2].
Sie versehn die Natur mit allem Komfort.
Sie fliegen steil in den Himmel empor
20 und bleiben zwei Wochen oben.

Was ihre Verdauung übrig lässt,
das verarbeiten sie zu Watte.
Sie spalten Atome. Sie heilen Inzest[3].
Und sie stellen durch Stiluntersuchungen fest,
25 dass Cäsar Plattfüße hatte.

So haben sie mit dem Kopf und dem Mund
den Fortschritt der Menschheit geschaffen.
Doch davon mal abgesehen und
bei Lichte betrachtet sind sie im Grund
30 noch immer die alten Affen.

1 **Visage**: verächtlich für Gesicht
2 **Mikrobe**: Kleinstlebewesen, z. B. Bakterie
3 **Inzest**: sexuelle Beziehung zwischen engen Blutsverwandten

85

TESTE DICH! ■ TESTE DICH! ■ TESTE DICH! ■ TESTE DICH!

8 *Ordne die Überschriften den Strophen des Gedichtes richtig zu.*　　　　**6 P.**

Strophe 1: _____

Strophe 2: _____

Strophe 3: _____

Strophe 4: _____

Strophe 5: _____

Strophe 6: _____

Überflüssige oder gefährliche Entdeckungen

Das Wesen der Menschen ist unverändert

Erfindungen machen das Leben angenehmer

Fortschritte durch Bildung, Wissenschaft und Technik

Umzug vom Urwald in die Zivilisation

Alte Umgangsformen in moderner Umgebung

9 *Welche Aussage entspricht dem Gedicht? Kreuze an.*　　　　**2 P.**

A ☐ Die alten Affen waren in ihrem Verhalten zivilisierter als die modernen Menschen.

B ☐ Das Verhalten der modernen Menschen entspricht im Grunde dem der alten Affen.

C ☐ Der wissenschaftliche und technische Fortschritt hat das Verhalten der Menschen grundlegend geändert.

D ☐ Die Lebensumstände der Menschen entsprechen denen der alten Affen.

10 *Das Gedicht trägt die Überschrift „Die Entwicklung der Menschheit".*
Ergänze den folgenden Satz so, dass er zum Gedicht passt.　　　　**2 P.**

Die Menschheit hat auf vielen Gebieten wie _____

Fortschritte erzielt, aber _____ sind _____ geblieben.

11 *Bedeutsam sind in lyrischen Texten die sprachlichen Mittel.*
Ordne den Zitaten in der rechten Spalte das richtige Stilmittel zu. Mehrfachzuordnungen sind möglich.　　　　**5 P.**

Stilmittel		Zuordnung	Zitat	
A Anapher:	Wiederholung am Versanfang	☐ ☐	„Doch davon mal abgesehen / [...] sind sie im Grund / [...] die alten Affen."	*V. 28–30*
B Metapher:	sprachliches Bild, vergleicht Verschiedenes ohne *wie*	☐ ☐	„Sie schießen [...] / Sie jagen [...] / Sie versehn [...] / Sie fliegen [...]"	
C Personifikation:	Gegenstand, Begriff wird vermenschlicht, wird zur Person	☐ ☐	„Da saßen sie nun [...]. Da sitzen sie nun [...]."	
D Paralleler Satzbau:	Wiederholung gleicher Satzteile	A ☐	„Sie spalten Atome. Sie heilen Inzest."	
E Enjambement:	Zeilensprung über das Versende hinweg	☐	„Die Erde ist ein gebildeter Stern."	

TESTE DICH! ■ TESTE DICH! ■ TESTE DICH! ■ TESTE DICH!

12 *Stilmittel werden eingesetzt, um eine bestimmte Wirkung zu erzeugen. Wie wirkt der parallele Satzbau:*
„Sie hören weit. Sie sehen fern. / Sie sind mit dem Weltall in Fühlung. /
Sie putzen die Zähne. Sie atmen modern." (V. 11–13)?
Kreuze die zutreffende Aussage an.

2 P.

Durch den parallelen Bau der Sätze

A ☐ zeigt Kästner die Eintönigkeit im Leben der modernen Menschen.

B ☐ betont Kästner die Geschwindigkeit und Weite des Fortschritts.

C ☐ will Kästner keine bestimmte Wirkung erzeugen.

D ☐ lobt Kästner die Errungenschaften durch Wissenschaft und Technik.

13 *Kreuze an, ob die Aussagen richtig oder falsch sind.*

7 P.

		richtig	falsch
A	Das Reimschema der ersten Strophe ist a b a a b.	☐	☐
B	Dieses Schema wird als Kreuzreim bezeichnet.	☐	☐
C	Die übrigen Strophen haben abweichende Reimschemas.	☐	☐
D	Durch den Reim werden bestimmte Wörter hervorgehoben.	☐	☐
E	Die sprachlichen Bilder wirken an dieser Stelle komisch/belustigend.	☐	☐
F	Der Reim ist lediglich eine Hilfe zum Auswendiglernen.	☐	☐
G	Gedichte arbeiten mit sprachlichen Bildern.	☐	☐

B2 Nachdenken über Sprache

14 *Die ersten fünf Sätze (Verse 1–10) stehen in unterschiedlichen Tempusformen. Kreuze richtig an.*

5 P.

Satz	Präsens	Präteritum	Perfekt
❶	☐	☐	☐
❷	☐	☐	☐
❸	☐	☐	☐
❹	☐	☐	☐
❺	☐	☐	☐

15 *Begründe die Tempuswahl in den Sätzen* ❸*,* ❹ *und* ❺*. Ergänze dazu die folgenden Sätze.*

4 P.

In Satz ❸ steht das _____ , weil _____

_____

_____ .

Danach, in Satz ❹ und ❺, steht das _____ . Es wird gewählt, wenn _____

_____

_____ .

TESTE DICH! ■ TESTE DICH! ■ TESTE DICH! ■ TESTE DICH!

A3 Informierende Texte verstehen

Die Berufswelt im Fernsehen

1

Warum gibt es keine Nachwuchsprobleme bei der Polizei? Wo der Job doch anstrengend, gefährlich und nicht besonders gut bezahlt ist? Vermutlich auch deshalb, weil Jugendliche bei ihrem – hohen – Fernsehkonsum in Soaps und Krimis fortlaufend Polizistinnen und Polizisten zu sehen bekommen. So wird ihnen dieser Beruf schmackhaft gemacht. Das Interesse an Metall- und Elektroberufen ist demgegenüber mini-
5 mal. Wohl auch deshalb, weil sie in der Flimmerkiste fast nie zu sehen sind.

2

Immer schon war vermutet worden, dass auch im Berufswahlprozess die Medien, besonders das Fernsehen, eine nicht zu unterschätzende Rolle spielen. Doch genauere Hinweise und Belege gab es bisher nicht. Die Medienforschung hatte sich mit diesem Thema bislang nicht beschäftigt.

3

Etwa 900 000 Jugendliche sehen sich täglich Vorabendserien (Daily Soaps) an, manche von ihnen verbrin-
10 gen bis zu vier Stunden vor dem Fernseher. Die Ergebnisse machen deutlich, dass die Informationen dabei weitgehend kritiklos aufgenommen werden und die Meinungsbildung erheblich beeinflusst wird. Der dargebotene Stoff dagegen ist eher klischeehaft inszeniert, was aus Kostengründen – vor allem in den Vorabendserien – zu einer verengten und oft realitätsfernen Gestaltung führt. Das Spektrum der gezeigten Berufe ist zwar vergleichsweise breit. Es werden aber nur für einige wenige Berufe vertiefte und für die
15 Berufswahl nutzbare Informationen angeboten.

4

Berufe werden in den untersuchten Programmen weder thematisch problematisiert noch in ihren Voraussetzungen und Folgen dargestellt. Insbesondere die Vorabendserien präsentieren eine verzerrte Berufsrealität, die sich auf kreative und selbstständig ausgeübte Berufe im mediennahen Dienstleistungsbereich beschränkt. Jugendliche, die mit solchen Vorstellungen ihre Berufswahl beginnen, haben es schwer, den
20 Umstieg von der Medienwelt in die Wirklichkeit der Berufe und Ausbildungen zu schaffen.

5

Für die Berufsberatung dürfte dies nicht uninteressant sein, da klarer erkennbar wird, aus welcher Vorstellungswelt die Jugendlichen abgeholt werden müssen, wenn man sie erreichen will.

6

Natürlich durfte man nicht erwarten, dass die Fernsehrealität die reale Berufswelt widerspiegelt. Die Erscheinungshäufigkeit, Platzierung und Bewertung einzelner Berufe erweisen sich jedoch durchaus als auf-
25 schlussreich: So sind die Ordnungs- und Sicherheitsberufe noch vor den Gesundheitsberufen überrepräsentiert, während die meisten Berufe aus Industrie, Handwerk und Landwirtschaft deutlich unterrepräsentiert sind. Und natürlich hat die jeweilige Programmstruktur der Sender ihrerseits einen erheblichen Einfluss auf das Was und Wie des Dargestellten.

7

Die „Akteuranalyse" macht dabei deutlich, ob die Berufe eher modern oder antiquiert dargestellt werden,
30 ob sie eher positiv und sympathisch oder negativ und unsympathisch erscheinen. Nur wenige ausgewählte Berufe – Ärzte, Anwälte und Lehrer – erhalten überhaupt eine Darstellungschance, und bei diesen werden häufig nur marginale Aspekte thematisiert. Meist werden die Berufe zudem weit entfernt vom Arbeitsplatz

TESTE DICH! ■ TESTE DICH! ■ TESTE DICH! ■ TESTE DICH!

gezeigt: In den Soaps spielen ein Drittel der Berufsszenen zu Hause, 17 % in Gaststätten bzw. Kneipen, 15 % in Büros, kaum jedoch an einem realen Arbeitsplatz. Die Protagonisten tragen weit überwiegend Freizeitkleidung (68 %), lediglich in 12 % der Szenen tragen sie Arbeitskleidung, in 20 % Business-Kleidung. Nur in 17 % der Fälle wurden berufsbezogene Arbeitsmittel gezeigt – überwiegend Computer und Telefone. Maschinen und Werkzeuge, die ja noch immer den Berufsalltag prägen, kommen fast nie vor.

8 _____

Das Fernsehen öffnet zwar Jugendlichen heute ein bequemes Fenster in die Berufswelt. Es ermöglicht ihnen, sich mit verschiedenen Berufen auseinanderzusetzen, bevor sie eine Berufsentscheidung treffen. So können sie sich ein Bild über mögliche Berufe machen und diese mit ihren Berufswünschen vergleichen. Aber bereits die Ergebnisse der Pilotstudien legen es nahe, auf die Programmmacher insofern einzuwirken, dass die berufliche Realität im Fernsehen differenzierter und praxisnäher geschildert wird – dies muss nicht zwangsläufig zu Lasten der Einschaltquoten geschehen.

9 _____

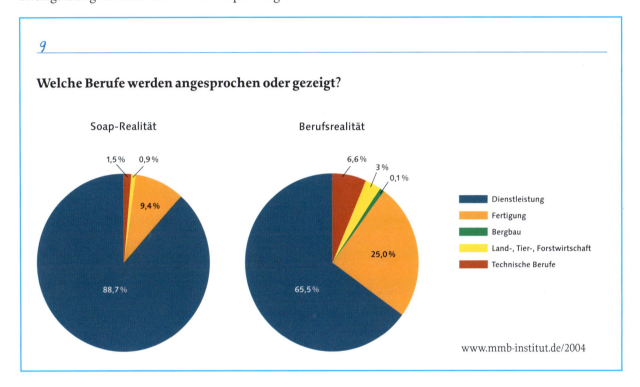

16 Ordne jedem Textabschnitt die richtige Überschrift zu. Schreibe sie jeweils in die passende Schreibzeile (S. 88–89).   **9 P.**

Verteilung der Berufe in Soaps und in der Realität
Kostengründe führen zu realitätsferner Gestaltung
Berufsberater müssen diese Ergebnisse berücksichtigen
Das Fernsehen sollte die berufliche Realität zeigen
Rolle der Medien bei der Berufswahl bisher nicht untersucht
Soaps zeigen kaum reale Arbeitsplätze
Das Fernsehen macht den Polizeiberuf attraktiv
Vorgestellt: Nur ein Ausschnitt der Berufsvielfalt
Vorabendserien zeigen eine verzerrte Berufsrealität

17 Kreuze die richtige Aussage über Berufsdarstellungen im Fernsehen an.   **2 P.**

A ☐ Die Berufswelt wird in den Vorabendserien überhaupt nicht dargestellt.

B ☐ Berufe werden in den untersuchten Programmen nicht problematisiert.

C ☐ Berufe aus Handwerk und Landwirtschaft sind in den Programmen problematisiert.

D ☐ Die untersuchten Programme zeigen mit Vorliebe reale Arbeitsplätze.

TESTE DICH! ■ TESTE DICH! ■ TESTE DICH! ■ TESTE DICH!

18 *Ergänze den Satz so, dass eine richtige Aussage entsteht.*   **2 P.**

Die Kreisdiagramme veranschaulichen die Ergebnisse im Abschnitt _____ des Textes.

19 *Welche Aussagen treffen auf die beiden Kreisdiagramme zu?*   **4 P.**
Kreuze für jede Aussage an: richtig oder falsch?

			richtig	falsch
A	☐	Die Soaps spiegeln die Berufsrealität wider.	☐	☐
B	☐	34,5 % der Berufe gehören nicht dem Dienstleistungsbereich an.	☐	☐
C	☐	In den Soaps und in der Berufsrealität ist die Land-, Tier- und Forstwirtschaft am geringsten vertreten.	☐	☐
D	☐	Fast 90 % der in den Soaps gezeigten Berufe gehören zum Dienstleistungsbereich.	☐	☐
E	☐	Technische Berufe werden in den Soaps kaum von Frauen ausgeübt.	☐	☐
F	☐	Berufe im Bergbau waren früher häufiger vertreten.	☐	☐
G	☐	Berufe aus dem Bereich der Fertigung sind in den Soaps angemessen vertreten.	☐	☐
H	☐	Die Soaps verstärken den Berufsbereich, der in der Realität am umfangreichsten ist.	☐	☐

20 *Berufsberater erhalten aus der Untersuchung Hinweise für ihre Beratung Jugendlicher.*   **2 P.**
Kreuze die zutreffende Antwort an.

A ☐ Informationen für Berufsberater finden sich vor allem im Abschnitt 6.

B ☐ Berufsberater erhalten Informationen über Gesprächsthemen Jugendlicher.

C ☐ Berufsberater lernen die Fernseh-Vorbilder kennen, an denen sich Jugendliche orientieren.

D ☐ Berufsberater sollten Jugendlichen vor allem kreative Berufe aus dem Medienbereich anbieten.

21 *Daten können anschaulich dargestellt werden.*   **8 P.**
a) Ergänze jeweils die Bezeichnung für die Diagrammart. Gib an, wofür dieses Diagramm geeignet ist.
b) Kreuze an, welches der Diagramme nicht geeignet ist, die Daten über die vorgestellten Berufe anschaulich zu zeigen.

Welche Berufe werden angesprochen oder gezeigt?

Soap-Realität
1,5 %   0,9 %
9,4 %
88,7 %

Berufsrealität
6,6 %   3 %   0,1 %
25,0 %
65,5 %

■ Dienstleistung
■ Fertigung
■ Bergbau
■ Land-, Tier-, Forstwirtschaft
■ Technische Berufe

www.mmb-institut.de/2004

_____ *diagramm:* _____

_____ nicht geeignet ☐

90

TESTE DICH! TESTE DICH! TESTE DICH! TESTE DICH!

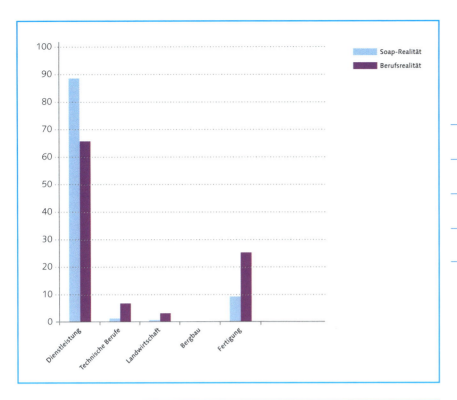

diagramm: _____

_____

_____

_____

_____ nicht geeignet ☐

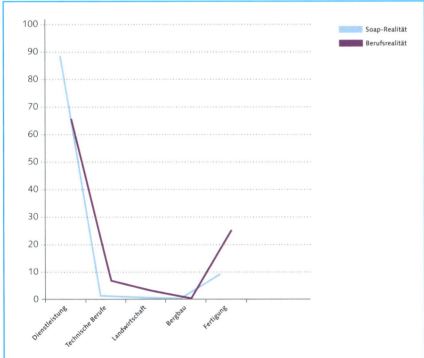

diagramm: _____

_____

_____

_____

_____ nicht geeignet ☐

TESTE DICH! ■ TESTE DICH! ■ TESTE DICH! ■ TESTE DICH!

B3 Nachdenken über Sprache

22 *Im Text heißt es: „Für die Berufsberatung dürfte dies nicht uninteressant sein, da klarer erkennbar wird, aus welcher Vorstellungswelt die Jugendlichen abgeholt werden müssen, wenn man sie erreichen will." In welchem Verhältnis steht der durch „da" eingeleitete Nebensatz zur Aussage im Hauptsatz? Kreuze die richtige Antwort an.*

2 P.

Der Nebensatz enthält

A ☐ die Bedingung, die Voraussetzung.   C ☐ die Folge.

B ☐ die Begründung.   D ☐ den Zweck, die Absicht.

23 *Ersetze mit Hilfe des Wortspeichers die Fremdwörter durch deutsche Formulierungen.*

6 P.

der Berufswahlprozess: _____

klischeehaft: _____

das Spektrum: _____

überrepräsentiert: _____

die marginalen Aspekte: _____

die Protagonisten: _____

schablonenhaft
Gesichtspunkt
Vielfalt
Bandbreite
Verlauf
nebensächlich
Darsteller
Auswahl
übermäßig
feststehend
vertreten
am Rand stehen

C   Schreiben: Erörtern

Im Deutschunterricht legst du ein Portfolio zum Thema „Vorabendserien, Soaps im Fernsehen" an. Für das Portfolio sollst du eine Stellungnahme zu folgender Frage anfertigen: „Können Soaps eine sinnvolle Hilfe bei der Berufswahl bieten?" Deine Argumentation soll Pro- und Kontra-Argumente berücksichtigen.

24 *Karla hat bereits Stichworte notiert.*
a) Ordne die Stichworte danach, ob sie die Frage bejahen (Pro-Argumente P) oder verneinen (Kontra-Argumente K).
b) Prüfe: Sind alle Stichworte verständlich formuliert? Formuliere sie verständlicher, wenn es nötig ist, und schreibe sie verbessert in die Übersicht.

10 P.

☐ *viele Jugendliche („Etwa 900 000 Jugendliche"; Z. 9)*

☐ *Berufe in Soaps meist oberflächlich (Klischees)*

☐ *Szenen verzerren Berufswelt (z. B. ständig wilde Verfolgungsjagden)*

☐ *Vorabendserien wollen unterhalten, nicht informieren.*

☐ *Gern zeigen Soaps Berufe des Dienstleistungsbereichs, die man aus eigener Erfahrung kaum kennt.*

☐ *Soaps nutzen um der Spannung willen Berufe, in denen es um den Umgang mit Menschen geht.*

☐ *Man erfährt, mit welchen Konflikten Menschen in bestimmten Berufen (Arzt, Polizist) konfrontiert werden.*

Pro: _____

_____

_____

TESTE DICH! ■ TESTE DICH! ■ TESTE DICH! ■ TESTE DICH!

Kontra: _____

25 a) *Markiere im Text mit unterschiedlichen Farben weitere Pro- und Kontra-Argumente.*   **12 P.**

b) *Wähle drei Argumente aus, die du für deine Argumentation am überzeugendsten findest. Notiere sie stichwortartig in sinnvoller Reihenfolge.*   **1 P.**

Meine Auswahl:

1) _____

2) _____

3) _____

c) *In deinem Text sollst du ein wichtiges Argument der Gegenseite zurückweisen. Schreibe es auf.*   **1 P.**

Ein Gegenargument:

_____

_____

26 *Verfasse nun deine Stellungnahme für das Portfolio (argumentiere steigernd/linear). Beachte dabei:*   **36 P.**

ARBEITSTECHNIK – EINE STELLUNGNAHME VERFASSEN

☐ Verdeutliche in einer Einleitung deinen Standpunkt.

☐ Bringe die Argumente in eine sinnvolle Reihenfolge.

☐ Ergänze deine Stichpunkte durch Beispiele oder Erläuterungen, so werden sie zu überzeugenden Argumenten.

☐ Entkräfte das ausgewählte Gegenargument.

☐ Fasse im Schluss deine Ergebnisse zusammen.

TESTE DICH! ■ TESTE DICH! ■ TESTE DICH! ■ TESTE DICH!

D Einen Text überarbeiten

Schülerinnen und Schüler aus der Jahrgangsstufe 9 gehören dem Redaktionsteam der Schülerzeitung an. Da die Berufspraktika in der 9 bevorstehen, berichten sie über Ergebnisse ihrer Recherchen zu den Berufswünschen Jugendlicher. Der erste Textentwurf wird in der Redaktionskonferenz kommentiert.

> **ARBEITSTECHNIK – EINEN TEXT ÜBERARBEITEN**
> Im Bericht gibt es noch einige Stellen, die du verbessern musst. Überarbeite mit Hilfe der Proben:
> 1. falsche Satzverknüpfung/Satzstellung (Umstellprobe),
> 2. Wortwiederholungen (Umstell-, Ersatz-, Weglassprobe),
> 3. ungenaue, schwammige Formulierungen (Ersatz-, Erweiterungsprobe),
> 4. Umgangssprache (Ersatzprobe).

27 Sieh dir die markierten Fehler an. Notiere, wie im Beispiel gezeigt, in der rechten Spalte die zugehörige Nummer. **VORSICHT FEHLER!** [6 P.]

Fehler-Nr.

1. Die Vorlieben haben sich seit Jahrzehnten kaum verändert.   1.: _3_
2. Technische Berufe sind immer noch der Lieblingsberuf von Jungen, kreative Berufe sind immer noch der Lieblingsberuf der Mädchen.   2.: _____
3. Während Jungen ab 14 Jahren am liebsten einen Tag in der Box beim Formel-1-Rennen wären, die meisten Mädchen, die im gleichen Alter sind, bevorzugen einen Tag im Studio ihres Lieblingsmusikers, was die Jungen langweilig fänden.   3.: _____
4. Das sind voll die Klischees, aber so sind die Ergebnisse neuer Untersuchungen unter 14- bis 19-jährigen Jugendlichen.   4.: _____
5. Die Welten von Jungen und Mädchen sind unterschiedlich, die Jungen und Mädchen interessieren sich immer noch für gegensätzliche Dinge.   5.: _____
6. Die junge Generation von heute verhält sich irgendwie genauso wie die ältere.   6.: _____
7. Heftig, wenn man sich überlegt, wie wenig modern die Jugendlichen sich für ihre Berufe entscheiden.   7.: _____

28 Auch in der Fortsetzung des Berichts gibt es Fehler. Markiere sie und notiere in der mittleren Spalte die Nummer des Fehlers. Verbessere nun den Satz, indem du ihn in der rechten Spalte neu formulierst. Gehe vor, wie es das Beispiel zeigt. [19 P.]

fehlerhafte Sätze	Fehler-Nr.	verbesserte Formulierung
8. Krass, wie wenig sich geändert hat.	4	
9. Schon in älteren Generationen beeinflusste das Geschlecht und nicht etwa andere Sachen das Interesse an bestimmten Berufen.		

TESTE DICH! ■ TESTE DICH! ■ TESTE DICH! ■ TESTE DICH!

fehlerhafte Sätze	Fehler-Nr.	verbesserte Formulierung
10. Das Kölner Institut der deutschen Wirtschaft, das jetzt die Ergebnisse einer Umfrage veröffentlichte, das herausfand, dass das, was Jugendliche privat interessiert, auch in den Traumberufen sich niederschlägt.		
11. Jungen interessieren sich fast nur für technische Berufe. Jungen wollen z. B. Informatiker werden.		
12. Mädchen stehen eher auf uncoole Berufe wie z. B. Flugbegleiterin.		
13. Auf den ersten Plätzen der Mädchen-Traumberufe finden sich Traumberufe wie Ärztin oder Designerin.		
14. Die Hälfte der Mädchen gibt in der Umfrage aber an, dass die Beschäftigung mit Technik für den Erfolg überall wichtig ist.		
15. Das Internet, das hier wohl mit Technik gemeint ist, in allen Berufen spielt es heute eine wichtige Rolle.		
16. Die Mädchen können genauso gut mit dem Internet umgehen wie die Jungen mit dem Internet.		
17. Man kann's voll vergessen, dass die beruflichen Interessen der Geschlechter bald einheitlich werden.		

Autoren- und Quellenverzeichnis

S. 18: ROHLFS, CARSTEN/HARRING, MARIUS/PALENTIN, CHRISTIAN: Hauptsache in! Inszenierung durch Kleidung. In: Schüler. Wissen für Lehrer. Themenheft: Geld. Aufwachsen in der Konsumgesellschaft. Friedrich Verlag, Seelze 2008; **S. 32:** HIRSCHMANN, KAI: Guter Umgang mit der Natur? Artikel vom 05.05.2006. Aus: http://www.helles-köpfchen.de/artikel/1694.html [01.03.2010]; **S. 36:** DE ZANGER, JAN: Dann eben mit Gewalt (Auszüge). Übersetzt von Siegfried Mrotzek. Beltz, Weinheim/Basel 1995, S. 5 und 14; **S. 38:** BINDER, EVELYN: Weniger Kurven, mehr Breite. In: Kölner Stadt-Anzeiger 22.04.2009; **S. 40 f.:** HERMENING, ARNDT: Reise zum Ätna – wegen Hitze geschlossen. In: bilden + reisen 1/2008, S. 14; **S. 44:** PAUS, MICHAELA: Im Sendestudio zählen die Sekunden. In: Kölner Stadt-Anzeiger 17.04.2009; **S. 45:** BOEWE, STEFANIE: Ein Jahr allein auf einem Boot: 17-jähriger Weltumsegler hält neuen Rekord. Aus: Welt online, 07.01.2009. http://www.welt.de/sport/article2050944/Ein_16_Jaehriger_segelt_um_die_Welt.html [02.03.2010]; **S. 49:** KEMPER, SVENJA: Svenja Rubens liebt Bücher, jedes einzelne. In: Kölner Stadt-Anzeiger 23.04.2009, S. 48; **S. 54:** Abhängen war gestern – Tricking ist in. In: Magazin zum Kölner Stadt-Anzeiger 11./12.04.2009, S. 5 f.; **S. 55:** ZÖLLNER, ABINI: Erwachsene sind seltsam. Aus: Rufus Beck (Hg.): Geschichten für uns Kinder. Rowohlt, Reinbek 2006, S. 72; **S. 60–62:** „Sauberkeit bedeutete früher ...", „Während der Woche ...", „Am Waschort ...", „Die Vorläufer ...", „Am Samstag war Schluss ...", Baderituale. In: Landlust März/April 2009, S. 96–110; **S. 63:** YOGESHWAR, RANGA: Warum ist das Taschentuch quadratisch? Aus: Sonst noch Fragen? Kiepenheuer & Witsch, Köln 2009, S. 148 f.; **S. 66 f.:** BONSTEIN, JULIA: Abschreiben 2.0. In: Der Spiegel 33, 11.08.2008, S. 86; **S. 70:** CLAUSEN, ANTONIA: „Ich bring' dein Kaninchen um". In: Bonner General-Anzeiger 24.03.2009; **S. 71 f.:** BERG, SIBYLLE: Hauptsache weit. Aus: Das Unerfreuliche zuerst. Herrengeschichten. Kiepenheuer & Witsch, Köln 2001; **S. 76 f.:** LUDWIG, VOLKER/MICHEL, DETLEF: Ab heute heißt du Sara (Auszug). Butzon & Bercker, Kevelaer 2008; **S. 79:** KASCHNITZ, MARIE LUISE: Am Strande. Aus: Elke Heidenreich (Hg.): Liebesgedichte von Frauen. Insel Verlag, Frankfurt/M. 2009; **S. 81:** HESSE, HERMANN: Frühsommernacht. Aus: Die Gedichte 1892–1962, 1. Bd. Suhrkamp, Frankfurt/M. 1977, S. 57; **S. 83:** KUNZE, REINER: Clown, Maurer oder Dichter. Aus: Die wunderbaren Jahre. Fischer Verlag, Frankfurt/M. 1976; **S. 85:** KÄSTNER, ERICH: Die Entwicklung der Menschheit. Aus: Werke Band 1: Gedichte. Hanser Verlag, München 1998, S. 175; **S. 88 f.:** DOSTAL, WERNER/TROLL, LOTHAR (Hg.): Die Berufswelt im Fernsehen (Abstract). Bertelsmann, Gütersloh 2005

Bildquellenverzeichnis

S. 9: privat; **S. 13** oben: © Kurhan – Fotolia.com; Mitte: © Marco Wydmuch – Fotolia.com; unten: picture-alliance/dpa Themendienst; **S. 17:** © Scott Griessel – Fotolia.com; **S. 24:** © nightfly84 – Fotolia.com; **S. 26:** © Stefan Balk – Fotolia.com; **S. 32** oben, 45, 47, 50, 81, 91 links und rechts: picture-alliance/dpa; **S. 32** unten: © Bright – Fotolia.com; **S. 34:** Cover von Jan de Zanger, Dann eben mit Gewalt © 16. Auflage 2008 Beltz & Gelberg in der Verlagsgruppe BELTZ, Weinheim/Basel; **S. 40:** © Kondomi – Fotolia.com; **S. 41:** © Karamell, Creative Commons Attribution-Share Alike 2.5 Generic, Wikimedia project; **S. 46:** ullstein bild – imagebroker.net/Berlin; **S. 49:** © Phase4Photography – Fotolia.com; **S. 51:** © Christian Knieps, Köln. www.christianknieps.de; **S. 54:** © Iaroslav Danyichenko – Fotolia.com; **S. 56, 91** Mitte: picture-alliance/ZB; **S. 62:** picture-alliance/IMAGNO/Austrian Archives; **S. 69:** Medienpädagogischer Forschungsverbund Südwest/JIM-Studie 2009. www.mpfs.de; **S. 70:** © Sandra Brunsch – Fotolia.com; **S. 89, 90:** MMB-Institut für Medien- und Kompetenzforschung, Essen

Impressum

Redaktion: lüra – Klemt & Mues GbR, Wuppertal

Illustrationen: Maja Bohn, Berlin (S. 48); Amelie Glienke, Berlin (S. 3, 28, 30, 53, 55, 59–61); Sabine Lochmann, Frankfurt/M. (S. 83); Nina Pagalies, Berlin (S. 7, 8, 20, 24); Bianca Schaalburg, Berlin (S. 42, 52, 57, 78, 85, 87)

Umschlaggestaltung: Katharina Wolff (Foto: Thomas Schulz, Illustration: Maja Bohn)
Layoutkonzept: Katharina Wolff
Gestaltung und technische Umsetzung: Anna-Maria Klages, Wuppertal

www.cornelsen.de

Dieses Werk berücksichtigt die Regeln der reformierten Rechtschreibung und Zeichensetzung.
Bei den mit ℝ gekennzeichneten Texten haben die Rechteinhaber einer Anpassung widersprochen.

1. Auflage, 8. Druck 2019

© 2010 Cornelsen Verlag, Berlin
© 2019 Cornelsen Verlag GmbH, Berlin

Das Werk und seine Teile sind urheberrechtlich geschützt.
Jede Nutzung in anderen als den gesetzlich zugelassenen Fällen bedarf der vorherigen schriftlichen Einwilligung des Verlages.
Hinweis zu §§ 60a, 60b UrhG: Weder das Werk noch seine Teile dürfen ohne eine solche Einwilligung an Schulen oder in Unterrichts- und Lehrmedien (§ 60b Abs. 3 UrhG) vervielfältigt, insbesondere kopiert oder eingescannt, verbreitet oder in ein Netzwerk eingestellt oder sonst öffentlich zugänglich gemacht oder wiedergegeben werden.
Dies gilt auch für Intranets von Schulen.

Druck: Parzeller print & media GmbH & Co. KG, Fulda

ISBN 978-3-06-060806-5

PEFC zertifiziert
Dieses Produkt stammt aus nachhaltig bewirtschafteten Wäldern und kontrollierten Quellen.
www.pefc.de
PEFC/04-31-1308

Deutschbuch

Arbeitsheft

Neue Grundausgabe

Lösungen

9

Seite 3

Deckblatt B enthält alle notwendigen Informationen.

a) – e) *Die mögliche Nummerierung steht in Klammern.*
~~Wie viele Pausen hat man an einem Tag?~~
Welches sind die Hauptaufgabenfelder einer Fotografin/eines Fotografen? (1)
Welche persönlichen Fähigkeiten werden gefordert/sind hilfreich? (4)
Wie ist die Ausbildung aufgebaut? (2)
~~Ab wann darf man selbstständig fotografieren?~~

Mögliche weitere Schlüsselfragen:
Welche schulischen Voraussetzungen sind erforderlich? (3)
Wie sind die späteren Berufsperspektiven / Karrierechancen? (5)
Was verdient man während der Ausbildung? (6)

Seite 4

b)

	Urheber/ Zielsetzungen	Aktualität	Referenzen
A	Christian Reder (privat) Ziele unklar: kommerziell, Werbung, persönliche Popularität?	Aktualität nicht deutlich auszumachen	– kein Hinweis, ob es sich um Originalbeitrag handelt – keine Quellenangaben – keine Bezüge/Verlinkung mit anderen Websites
B	Bundesagentur für Arbeit Umfassender Überblick über den Arbeitsmarkt und seine Möglichkeiten	wird regelmäßig aktualisiert (Verweis auf Ausbildungsjahr 2009/2010); Links sind aktuell und aktiv; Seite ist längerfristig greifbar	– Originalbeiträge – Bezüge/Verlinkung zu anderen Websites – seriöse Quelle, öffentliche Institution
C	ILS-Weiterbildungsinstitut (privates Unternehmen) Ziele kommerziell: Teilnehmer werben, Gewinne erzielen	Aktualität nicht deutlich auszumachen; Links sind aktuell und aktiv; Seite ist längerfristig greifbar	– Originalbeitrag – Bezüge/Verlinkung zu anderen Websites – Hinweis auf staatliche Anerkennung, wirkt seriös

D	Bundesagentur für Arbeit Umfassende Informationen über den Beruf, die Ausbildung, die Voraussetzungen usw.	wird regelmäßig aktualisiert (Hinweis zum „Datenstand" ganz unten auf der Seite); Links sind aktuell und aktiv; Seite ist längerfristig greifbar	– Originalbeiträge – andere Websites beziehen sich darauf – seriöse Quelle, öffentliche Institution

c) *Mögliche Begründung:*
Für die Recherche zum Berufsbild scheinen mir B und D, die Websites der Bundesagentur für Arbeit, am besten geeignet, da sie keine persönlichen oder wirtschaftlichen Interessen verfolgen, umfassende Informationen bieten und aktuell sowie seriös sind.

Seite 5

a) – c)
1 3 Jahre; Verkürzung und Verlängerung sind in Ausnahmefällen möglich. *(Schlüsselfrage 2)*
– http://berufenet.arbeitsagentur.de/berufe/berufId.do?_pgnt_pn=0&_pgnt_act=goToAnyPage&_pgnt id=resultShort&status=A06
– http://www.planet-beruf.de/fileadmin/assets/PDF/BKB/76789. pdf (Seite 2)

2 Kundengespräche führen; Aufnahmeentwürfe erstellen; Kamerasysteme vorbereiten; Aufnahme- und Bearbeitungstechniken; Bildformate unterscheiden und archivieren *(Schlüsselfrage 2)*
– http://berufenet.arbeitsagentur.de/berufe/berufId.do?_pgnt_pn=0&_pgnt_act=goToAnyPage&_pgnt_id=resultShort&status=A01

3 Porträtfotografie, Produktfotografie, Industrie- und Architekturfotografie oder Wissenschaftsfotografie, Werbe- oder Pressefotografie *(Schlüsselfrage 1)*
– http://berufenet.arbeitsagentur.de/berufe/berufId.do?_pgnt_pn=0&_pgnt_act=goToAnyPage&_pgnt_id=resultShort&status=K
– http://berufenet.arbeitsagentur.de/berufe/berufId.do?_pgnt_pn=0&_pgnt_act=goToAnyPage&_pgnt_id=resultShort&status=T09
– http://www.planet-beruf.de/fileadmin/assets/PDF/BKB/76789. pdf (Seite 2)

4 Bis zum 18. Lebensjahr, ca.: 1. Ausbildungsjahr: € 235, 2. Ausbildungsjahr: € 255, 3. Ausbildungsjahr: € 285
Ab dem 18. Lebensjahr, ca.: 1. Ausbildungsjahr: € 260, 2. Ausbildungsjahr: € 285, 3. Ausbildungsjahr: € 315 *(Schlüsselfragen 2, 6)*
– http://berufenet.arbeitsagentur.de/berufe/berufId.do?_pgnt_pn=0&_pgnt_act=goToAnyPage&_pgnt_id=resultShort&status=A05

Lösungen

5 Keine bestimmte schulische Vorbildung vorgeschrieben / in der Praxis jedoch überwiegend Absolventen mit Hochschulreife (2006 = 47 %) *(Schlüsselfrage 3)*
- http://berufenet.arbeitsagentur.de/berufe/berufId.do?_pgnt_pn=0&_pgnt_act=goToAnyPage&_pgnt_id=resultShort&status=A09
- http://www.planet-beruf.de/fileadmin/assets/PDF/BKB/76789.pdf (Seite 3)

6 Zwischenprüfung (Mitte des vierten Ausbildungshalbjahres); Gesellenprüfung (Ausbildungsabschluss) *(Schlüsselfrage 2)*
- http://berufenet.arbeitsagentur.de/berufe/berufId.do?_pgnt_pn=0&_pgnt_act=goToAnyPage&_pgnt_id=resultShort&status=A08

7 Kunst, Physik, Chemie, Mathematik *(Schlüsselfragen 3, 4)*
- http://berufenet.arbeitsagentur.de/berufe/berufId.do?_pgnt_pn=0&_pgnt_act=goToAnyPage&_pgnt_id=resultShort&status=A10

e) *Zu Schlüsselfrage 5 (Berufsperspektiven, Karrierechancen) werden auf den genannten Websites keine Angaben gemacht.*

6
1: Hedgecoe, John: Fotografieren. Die neue große Fotoschule. Dorling Kindersley Verlag, München 2008

2: Bundesministerium für Wirtschaft und Technologie: http://www.bmwi.de/BMWi/Navigation/Ausbildung-und-Beruf/ausbildungsberufe,did=68484,render=renderPrint.html
Recherchedatum fehlt

3: Hess, Hans-Eberhard: Beste Fotos aus der Druckmaschine. In: Photo International. Hess Verlag, München, Heft 4/2009
Seitenangabe fehlt

Seite 6

7 a) *Mögliche Fragen:*
2. Wie war deine Ausbildung aufgebaut, welche Fächer hattest du und was hast du verdient?
3. Was machst du, was gehört zu deinen Aufgaben?
4. Was würdest du jemandem raten, der Fotograf/in werden möchte?

b) *Mögliche Begründungen:*
2. Uninteressant, weil sich die Ausbildungsbedingungen verändert haben.
3. Interessant, weil man einen Einblick in den Arbeitsalltag mit seinen Höhepunkten und Routinen bekommt.
4. Interessant, weil man nützliche Tipps und Entscheidungshilfen bekommt.

8 *Hast du alle Fragen für die (Abschluss)Bewertung beantwortet?*

Seite 7

1 a) + b) *Informationen, die für den Protokollkopf wichtig sind, sind einfach* <u>unterstrichen</u>; *Informationen, die Hinweise für die Gliederung geben, sind doppelt* <u>unterstrichen</u>.

Die <u>Schülervertretung der Willi–Graf–Schule in Köln</u> versammelt sich zur letzten <u>SV-Sitzung</u> des Schuljahres <u>um 9:50 Uhr</u> in der <u>Schulaula</u>. Die <u>Schülersprecher Karo Hoffmann und Mehmet Bayram</u> eröffnen die Sitzung:
Karo: Liebe Mitschülerinnen und Mitschüler, ich begrüße euch herzlich zu der letzten SV-Sitzung dieses Schuljahres, <u>am 28. 6. 2009</u>, in der wir über die <u>Verwendung unseres SV-Geldes</u> abstimmen wollen. Es sind immerhin <u>2 500 Euro</u> auf unserem Konto!
Mehmet: Ich stelle fest, dass nur die <u>Klassensprecher der 8 b fehlen, die einen Ausflug macht. Alle weiteren SV-Vertreter sind an-</u>

<u>wesend</u>. Im Vorfeld haben sich bereits zwei Teams mit der Fragestellung beschäftigt und Vorschläge erarbeitet.
Karo: <u>Bevor wir über die Frage offen diskutieren</u>, werden die <u>beiden Teams ihre Vorschläge vorstellen</u>. Am <u>Ende der Sitzung</u>, also <u>in eineinhalb Stunden</u>, wollen wir <u>abschließend über die Vorschläge abstimmen</u>.

Vollständiger Protokollkopf und Gliederung mit kurzen Titeln:
Protokoll der SV-Sitzung zur Frage „Was machen wir mit den 2 500 Euro SV-Geld?"

Ort: Willi-Graf-Schule, Aula
Datum/Zeit: 28. 6. 2010, 9:50 Uhr – 11:20 Uhr
Anwesend: Klassensprecher und Schülersprecher
Abwesend: Klassensprecher der 8 b (entschuldigt)
Moderation: Schülersprecher (Karo Hoffmann, Mehmet Bayram)
Protokoll: *dein Name*
Tagesordnung:
TOP 1: Einführung
TOP 2: Vorstellung der Vorschläge
TOP 3: Offene Diskussion
TOP 4: Abstimmung

Seite 8

2 *Mögliche Begründung:*
Pauls Text ist besser geeignet, denn er ist inhaltlich vollständiger und sprachlich klarer. (In Marcias Text ist der Satzbau umständlich. Außerdem erläutert Marcia die Vorgehensweise, obwohl diese aus den anschließenden TOPs deutlich wird.)

3 *Mögliche Begründung:*
TOP 2: Vorstellung der Vorschläge
Constanze und Nick (10 c) schlagen vor, das Geld in eine Schülerbibliothek zu investieren. *(Paraphrase)* Für das Geld könne man einen Computer und etliche Bücher anschaffen. *(Paraphrase)* Sven (9 a) und Sarah (8 c) sind der Meinung, dass das Geld an eine Hilfsorganisation für obdachlose Kinder gespendet werden sollte. *(dass-Satz)* Bei der Recherche habe sich gezeigt, dass z. B. „Obdach" und „KINDgeRECHT" geeignete Organisationen seien. *(indirekte Rede im Konjunktiv)*

4 *Spendenvorschlag (rot) = einfach* <u>unterstrichen</u>; *Schülerbibliothek (blau) = doppelt* <u>unterstrichen</u>; *neuer Vorschlag (dritte Farbe) = mit Punktlinie* <u>unterstrichen</u>

Leon (9 b): Also, ich bin eindeutig für die Schülerbibliothek. <u>Uns fehlt schon immer ein Ort, an dem wir Schüler entspannen oder konzentriert arbeiten können.</u>
Nurdan (9 a): Entspannen kannst du auch zu Hause oder im Schülercafé. <u>Wir haben als Schule doch auch einen sozialen Auftrag und sollten anderen Menschen helfen.</u>
Christian (7 c): Spenden ist ja schön und gut. <u>Aber man hört doch immer wieder, dass Spendengelder niemals bei den Betroffenen ankommen.</u>
Sina (6 a): Das stimmt, aber <u>wir können ja an eine Organisation hier vor Ort spenden und nachprüfen, was mit dem Geld passiert.</u>
Conny (10 b): Ja, und <u>vielleicht entstehen so auch noch weitere Projekte, zum Beispiel Patenschaften.</u>
Nick (10 c): Aber die <u>Bibliothek ist schon seit Jahren in Planung.</u> Jetzt haben wir endlich eine Chance, den Anfang zu machen.
Joschua (8 a): Warum sollen wir eigentlich so radikal entscheiden? <u>Wir könnten doch 1 000 Euro spenden und den Restbetrag für den Aufbau einer Bibliothek verwenden.</u>

Mögliche Zusammenfassung:
zu TOP 3: Offene Diskussion
Als Argument für die Bibliothek wird genannt, dass diese schon seit Jahren in Planung sei (Nick, 10 c) und der Schule ein Ort fehle, an dem Schüler entspannen oder konzentriert arbeiten könnten (Leon, 9 b).

Als Argument für die Spendenaktion wird vorgebracht, dass Schule einen sozialen Auftrag habe und anderen Menschen helfen sollte (Nurdan, 9 a).

Auf den Einwand, dass Spendengelder häufig nicht bei den Betroffenen ankämen (Christian, 7 c), schlägt Sina (6 a) vor, eine Organisation vor Ort zu wählen. Dadurch entstünden außerdem vielleicht noch weitere Projekte, wie zum Beispiel Patenschaften (Conny, 10 b).

Als Kompromiss wird vorgeschlagen, 1 000 Euro zu spenden und 1 500 Euro in die Bibliothek zu investieren (Joschua, 8 a).

zu TOP 4: Abstimmung
Für den Kompromissvorschlag: 36 Stimmen
Für die Schülerbibliothek: 6 Stimmen
Für den Spendenvorschlag: 4 Stimmen
Enthaltungen: keine

Ort/Datum: Köln, den 28. 6. 2010
Unterschrift (Protokollant/in): *dein Name*

Seite 9

a) + b)
Stellen, die Auskunft über Robins Tätigkeit geben, sind unterstrichen; *Zeitangaben sind grau* hinterlegt. *(Punktlinie: siehe Aufg. 2 a)*

Heute war mein erster Tag als Praktikant in der Blumenhandlung, und obwohl ich jetzt ziemlich müde bin, denke ich, dass ich eine gute Wahl getroffen habe. Schon als ich mich im Januar um den Praktikumsplatz beworben habe, war mir die freundliche Arbeitsatmosphäre aufgefallen, und der heutige Tag hat meinen positiven Eindruck bestätigt.

Der Blumenladen liegt am Anfang einer kleinen Einkaufspassage. Er ist nicht sehr groß und fällt den Vorübergehenden dennoch direkt ins Auge. Das liegt vor allem daran, dass ein Großteil des Angebots nicht hinter, sondern vor dem Schaufenster und im Gang der Passage ausgestellt ist. Auf einer breiten Stellfläche aus dunklem Holz stehen je nach Saison und Angebot immer wieder unterschiedliche Blumen- und Pflanzenarrangements. Der Laden selbst ist innen kunstvoll gestaltet und wirkt schon durch seine außergewöhnliche Dekoration einladend.

Neben dem Chef, der gleichzeitig auch der Inhaber ist, gibt es in meinem Praktikumsbetrieb zwei angestellte Vollzeitkräfte, drei Halbtagskräfte und eine Auszubildende. Im Gegensatz zu den meisten Blumenläden, die ich kenne, arbeiten hier auch viele männliche Mitarbeiter.

Das Geschäft ist ab 10:00 Uhr für die Kunden geöffnet, für die Angestellten beginnt der Arbeitstag um 8:00 Uhr, je nach Arbeitsauftrag, z. B. bei der Vorbereitung großer Events, zu denen die Dekoration erstellt werden muss, aber auch schon mal früher. Geschlossen wird in der Woche um 19:00 Uhr, am Samstag um 18:00 Uhr.

Meine Arbeitszeit beginnt um 8:30 Uhr und endet um 16:30 Uhr. Von 10:30 Uhr bis 10:45 Uhr habe ich eine kurze Pause, von 12:45 Uhr bis 13:30 Uhr Mittagspause.

Um am ersten Tag ganz pünktlich zu sein, bin ich viel zu früh aus dem Haus gegangen und erwischte noch den Bus um 7:30 Uhr. Obwohl ich von der Bushaltestelle aus ganz langsam zu meinem Arbeitsplatz ging, war ich bereits um Viertel nach acht da. Als ich ins Geschäft kam, waren der Chef, zwei Angestellte und die Auszubildende schon bei der Arbeit. Blumenvasen wurden ausgewaschen, und die frischen Blumen, die auf dem Blumengroßmarkt gekauft worden waren, standen in Plastikeimern im Arbeitsbereich, um angeschnitten oder verarbeitet zu werden.

Der Chef stellte mich allen vor und bat mich, Fabian, meinem Betreuer, beim Reinigen der großen Bodenvasen zur Hand zu gehen. Das war eine feuchte und nicht ganz einfache Angelegenheit, da die Vasen sehr sorgfältig gereinigt werden mussten, um alle Schadstoffe zu beseitigen. Die Bodenvasen sind aus Holz. Mit Wasser gefüllt sind sie ganz schön schwer.

Anschließend zeigte mir Fabian den Anschnitt der einzelnen Blumensorten. Das war eine viel aufwändigere Arbeit, als ich mir das zuvor vorgestellt hatte. Damit z. B. die Köpfe der langstieligen weißen Rosen keine Flecken bekamen, musste jede einzelne ganz vorsichtig angefasst und am Stiel mit einem speziellen Messer schräg angeschnitten werden. Dann erst konnte sie in die Vase gestellt werden. Fabian meinte, ich solle mir das erst einmal nur ansehen, und ich war ganz froh darüber, dass ich diese stachelige Tätigkeit noch nicht selbst ausführen musste.

Ich war erstaunt, mit welcher Sorgfalt alle Blumen in die Vasen eingeordnet wurden. Nahezu jeder einzelne Stiel wurde angeordnet. Außerdem wurde genau darauf geachtet, welche Farben nebeneinandergestellt wurden.

Inzwischen hatten die beiden anderen Mitarbeiter angefangen, im Außenbereich die ersten Blumen- und Pflanzenarrangements anzuordnen, die im Laufe der letzten Stunde von ihnen hergestellt worden waren. Da ich auf die Dauer keine Lust hatte, Fabian die ganze Zeit nur zuzusehen, fragte ich, ob ich beim Transport helfen könne, was die beiden gleich bejahten. Also trug ich etwa 60 kleine quadratische Blumentöpfe der Reihe nach vor die Tür und sah zu, wie sie dort exakt nebeneinander und nach Farben sortiert aufgestellt wurden. Nachdem eine große Schale mit ca. 30 nahezu identischen grün-weißen Blumensträußen gefüllt worden war, konnte der offizielle Betrieb beginnen.

Ich hatte erwartet, dass ich nun beim Verkauf und bei der Beratung der Kunden assistieren dürfte, aber das war ein Trugschluss. Fabian zeigte mir einen Stapel grüner Steckschaumziegel. Diese grünen Kissen, in die die Pflanzen gesteckt werden, sollte ich wässern. Das sieht auf den ersten Blick sehr einfach aus, ist aber mit einigen Tücken verbunden. So musste ich z. B. darauf achten, dass der Schaum das Wasser gleichmäßig aufnahm und sich innen keine Hohlräume bildeten, sonst steckt der Blumenstiel später im wasserlosen Raum und vertrocknet ganz schnell. Nachdem der Schaum sich mit Wasser vollgesogen hatten, musste er so zurechtgeschnitten werden, dass er in die quaderförmigen Blumentöpfe passte. Ich war so mit meiner Aufgabe beschäftigt, dass ich gar nicht merkte, wie die Zeit verging. Als ich alle Ziegel gewässert und bearbeitet hatte, ging es bereits auf 12:00 Uhr zu, und ich merkte zum ersten Mal so richtig, dass ich seit heute Morgen nichts mehr gegessen hatte.

Inzwischen hatte auch der Kundenverkehr zugenommen und ich wurde immer wieder angesprochen und nach bestimmten Blumen oder deren Preisen gefragt. Dabei fiel mir auf, dass ich weder die Namen der Pflanzen noch deren Herkunft kenne. Da muss ich wohl in den kommenden Wochen noch einiges lernen. Um nicht allzu unnütz herumzustehen, griff ich mir den Besen, der im Arbeitsbereich stand, und kehrte dort die herabgefallenen Blumenreste weg, damit niemand darauf ausrutschte.

Endlich war es 12:45 Uhr und mein Chef meinte, ich hätte mir jetzt die Mittagspause verdient.

c) *Mögliche Zusammenfassung des Tagesberichts auf S. 9–10:*

8:15 Uhr	Ankunft im Blumenladen
8:30 Uhr	Reinigen der Bodenvasen
	Zusehen beim Anschnitt der Rosen
	Transport von 60 Blumentöpfen nach draußen
	Zusehen bei der Außendekoration
	Wässern von Steckschaumziegeln
10:00 Uhr	Geschäft öffnet
10:30 Uhr	kurze Pause
10:45 Uhr	Fortsetzung: Wässern der Steckschaumziegel
ca. 12:00 Uhr	Gespräche mit Kunden
	Kehren des Arbeitsbereichs
12:45 Uhr	Mittagspause

(hier endet der Tagesbericht)

Lösungen

Seite 11

2 a) *Informationen über das Unternehmen sind in der Lösung zu Aufgabe 1 von Seite 9 mit einer Punktlinie unterstrichen.*

Mögliche Zusammenfassung:

Der Blumenladen liegt am Anfang einer kleinen Einkaufspassage. Er ist nicht sehr groß und fällt den Vorübergehenden dennoch direkt ins Auge. Das liegt vor allem daran, dass ein Großteil des Angebots nicht hinter, sondern vor dem Schaufenster und im Gang der Passage ausgestellt ist. Auf einer breiten Stellfläche aus dunklem Holz stehen je nach Saison und Angebot immer wieder unterschiedliche Blumen- und Pflanzenarrangements. Der Laden selbst ist innen kunstvoll gestaltet und wirkt durch seine außergewöhnliche Dekoration einladend.

Neben dem Chef, der gleichzeitig auch der Inhaber ist, gibt es in meinem Praktikumsbetrieb zwei angestellte Vollzeitkräfte, drei Halbtagskräfte und eine Auszubildende. Im Gegensatz zu den meisten Blumenläden, die ich kenne, arbeiten hier auch viele männliche Mitarbeiter.

Es werden nicht nur Blumen und Pflanzenarrangements verkauft. Große Firmen, aber auch Privatleute lassen sich für spezielle Veranstaltungen die jeweiligen Räume dekorativ mit Blumen und/oder Pflanzen gestalten. Auch diese Arbeit gehört in den Tätigkeitsbereich des Floristen.

b) Robin sollte noch Informationen über die Größe und Raumaufteilung des Geschäfts (ungefähre Quadratmeterzahl, Anzahl und Funktion der Räume) und über das Alter des Unternehmens ergänzen und eventuell die Dekoration genauer beschreiben (Was daran ist kunstvoll und außergewöhnlich?).

3 a) *Rein sachliche Informationen zu Robins Tagesablauf sind:*

Heute war mein erster Tag als Praktikant in der Blumenhandlung, [...]

Meine Arbeitszeit beginnt um 8:30 Uhr und endet um 16:30 Uhr. Von 10:30 Uhr bis 10:45 Uhr habe ich eine kurze Pause, von 12:45 Uhr bis 13:30 Uhr Mittagspause.

Der Chef stellte mich allen vor und bat mich, Fabian, meinem Betreuer, beim Reinigen der großen Bodenvasen zur Hand zu gehen.

Anschließend zeigte mir Fabian den Anschnitt der einzelnen Blumensorten.

Fabian meinte, ich solle mir das erst einmal nur ansehen, [...] Also trug ich etwa 60 kleine quadratische Blumentöpfe der Reihe nach vor die Tür und sah zu, wie sie dort exakt nebeneinander und nach Farben sortiert aufgestellt wurden.

Fabian zeigte mir einen Stapel grüner Steckschaumziegel. Diese grünen Kissen, in die die Pflanzen gesteckt werden, sollte ich wässern.

Als ich alle Ziegel gewässert und bearbeitet hatte, ging es bereits auf 12:00 Uhr zu, [...]

[...] und ich wurde immer wieder angesprochen und nach bestimmten Blumen oder deren Preisen gefragt.

[...], griff ich mir den Besen, der im Arbeitsbereich stand, und kehrte dort die herabgefallenen Blumenreste weg, damit niemand darauf ausrutsche.

[...] 12:45 Uhr [...] Mittagspause

b) *Mögliche neue Formulierung:*

Heute war mein erster Tag als Praktikant in der Blumenhandlung. Zu Beginn meiner Arbeit um 8:30 Uhr stellte mich der Chef den Mitarbeiterinnen und Mitarbeitern vor. Anschließend half ich Fabian, meinem Betreuer, beim Reinigen der großen Bodenvasen und sah zu, wie er die frischen Blumen anschnitt und in die Vasen stellte.

Danach trug ich etwa 60 kleine quadratische Blumentöpfe vor die Tür des Geschäfts und beobachtete die Mitarbeiter bei der Dekoration des Außenbereichs.

Im Anschluss daran zeigte mir Fabian einen Stapel grüner Steckschaumziegel und erklärte mir, wie diese gewässert werden. Diese Tätigkeit führte ich, unterbrochen von einer kurzen Pause von 10:30 Uhr bis 10:45 Uhr, bis gegen 12:00 Uhr aus. Bis zur Mittags-pause um 12:45 Uhr hielt ich mich im Geschäftsraum auf, führte Kundengespräche und fegte mit dem Besen die Blumenreste weg, die im Arbeitsbereich auf den Boden gefallen waren.

4 *Möglicher zusammenhängender Text:*

Ich habe mein Praktikum in einer Apotheke absolviert. Vom ersten Tag an wurde ich von den Mitarbeiterinnen und Mitarbeitern sehr nett aufgenommen und gleich ins Team integriert. Cengiz, ein Auszubildender, begleitete mich während der Arbeitszeit und erklärte mir seine Tätigkeiten verständlich und ausführlich. Ich arbeitete montags, dienstags, donnerstags und freitags von 8:00 Uhr bis 17:00 Uhr und mittwochs von 8:00 Uhr bis 13:00 Uhr. Gegen 11:00 Uhr gab es eine Frühstückspause, die Mittagspause dauerte 45 Minuten.

Heute musste ich zu Beginn meiner Arbeitszeit einige Regale sorgfältig reinigen. Im Anschluss daran durfte ich die Wareneingänge abscannen und die neuen Waren in die Regale einordnen. Zwischendurch musste ich ein Fach mit Werbegeschenken für Kunden auffüllen. Gegen 11:00 Uhr kochte ich Kaffee für die gemeinsame Frühstückspause. Später zeigte mir Cengiz, wie man mit dem Blutdruckmessgerät umgeht.

Nach der Mittagspause beobachtete ich verschiedene Kundengespräche.

Als Praktikantin durfte ich keine Rezepte bearbeiten.

Eine ältere Dame ließ sich den Blutdruck messen. Sie wollte offensichtlich nur mit jemandem reden und war froh, dass ich diese Aufgabe übernehmen konnte.

Insgesamt war mein Arbeitstag immer dann abwechslungsreich, wenn viele Kunden in der Apotheke waren. Langweilig fand ich, dass ich bei vielen Tätigkeiten nur zuschauen durfte. Gut war heute, dass ich unter Aufsicht selbst Blutdruckmessungen durchführen durfte. Morgen soll Cengiz mir zeigen, wie eine Salbe hergestellt wird.

Seite 12

5

	Robin	Violetta	Ronja
Was waren die Haupttätigkeiten?	nicht genannt	Regale putzen, Blumen schleppen, den Boden fegen	nicht genannt
Was wurde gelernt?	keine Aussage	keine Aussage	keine Aussage
Sind die Erwartungen erfüllt worden?	ja	nein	keine Aussage
Einfluss auf – Berufswunsch	Berufswunsch bestätigt	Berufswunsch nicht bestätigt	Berufswunsch nicht bestätigt
– Einstellung zur Schule	in D, M, Bio, Kunst Noten verbessern	keine Aussage	strebt guten Schulabschluss an
Ist die Zusammenfassung sprachlich angemessen?	ja	eher nicht angemessen, teilweise Umgangssprache	ja

6 *Mögliche Beurteilung:*

Sowohl der Text von Robin als auch der von Ronja eignet sich als kritische Zusammenfassung. Die Tabelle macht deutlich, an welchen Punkten Robin und Ronja noch arbeiten müssen. Beide haben die Haupttätigkeiten in ihren Praktika nicht aufgelistet und die Frage „Was habe ich gelernt?" nicht beantwortet. Robin geht nur oberflächlich auf seine Erwartungen an das Praktikum ein, Ronja gar nicht.

Violetta nennt zwar ihre Haupttätigkeiten, übt darüber hinaus aber lediglich Kritik. Es wird z. B. nicht deutlich, inwieweit sie selbst durch ihr Verhalten zu der unbefriedigenden Arbeitssituation beigetragen hat.

Seite 13 – Teste dich!

Bis auf eigene Kinderfotos K, kann jede der genannten Informationen einem Praktikumsbericht beigelegt werden.
Die Information G (Unfallschutz) ist nur bei einigen Berufsbildern notwendig. |12|

Richtig sind die Aussagen B, D und E; alle anderen Aussagen sind falsch. |6|

Satz A gehört nicht in einen Praktikumsbericht. |1|

|19 erreichbare Punkte|

Seite 14

a) Du solltest A, C, D und F angekreuzt haben.

b) + c)
Satz 1: Beleg, passt zu Argument A; Satz 2: Beleg/Beispiel, passt zu Argument C; Satz 3: Beleg, passt zu Argument D; Satz 4: Zitat, passt zu Argument F

Seite 15

a) A: 4, B: 2, C: 1, D: 3

b) *Beispiele:*
A: In Krankenhäusern und Kantinen sorgen zum Beispiel Kittel, Handschuhe und Mundschutz für die notwendige Hygiene. (Beispiel)
B: Während z. B. ein Bankmitarbeiter im Alltag sehr förmlich auftreten muss, kann er in der Freizeit sportliche Kleidung tragen. (Beispiel)
C: Ich ziehe mich gern mehrmals am Tag um, weil ich Spaß daran habe, mich unterschiedlich zu präsentieren. (Beispiel)
D In der Kleiderordnung eines Fast–Food–Restaurants heißt es: „Alle Mitarbeiterinnen und Mitarbeiter haben zum Dienstbeginn die zur Verfügung gestellte Firmenkleidung anzuziehen." (Zitat)

Pro, sie argumentieren für die These.

So könntest du den Hauptteil formulieren (schwächstes Argument am Anfang, überzeugendstes Argument am Schluss):
Im Beruf kleidet man sich anders als in der Freizeit: Als Erstes lässt sich dazu anführen, dass es langweilig wäre, bei jeder Gelegenheit dieselbe Kleidung zu tragen. Ich ziehe mich zum Beispiel gern mehrmals am Tag um, weil ich Spaß daran habe, mich unterschiedlich zu präsentieren. Dabei spielt eine wichtige Rolle, was ich vorhabe, ob ich mich zum Beispiel mit meiner Clique zum Sport treffe, ob ich in die Innenstadt fahre, um einzukaufen, oder ob ich arbeiten gehe.
Wichtiger finde ich allerdings, dass man sich mit seiner Kleidung identifizieren kann. Mein älterer Bruder ist ein sehr guter Sportler. Jede freie Minute verbringt er im Fußballverein und ist stolz auf die Erfolge seiner Mannschaft. Während er den ganzen Tag lang im dunklen Anzug und mit Hemd und Krawatte in der Bank steht, trägt er in seiner Freizeit am liebsten sportliche Kleidung, vor allem die Jacke, das Sweatshirt oder die Mütze mit dem Emblem seines Vereins.
Ein weiteres zentrales Argument ist, dass manche Unternehmen ihren Mitarbeitern eine bestimmte Dienstkleidung vorschreiben. So heißt es in der Kleiderordnung eines Fast–Food–Restaurants: „Alle Mitarbeiterinnen und Mitarbeiter haben zum Dienst-

beginn die zur Verfügung gestellte Firmenkleidung anzuziehen." Dabei geht es teilweise darum, ein Gemeinschaftsgefühl zu erzeugen. Ausschlaggebend ist jedoch, dass man bei vielen beruflichen Tätigkeiten eine Schutzkleidung benötigt. Man denke etwa an Krankenhäuser und Kantinen, wo Kittel, Handschuhe und Mundschutz für die notwendige Hygiene sorgen.
(Gegenargument, das entkräftet wird) Manchmal wird gesagt, dass der Kleidung zu viel Bedeutung beigemessen wird, aber ein altes Sprichwort heißt „Kleider machen Leute", und das gilt meiner Meinung nach auch heute noch. Denn obwohl sich die Mode ständig verändert und die Kleidungsvorschriften in den letzten Jahrzehnten lockerer geworden sind, hängt der Eindruck, den eine Person macht, immer noch ganz wesentlich davon ab, wie sie sich kleidet.

Seite 16

a) Robins Einleitung ist gelungen.

b) *Mögliche Begründung:*
Robins Einleitung führt in das Thema ein und stellt einen aktuellen Bezug her. Der letzte Satz stellt jedoch keine Überleitung zum Hauptteil dar.

c) *Mögliche Verbesserung:*
Unsere Klasse wird in einigen Wochen ein Berufspraktikum durchführen. Bei den vorbereitenden Projekttagen kam unter anderem die Frage auf, welche Kleidung am Praktikumsplatz erwartet wird. Sind wir als Schülerpraktikanten verpflichtet, Berufskleidung zu tragen? Die anschließende Diskussion machte sehr schnell deutlich, dass diese Frage nicht so leicht zu beantworten ist, da verschiedene Aspekte zu berücksichtigen sind. Darauf soll im Folgenden ausführlich eingegangen werden.

Ronjas Schlusssatz ist ungeeignet.

Möglicher Schlusssatz:
Aus den genannten Gründen scheint mir die gängige Praxis, bei der Kleidung einen Unterschied zwischen Beruf und Freizeit zu machen, sinnvoll und angemessen zu sein.

Seite 17 – Teste dich!

Richtig ist die Aussage A, die anderen Aussagen sind falsch. |4|

Satz A: H, Satz B: E, Satz C: H, Satz D: S |4|

A: 1, B: 4, C: 3, D: 2 |4|

Beleg A: Argument B; Beleg B: Argument C |2|

|14 erreichbare Punkte|

Seite 19

Die Aussagen A, B, D und F finden sich sinngemäß im Text.
Die Aussagen C, E, und G geben den Sinn des Textes nicht wieder.

Mögliche Zusammenfassung:
Die Autoren des Textes vertreten die Ansicht, dass die meisten Jugendlichen mit ihrer Mode/Kleidung ihre Persönlichkeit ausdrücken möchten (auch wenn sie dabei Trends folgen).

Mögliche Beschreibung:
Gruppe 1: Jugendliche, die sich im Stil einer bestimmten „Szene" kleiden. Sie wollen durch Mode z. B. ihre Einstellung oder die Zugehörigkeit zu einer Gruppe zum Ausdruck bringen. (Z. 4 – 13)
Gruppe 2: Jugendliche, die sich keinem Stil zuordnen lassen. Ihre Kleidung soll vor allem praktisch, bequem und/oder bezahlbar sein. (Z. 14 – 20)

5

Lösungen

Gruppe 3: Jugendliche mit individuellem Stil. Sie entwerfen und nähen ihre Kleidung selbst, um sich dadurch abzugrenzen. (Z. 20 – 25)

Seite 20

5 *Beispiele (die Formulierungen können abweichen, die Inhalte nicht):*
Kleidung soll etwas mitteilen, z. B. eine Zugehörigkeit zu einer Gruppe, eine Einstellung, ein Lebensgefühl, einen Musikgeschmack.
Mit einzelnen, aufeinander abgestimmten Kleidungsstücken wird ein Gesamterscheinungsbild inszeniert, z. B. mit einem Hemd, das farblich zur Hose und zu den Schuhen passt.
Manche Jugendliche folgen keinem Modetrend, weil sie vor allem Wert auf praktische und bequeme Kleidung legen oder nicht viel Geld für Kleidung haben.
Wieder eine andere Gruppe Heranwachsender schafft ihren eigenen Stil, weil sie zu keiner Szene gehören möchte.
Auch wenn Jugendliche bemüht sind, individuell aufzutreten und anders zu sein, ist ein Stil innerhalb einer Subkultur dennoch meist einheitlich, da er sehr stark von Vorbildern aus den Medien oder aus dem Freundeskreis beeinflusst wird.
Es bleibt fraglich, ob man mit Kleidung wirklich seine Einzigartigkeit ausdrücken kann, weil man nie ganz frei von der Orientierung an Stilrichtungen ist.

6 b) *Beispiel:*
Ich bin der Meinung, dass man durch Kleidung auf jeden Fall seine Einzigartigkeit zum Ausdruck bringen kann. Selbst wenn man die gleichen Sachen trägt wie andere, kann man sie zu etwas Besonderem machen. Man kann sie zum Beispiel anders kombinieren oder mit Accessoires aufpeppen. Außerdem kommt es auch auf die Art und Weise an, wie man seine Kleidung trägt – und die ist bei jedem Menschen individuell.

Seite 21

7 a) + b) *Mögliche Lösung:*

Thesen, Argumente, Beispiele	Meine Meinung in eigenen Worten
Es gibt auch Jugendliche, für die Modetrends kaum eine Rolle spielen. (≈)	Diese Auffassung teile ich nur eingeschränkt. Sicher gibt es Jugendliche, die nicht viel Geld für Mode haben, aber ich kenne niemanden, der deshalb keinen Wert auf sein Styling legt.
Manche Jugendliche wollen sich bewusst keinem Trend anschließen und kreieren ihren eigenen Stil. Aber auch Trendverweigerer bilden eine spezielle Gruppe, denn auch in der Ablehnung steckt ein Trend. (+ oder -)	(+) Ich bin auch der Meinung, dass Trendverweigerer eine eigene Gruppe bilden, da sie sich ja auf jeden Fall in ihrer Ablehnung von Trends einig sind. ODER: (-) Ich bin nicht der Meinung, dass Trendverweigerer eine eigene Gruppe bilden, denn schließlich schafft sich ja jeder einzelne jugendliche Trendverweigerer seinen ganz persönlichen Stil.
Für fast alle Jugendlichen gilt, dass sie das Gefühl und den Wunsch haben, durch Kleidung ihre Einzigartigkeit auszudrücken. (+ oder ≈ oder -)	(+) Ich kann der Auffassung vollständig zustimmen, denn auch ich finde, dass ich meine Individualität durch Kleidung zeigen kann. ODER: (≈) Ich kann der Auffassung nur teilweise zustimmen, denn Jugendliche möchten im Grunde beides: einzigartig sein und gleichzeitig zu einer Gruppe gehören, aus der sie eben nicht als einzigartig herausstechen. ODER:

(-) Ich kann der Auffassung nicht zustimmen, denn viele Jugendliche drücken ihre Einzigartigkeit anders aus als durch Kleidung (z. B. durch Sport, Hobbys, Musik).

Seite 22

8 *Beispiele (die Formulierungen können abweichen, die Inhalte nicht):*
… Die Autoren unterscheiden folgende drei Gruppen:
a) Jugendliche, die dem Stil einer Szene folgen,
b) Jugendliche, für die Mode nicht sehr wichtig ist,
c) Trendverweigerer bzw. Jugendliche mit individuellem Stil.
… Sie unterscheiden Jugendliche, die sich einer bestimmten Szene zuordnen, und Jugendliche, die sich bewusst allen Modetrends verweigern.
… Das heißt, dass junge Leute Kleidung symbolisch einsetzen. Zum Beispiel drücken sie damit ihre Lebenseinstellung aus.
…, spielt für die zweite Gruppe etwas ganz anderes eine Rolle, und zwar ihre Abgrenzung von Jugendszenen. Diese Jugendlichen wollen zu keiner Szene gehören und folgen deshalb auch keinem Szenenstil, sondern kreieren ihren eigenen. Allerdings muss den Autoren zufolge hier die Frage gestellt werden, ob es den Trendverweigerern tatsächlich auch gelingt, sich ganz aus der Mode herauszuhalten, da sich schließlich auch die Trendverweigerer in einem einig sind – in der Ablehnung vorgegebener Stilrichtungen.
Insgesamt steht für die Verfasser ein Ergebnis zur Rolle der Mode im Jugendalter fest: Die meisten Jugendlichen möchten mit Kleidung zumindest zum Teil ihre Persönlichkeit ausdrücken. Und zwar ganz unabhängig davon, ob sie damit Trends folgen oder nicht.

9 *Mögliche Stellungnahme (zustimmend):*
Wie die Autoren bin auch ich der Meinung, dass es heute keine einheitliche Jugendmode mehr gibt, sondern nur noch Trends. Das zeigt schon ein Blick in unsere Klasse, denn dort findet man die unterschiedlichsten Kleidungsstile. Rapper sitzen neben Emos, Ökos neben Punks. Jeder Stil ist anders und drückt die Zugehörigkeit zu einer Gruppe aus. Der Auffassung der Autoren, dass Modetrends für manche Jugendliche kaum eine Rolle spielen, kann ich allerdings nur eingeschränkt zustimmen. Jeder Jugendliche stylt sich auf die eine oder andere Weise und achtet dabei darauf, was gerade „in" ist, selbst wenn er nicht viel Geld für Mode hat. Ich kann den Autoren darin zustimmen, dass die sogenannten „Trendverweigerer" auch eine Gruppe bilden, denn sie sind sich ja auf jeden Fall in ihrer Ablehnung von Trends einig. Sie wollen ihre Persönlichkeit zum Ausdruck bringen, indem sie gegen aktuelle Modetrends sind, und machen sich damit doch wieder in gewisser Weise von Trends abhängig. Zwar bin ich ebenfalls der Meinung, dass fast alle Jugendlichen durch Kleidung ihre Einzigartigkeit ausdrücken wollen, aber meiner Ansicht nach möchten sie gleichzeitig auch zeigen, dass sie zu einer Gruppe gehören. Sie möchten einzigartige Persönlichkeiten sein, aber keine Außenseiter.

Seite 23

10 *Mögliche Einleitung:*
Welche Rolle spielen Mode und Kleidung heutzutage für Jugendliche? Mit dieser Frage beschäftigt sich der Artikel „Hauptsache in! Inszenierung durch Kleidung" von Carsten Rohlfs, Marius Harring und Christian Palentin, der im Jahr 2008 in der Zeitschrift *Schüler.Wissen für Lehrer* erschien.

11 a) + b) *Möglicher Schluss (zustimmend):*
Auf Grund der dargestellten Argumente fühle ich mich in meiner Meinung bestätigt: Kleidung spielt eine große Rolle / ~~keine besondere Rolle~~ dabei, die eigene Persönlichkeit auszudrücken.

6

Gerade das Argument, dass jugendliche „Trendverweigerer" ebenfalls eine Gruppe darstellen, die in gewisser Weise trotzdem von Modetrends abhängig ist, war für mich ausschlaggebend. An dieser Stelle kann ich für mich nur eines sagen: Um die Beschäftigung mit Kleidung kommt man nicht herum, gleichgültig, welche Einstellung man dazu hat. Durch das, was man anzieht, sagt man etwas über sich selbst aus.

Seite 24 – Teste dich!

b) Ich halte die Zusammenfassung von Meike für überzeugender, weil sie die wesentlichen Informationen genau wiedergibt und sachlich formuliert. [2]

Die sinnvolle Reihenfolge ist C, B, D, A. [8]

10 erreichbare Punkte

Seite 25

Umweltbelastung (die Umweltbelastung): f., Sg., Nom. – Wer/was wird mitgekauft?; Kundinnen (die Kundin), f., Pl., Nom. – Wer/was weiß (wissen)?; der Baumwolle (die Baumwolle): f., Sg., Gen. – Bei wessen Anbau?; Die Textilindustrie: f., Sg., Nom. – Wer/was setzt ein?; Chemikalien (die Chemikalie): f., Pl., Akk. – Wen/was setzt die Textilindustrie ein?; Farbstoffe (der Farbstoff): m., Pl., Nom.; Wer/was kommt dazu (kommen)?; Allergien und Unverträglichkeiten (die Allergie, die Unverträglichkeit): f., Pl., Akk. – Wen/was können die Substanzen auslösen?

umweltfreundlichen Ökotextilien (Dat.); die steigende Nachfrage (Akk.); dem sinnvollen Stichwort (Dat.)

Seite 26

A: Passiv, B: Aktiv, C: Aktiv, D: Passiv, E: Passiv

Verbformen im Passiv sind doppelt unterstrichen, Verbformen im Aktiv einfach. Die handelnde Person ist grau hinterlegt.
Um die ökologischen und gesundheitlichen Probleme, die sich durch den konventionellen Anbau von Baumwolle ergeben, zu vermeiden, wird von vielen Unternehmen auf Biobaumwolle gesetzt. Textilien, die mit Biobaumwolle hergestellt wurden, werden gekennzeichnet und nach festgelegten Vorgaben produziert, sodass der Anbau auch den Bäuerinnen und Bauern in den Anbaugebieten zugutekommt. Grundsätzlich kann die Baumwolle teurer als konventionell angebaute Baumwolle vermarktet werden. Darüber hinaus wird kein Kunstdünger eingesetzt. Ebenfalls werden weder Pestizide noch Entlaubungsmittel verwendet, sodass auch die Gesundheit der Arbeitenden auf den Feldern geschützt wird. Der Einsatz gentechnisch veränderter Organismen wird nicht erlaubt.
Auch für die Böden ist der ökologische Anbau von Baumwolle nachhaltig. Böden erholen sich, weil durch den Anbau in Mischkulturen ein Lebensraum entsteht, in dem sich der natürliche Kreislauf wieder entwickelt.
Für umweltbewusste Konsumentinnen und Konsumenten ist es wichtig, wesentliche Informationen über die Entstehungsbedingungen der eigenen Kleidung zu erhalten. Erste Hilfe wird durch ein Öko-Label gegeben, welches Verbraucherinnen und Verbrauchern bei der Auswahl Orientierung gibt.

Mögliche Sätze:
Von den Käuferinnen und Käufern wird vermehrt auf die Langlebigkeit von Textilien geachtet. Unbehandelte Naturtextilien werden gewünscht. Gesundheitliche Aspekte werden von den Verbraucherinnen und Verbrauchern immer öfter beachtet. Eine umweltverträgliche Herstellung wird gefordert. Fair gehandelte Mode wird verstärkt gekauft.

Seite 27

Infinitiv:	sein	sollen	ziehen	fahren	sehen
ich	sei	solle	ziehe	fahre	sehe
du	seist	sollest	ziehest	fahrest	sehest
er/sie/es	sei	solle	ziehe	fahre	sehe
wir	seien	sollen	ziehen	fahren	sehen
ihr	seiet	sollet	ziehet	fahret	sehet
sie	seien	sollen	ziehen	fahren	sehen

A Hätte ich das Praktikum schon hinter mir, könnte ich über erste Eindrücke berichten.
B Wenn du nicht so einen ausgefallenen Beruf erlernen wolltest, hättest du bestimmt schon einen Ausbildungsplatz.
C Wärest du nicht so in Pflanzen verliebt, machtest du vermutlich keine Ausbildung zum Gärtner.
D Als Pilotin könnte ich die ganze Welt bereisen.
E Wäre ich Bundeskanzlerin, gäbe ich viel Geld für ökologische Projekte aus.

Seite 28

Mögliche weitere Wünsche:
Wenn ich Superstar wäre, hätte ich viel Geld und ein Privatflugzeug.
Wenn ich Königin wäre, besäße ich einen Palast mit vielen Zimmern.
Wenn ich Gedanken lesen könnte, schriebe ich jede Klassenarbeit mit mehr Gelassenheit.

Jo: Täte ich in der Schule doch mehr!
Wäre ich bloß nicht so faul!
Machte ich doch Karriere!
Alina: Fände ich doch bloß einen Ausbildungsplatz als Gärtnerin!
Bekäme ich doch bessere Noten!
Verdiente ich doch viel Geld!

Infinitiv	Indikativ Präsens	Konjunktiv I	Indikativ Präteritum	Konjunktiv II	Ersatzform
müssen (sie/Sg.)	muss	müsse	musste	müsste	–
lernen (du)	lernst	lernest	lerntest	lerntest	würdest lernen
haben (er)	hat	habe	hatte	hätte	–
gelingen (es)	gelingt	gelinge	gelang	gelänge	–
laufen (sie/Pl.)	laufen	laufen	liefen	liefen	würden laufen
gehen (wir)	gehen	gehen	gingen	gingen	würden gehen

Lösungen

Seite 29

6 a) + b)

A Das freiwillige ökologische Jahr <u>fördere</u> das ökologische Bewusstsein und <u>gebe</u> einen Einblick in Berufsfelder mit ökologischem Schwerpunkt.

✗ B Dadurch <u>erhielten</u> Jugendliche eine Hilfestellung bei der beruflichen Planung der Zukunft. (Ersatzform mit *würde*, denn Konj. II ist identisch mit Ind. Präteritum)

✗ C Obwohl viele das Jahr <u>machten</u> (Ersatzform mit *würde*, denn Konj. II ist identisch mit Ind. Präteritum), weil sie keinen Ausbildungsplatz erhalten <u>hätten</u>, <u>sei</u> es für die meisten eine Bereicherung.

✗ D Viele <u>veränderten</u> in diesem Jahr auch ihren zuvor oft gleichgültigen Umgang mit der Natur. (Ersatzform mit *würde*, denn Konj. II ist identisch mit Ind. Präteritum)

✗ E Die praktischen Erfahrungen <u>dienten</u> (Ersatzform mit *würde*, denn Konj. II ist identisch mit Ind. Präteritum) vielen jungen Menschen als erster Schritt, bewusster und verantwortungsvoller mit Natur und Umwelt umzugehen.

✗ F In begleitenden Seminaren <u>vertieften</u> sie die praktischen Erfahrungen auch durch theoretisches Wissen. (Ersatzform mit *würde*, denn Konj. II ist identisch mit Ind. Präteritum)

7 <u>Verlöre</u> ich meinen Berufswunsch aus den Augen, <u>bräche</u> meine Zukunftsvorstellung erst einmal zusammen. Allerdings <u>träfe</u> ich dann schnell neue Entscheidungen, die mich hoffentlich aus den negativen Gedanken <u>zögen</u>.
Würde ich meinen Berufswunsch aus den Augen verlieren, würde meine Zukunftsvorstellung erst einmal zusammenbrechen. Allerdings würde ich dann schnell neue Entscheidungen treffen, die mich hoffentlich aus den negativen Gedanken ziehen würden.

Seite 30

1 a) + b) *Mögliche Formulierungen:*
<u>Mona</u> sagte, sie wolle auf jeden Fall Gärtnerin werden. Der Umgang mit Pflanzen mache ihr sehr viel Freude.
Mona sagte, dass sie auf jeden Fall Gärtnerin werden wolle. Sie fügte hinzu, dass der Umgang mit Pflanzen ihr sehr viel Freude mache.
Mona sagte, dass sie auf jeden Fall Gärtnerin werden will. Sie fügte hinzu, dass der Umgang mit Pflanzen ihr sehr viel Freude macht.
Da er noch nicht genau wisse, was er beruflich machen wolle, entscheide er sich für ein freiwilliges ökologisches Jahr, teile <u>Leon</u> mit.
Leon teilte mit, dass er noch nicht genau wisse, was er beruflich machen wolle, und sich deshalb für ein freiwilliges ökologisches Jahr entscheide.
Leon teilte mit, dass er noch nicht genau weiß, was er beruflich machen will, und sich deshalb für ein freiwilliges ökologisches Jahr entscheidet.
<u>Gülcan</u> warf ein, als Modedesignerin komme sie in der ganzen Welt herum. Das sei auch ihr Grund, diesen Beruf zu erlernen.
Gülcan warf ein, dass sie als Modedesignerin in der ganzen Welt herumkomme. Sie sagte, dass das auch ihr Grund sei, diesen Beruf zu erlernen.
Gülcan warf ein, dass sie als Modedesignerin in der ganzen Welt herumkommt. Sie sagte, dass das auch ihr Grund ist, diesen Beruf zu erlernen.
<u>Lisa</u> erzählte, sie wolle später einmal in der Filmbranche arbeiten. Erste Einblicke habe sie im Praktikum beim WDR erhalten. Das habe ihre Lust geweckt.
Lisa erzählte, dass sie später einmal in der Filmbranche arbeiten

wolle. Sie fügte hinzu, dass sie erste Einblicke im Praktikum beim WDR erhalten habe. Sie sagte, das habe ihre Lust geweckt.
Lisa erzählte, dass sie später einmal in der Filmbranche arbeiten möchte. Sie fügte hinzu, dass sie erste Einblicke im Praktikum beim WDR erhalten hat. Sie sagte, dass das ihre Lust geweckt hat.
<u>Julian</u> betonte, er schreibe gern. Das müsse auch in seinem Beruf eine große Rolle spielen.
Julian betonte, dass er gern schreibe. Er fügte hinzu, dass das auch in seinem Beruf eine große Rolle spielen müsse.
Julian betonte, dass er gern schreibt. Er fügte hinzu, dass das auch in seinem Beruf eine große Rolle spielen muss.

Seite 31

2 a) + b)
Daria: „Das Jahr <u>hat</u> mir sehr viel <u>gebracht</u>. Durch die Erfahrungen in der Naturschutzstation <u>hat</u> sich mein Berufswunsch <u>verstärkt</u>, mit Tieren zu arbeiten." Tempus: Perfekt, Perfekt
Daria sagt, das Jahr habe ihr sehr viel gebracht. Durch die Erfahrungen in der Naturschutzstation habe sich ihr Berufswunsch verstärkt, mit Tieren zu arbeiten. *(Hier kann auch der Konjunktiv II verwendet werden: hätte ihr sehr viel gebracht, hätte sich ihr Berufswunsch verstärkt.)*
Milena: „Ich <u>habe</u> bereits nach kurzer Zeit sehr selbstständig <u>arbeiten dürfen</u>." Tempus: Perfekt
Milena hebt hervor, sie habe bereits nach kurzer Zeit sehr selbstständig arbeiten dürfen.
Daniel: „Das Arbeitsklima in der Landschaftsgärtnerei <u>war</u> sehr ungezwungen. Trotzdem <u>sammelte</u> ich praktische Erfahrungen, die mich persönlich <u>weiterbrachten</u>." Tempus: Präteritum, Präteritum, Präteritum
Daniel betont, das Arbeitsklima in der Landschaftsgärtnerei sei sehr ungezwungen gewesen. Darüber hinaus habe er praktische Erfahrungen gesammelt, die ihn persönlich weitergebracht hätten. *(Hier kann auch der Konjunktiv II verwendet werden: wäre sehr ungezwungen gewesen, hätte ... gesammelt.)*

3 **André** berichtet, nach dem Abschluss im nächsten Jahr werde *(auch möglich: würde)* er eine Ausbildung zum Bürokaufmann beginnen. Da werde *(auch möglich: würde)* er viel lernen.
Valerie erklärt, sie werde *(auch möglich: würde)* sich im nächsten Frühjahr um einen Ausbildungsplatz als Maskenbildnerin bemühen. Ihre Freundinnen würden *(werden ist hier nicht möglich, da identisch mit dem Indikativ)* ihr beim Schreiben der Bewerbung helfen. Sie werde *(auch möglich: würde)* fehlerhafte Unterlagen vermeiden.

Seite 32

4 a) *Unterstrichene Verbformen:*
ist, wollte ... drehen, wird, sind, hergestellt werden, heißt, ist, möchte ... zeigen, (beteiligt) sind, können ... herausreden, handeln müssen, entscheiden, kaufen, unterstützen, können ... essen, ist, können ... kaufen, schmecken, kann ... raten, (zu) probieren, schmeckt, zeigen, zerstört wird, besteht, Können ... erklären, wird ... angebaut, wird ... gerodet, fehlen, zugeführt werden, wächst, fällen, zerstören, wollen zeigen, beitragen können, verändert, können ... tun, überdenken, müssen ... zwingen, (zu) machen, Glauben, verändern können, können ... anregen, berühren, gilt, kommen, können ... verändern, wollen, ist

b) *Mögliche Wiedergabe:*
Helles Köpfchen fragt, was die Idee des Films sei.
Darauf antwortet Wagenhofer, er habe einen Film drehen wollen, in dem deutlich werde, dass wir alle mitverantwortlich seien für die Art und Weise, wie heute Nahrungsmittel hergestellt würden.

Warum der Film „We feed the world" heiße, will Helles Köpfchen wissen.

An dem Titel sei ihm vor allem das „We" wichtig, erklärt Wagenhofer. Er wolle in dem Film zeigen, dass wir alle am gegebenen System beteiligt seien. Wir könnten die Verantwortung nicht auf die Politiker und Politikerinnen abschieben. Denn wir würden selbst entscheiden, „was wir kaufen und wen wir damit unterstützen".

Auf die Frage, was falsch daran sei, das ganze Jahr über Tomaten und Erdbeeren essen zu können, antwortet Wagenhofer, dass das eigentliche Problem der fehlende Geschmack sei. Er könne nur raten, mal eine im Sommer sonnengereifte Tomate zu probieren. Die schmecke völlig anders, nämlich richtig gut und nach Tomate.

Helles Köpfchen bittet Wagenhofer, den Zusammenhang zwischen der Fleischproduktion und der Zerstörung des brasilianischen Regenwaldes zu erklären. Wagenhofer erwidert, dass in Brasilien Soja angebaut werde, eine der wichtigsten Futterpflanzen für die Massentierhaltung. Da für die Sojaplantagen der Regenwald gerodet werde, dem Boden aber die Nährstoffe fehlten (oder: fehlen würden), müssten diese chemisch zugeführt werden. Nach wenigen Jahren wachse auf dem Urwaldboden nichts mehr, sodass die Großbauern die nächsten Bäume fällen und „die grüne Lunge unserer Erde" zerstören würden.

Auf die Frage, was wir zur Veränderung beitragen könnten, antwortet Wagenhofer, dass wir unser eigenes Konsumverhalten überdenken sollten und die Politiker dazu zwingen müssten, Politik wieder für die Menschen statt für die Wirtschaft zu machen.

Helles Köpfchen fragt Wagenhofer, ob er glaube, dass seine Filme die Welt verändern könnten.

Wagenhofer ist sich darüber im Klaren, dass die Welt nicht durch Filme verändert wird. Filme könnten jedoch zum Nachdenken anregen und die Gefühle berühren, was sowohl für Liebeskomödien als auch für einen Dokumentarfilm wie „We feed the world" gelte. Wagenhofer betont aber, dass die Personen, die den Film gesehen hätten, „tatsächlich die Welt verändern" könnten – wenn sie nur wollten. Das sei für ihn „das Schöne".

Seite 33 – Teste dich!

Akkusativ, Genitiv, Dativ ⟨3⟩

A: 2, B: 2 (wegen Übereinstimmung zwischen Indikativ Präteritum und Konjunktiv II = Umschreibung mit würde) ⟨2⟩

A: Johanna meint, sie könne sich gut vorstellen, auch bei den Jeans zuzugreifen, da sie schon lange ökologische Produkte kaufe. ⟨2⟩
B: Jost gibt zu bedenken, er hätte schon vielfach nach solchen Jeans Ausschau gehalten. Leider säßen sie oft nicht, sodass er sie im Geschäft liegen ließe.

A: indirekte Rede, dass-Satz ⟨4⟩
B: indirekte Rede, Zitat

⟨11 erreichbare Punkte⟩

Seite 34

A Eines Morgens | finden | die Schüler | unerwartet | Hakenkreuze | an den Wänden der Schule.

An den Wänden der Schule finden die Schüler eines Morgens unerwartet Hakenkreuze.
Die Schüler finden eines Morgens unerwartet Hakenkreuze an den Wänden der Schule.

B Wenige Tage später | stehen | Schüler und Lehrer | völlig überrascht | vor dem Haupteingang der Schule.

Völlig überrascht stehen wenige Tage später Schüler und Lehrer vor dem Haupteingang der Schule.

Schüler und Lehrer stehen wenige Tage später völlig überrascht vor dem Haupteingang der Schule.

C Das Namensschild der Schule | wurde | in der vergangenen Nacht | von Unbekannten | verunstaltet.

In der vergangenen Nacht wurde das Namensschild der Schule von Unbekannten verunstaltet.
Von Unbekannten wurde in der vergangenen Nacht das Namensschild der Schule verunstaltet.

D Bald darauf | werden | ausländische Schüler | durch gemeine Drohbriefe | verängstigt.

Durch gemeine Drohbriefe werden bald darauf ausländische Schüler verängstigt.
Ausländische Schüler werden bald darauf durch gemeine Drohbriefe verängstigt.

Seite 35

Eines Tages wird Sandra ~~irgendwie~~ brutal auf dem Heimweg zusammengeschlagen. Sie weiß ~~ja dann auch gar~~ nicht, wer das ~~eigentlich~~ gewesen ist. Sie findet es ~~halt ziemlich~~ schrecklich und gemein.

Beispiele:
A Sandra schließt sich mit anderen betroffenen Jugendlichen zusammen, und gemeinsam versuchen sie herauszufinden, wer an der rechtsradikalen Bande beteiligt ist.

B Sandra informiert Lex nicht über ihre Aktivitäten, sodass er sehr enttäuscht ist und sich zurückgewiesen fühlt. Er macht sich auf eigene Faust auf die Suche nach den Tätern, weil er Sandra helfen will.

C Ein neuer Lehrer der Schule gerät in Verdacht, weil er im Unterricht ausländerfeindliche Parolen äußert. Er hat einige Anhänger unter den Schülern, und Lex beobachtet ihn. Der neue Lehrer und die Schüler verwenden ein Geheimzeichen.

Seite 36

bis zur letzten Minute: adv. Best. der (Zeit +) Dauer – Bis wann?
Seit Tagen: adv. Best. der (Zeit +) Dauer – Seit wann?
so früh wie möglich: adv. Best. der Zeit (+ Dauer) – Wann?
in der Schule: adv. Best. des Ortes (+ der Richtung) – Wo?
noch eine Weile: adv. Best. der (Zeit +) Dauer – Wie lange?
ungestört: adv. Best. der Art + Weise – Wie?
heute: adv. Best. der Zeit (+ Dauer) – Wann?
wegen des Überfalls: adv. Best. des Grundes – Warum?
spät: adv. Best. der Zeit (+ Dauer) – Wann?
im Umkleideraum: adv. Best. des Ortes (+ der Richtung) – Wo?
überrascht: adv. Best. der Art + Weise – Wie?
vergangene Woche: adv. Best. der Zeit (+ Dauer) – Wann?
unter der weißen Wandfarbe: adv. Best. des Ortes (+ der Richtung) – Wo?

b)

Ort:	in allen Klassen, auf der Tafel, in allen Räumen, durch alle Klassenräume, in mehr als fünfzig Klassen
Zeit:	In der vierten Stunde, gestern, nach dem Unterricht, um sechs Uhr, Heute Morgen, abends, in der Nacht
Grund:	zur Sicherheit
Art und Weise:	doppelt

9

Lösungen

Seite 37

6 a) – c)

A	Subjekt	Prädikat	Objekt		
	Klassenkameraden	**bekommen**	**Drohbriefe**		

	Adjektivattribut		Genitivattribut		Adjektivattribut
A1	**Dunkelhäutige**	**Klassenkameraden**	**des Schülers Lex**	**bekommen**	**gemeine**	**Drohbriefe**

		Genitivattribut	Relativsatz			Relativsatz
A2	**Klassenkameraden**	**des Schülers Lex,**	**die dunkelhäutig sind,**	**bekommen**	**Drohbriefe,**	**die gemein sind.**

B	Subjekt	1. Prädikatteil	Objekt	2. Prädikatteil
	Einige Räume	**wurden**	**mit Parolen**	**beschmiert**

		Adjektivattribut	Genitivattribut	Relativsatz
B1	**Einige**	**verschlossene Räume**	**der Schule wurden mit Parolen beschmiert,**	**die rechtsradikal und ausländerfeindlich waren.**

		Genitivattribut	Relativsatz		Adjektivattribut
B2	**Einige Räume**	**der Schule,**	**die verschlossen waren,**	**wurden mit**	**rechtsradikalen, ausländerfeindlichen Parolen beschmiert.**

Seite 38

1 *Konjunktionen sind grau* hinterlegt.

Deutsche werden immer größer und immer breiter, aber in der Welt der Mode hat sich das noch nicht überall herumgesprochen. Immer mehr Menschen finden nur mit Mühe passende Bekleidung, denn die Proportionen von Männern und Frauen haben sich in den letzten Jahrzehnten verändert. Gezeigt hat dies eine aktuelle Vermessung durch ein Textilforschungszentrum, sie wurde von großen Textilherstellern in Auftrag gegeben. Die Lebensbedingungen in den vergangenen 50 Jahren haben sich stetig verbessert(,) und jüngere Generationen sind zum Glück ohne Hungerperioden aufgewachsen. Der Taillenumfang hat im Vergleich zu anderen Körperteilen enorm zugenommen(,) und es gibt eine starke Tendenz zu geraderen Körperformen. Die ausgeprägte Taille verschwindet zunehmend, von Seiten der Textilindustrie werden nun Änderungen erwartet.

2 a) A: 3, B: 2, C: 1

b)
A Diese Entwicklung hat nicht nur mit Fast Food zu tun, **denn** die Wissenschaft erklärt die Veränderung der Größen mit wachsendem Wohlstand.

B Die Vermessung erfolgte berührungslos über 3-D-Bodyscanner im Stehen und Sitzen(,) **und** anhand von 400 000 Messpunkten wurden elektronische Zwillinge der freiwillig vermaßten Personen am PC erzeugt.

C Die Automobilhersteller nutzen die Daten über Körpermaßveränderungen zur Fahrzeugentwicklung – etwa zur Innenraumgestaltung – **aber** auch Hersteller anderer Produkte werden die neuen Daten berücksichtigen.

Seite 39

3 a) – c) *Vorangestellte Nebensätze sind einfach* unterstrichen*, nachgestellte* doppelt*. Die Konjunktionen sind grau* hinterlegt.

Weil Kinderärzte ihre kleinen Patienten bei Vorsorgeuntersuchungen regelmäßig messen, hat man gesicherte Daten über das Wachstum von Kindern. Vor allem im Kindesalter hat sich die Wachstumsgeschwindigkeit erhöht. Die 7- bis 10-Jährigen sind den Angaben zufolge 1 bis 1,5 Zentimeter größer als noch in den 1970er-Jahren, obwohl sich die Größe der Neugeborenen zwischen 1984 und 1997 fast gar nicht geändert hat. Indem man auch die Ergebnisse für Jugendliche auswertete, konnte man etwas anderes beobachten. Während der Wachstumszuwachs nach der Pubertät sinkt, ist er im frühen Jugendalter noch hoch.

4 a) – d) *Hauptsätze sind* unterstrichen*, Konjunktionen sind grau hinterlegt, die Personalformen des Verbs in den Nebensätzen sind doppelt* unterstrichen.

Eine bekannte deutsche Frauenzeitschrift erregte, weil sie keine mageren Models mehr engagieren will, große Aufmerksamkeit. Designer überraschen, obwohl sie in der Vergangenheit vorwiegend Kleidung für Überschlanke entwarfen, durch eine neue Laufstegmode für normalgewichtige Menschen. Diese Entwicklung ist heute, da selbst Topmodels für Size Zero hungern müssen, längst überfällig. Eigentlich sollten Käuferinnen und Käufer, weil die viel zu engen und ungünstig geschnittenen Hosen sie quälen, lieber andere Schnitte einfordern. Schließlich müssen Designer, wenn sie davon leben wollen, verkäufliche Kleidung für alle Menschen entwerfen.

Seite 40

5

Zusammenhänge erfragen	Konjunktionen
1. Wann? Seit wann? Wie lange?	als, während, nachdem, bis, bevor
2. Unter welcher Bedingung? Wann?	falls, wenn, sofern
3. Mit welcher Folge? Mit welcher Wirkung?	dass, sodass
4. Aus welchem Grund? Warum?	weil, da
5. Mit welcher Absicht?	damit
6. Wie? Auf welche Weise?	indem
7. Trotz welcher Einschränkung?	obwohl

6 *Die passenden Konjunktionen sind grau* hinterlegt*, die Hauptsätze sind* unterstrichen*, die Adverbialsätze sind doppelt* unterstrichen.

Wir hatten unser Vulkan-Abenteuer extra in den Juni gelegt, weil es auf Sizilien dann normalerweise noch nicht so heiß wird wie im Juli und August. <u>Als wir dann ankamen</u>, leuchtete uns an den Zeitungskiosken die Schlagzeile „Sicilia chiusa per caldo: 47 °C" entgegen. Auf Deutsch: „Sizilien wegen Hitze geschlossen!" Das ging ja gut los …

Zum Glück hielt der Zubringerbus vom Flughafen nicht weit entfernt vom Hotel, <u>sodass wir mit unserem Gepäck nur einen kurzen Marsch überstehen mussten</u>. <u>Während wir uns in den abgedunkelten, klimatisierten Zimmern abkühlten</u>, tranken wir eine große Menge Mineralwasser. Unsere bunt zusammengewürfelte Truppe verstand sich sehr gut, <u>obwohl Schüler, Lehrer, Vulkanologen und Laien im Alter von 12 bis 70 Jahren vertreten waren</u>.

<u>Falls man mit dem Bus auf den Ätna fahren will</u>, muss man Zeit mitbringen. Der Busfahrer legt eine Dreiviertelstunde Pause ein, <u>da die Strecke sehr anstrengend ist</u>. Die Pause braucht er, <u>weil er in der Bergstation als Barkeeper arbeiten wird</u>, <u>bevor er den Bus sechs Stunden später wieder zurücksteuert</u>. Uns jedenfalls brachte der Busfahrer sicher auf den Vulkan, <u>sodass wir den kühlenden Wind auf fast 2 000 Metern Höhe genießen konnten</u>. In Richtung Krater ging es weiter, <u>indem wir eine Seilbahn benutzten</u>. Allradgetriebene Kleinbusse ruckelten uns anschließend über wüstenartige Aschefelder, <u>damit wir dort in den aktiven Kraterbereich schauen konnten</u>. Von dieser Endstation aus kann man einen atemberaubenden Ausblick bis hinüber auf das italienische Festland genießen, <u>falls die Luft einigermaßen klar ist</u>.

Seite 41

7 Als im Mittelalter der Wasserstand in der Ostsee und auch im Meeresarm Schlei anstieg, ging die stolze Wikingerstadt Haithabu endgültig unter. Doch da war die Niederlassung bereits verlassen, <u>weil/da/nachdem</u> die Nordmänner ihre Siedlung ans andere, höher gelegene Ufer der Schlei verlegt hatten. Sie gründeten dort die Stadt Schleswig. Mehrfach war Haithabu seit der Gründung im 6. Jahrhundert überfallen und ausgeraubt worden, <u>obwohl</u> die Handelsstadt von einem neun Meter hohen Palisadenwall umgeben war. Um das Jahr 1000 herum blühte der Handel in Haithabu, <u>wenn/sofern/weil/da</u> gerade kein Krieg mit anderen nordischen Völkern herrschte. Mit mindestens 1 500 Einwohnern war das wichtigste Handelsplatz im gesamten westlichen Ostseeraum, <u>weil/da</u> sie über einen gut geschützten und gesicherten Hafen verfügte und <u>da/weil</u> sie an der Kreuzung zweier wichtiger Handelsrouten lag: dem Ochsenweg, der von Hamburg nach Dänemark führte, und der Seehandelsroute, die von der Schlei aus durch einige Flüsse von der Ostsee bis in die Nordsee führte. Heute gibt es ein Museum, <u>damit</u> wir erfahren, wie die Wikinger lebten. <u>Weil/Da</u> Filme, Exkursionen und Theateraufführungen spannende Einblicke geben, ist man dort stets gut unterhalten.

Seite 42

b) + c) *Verben des Sagens, Meinens, Denkens und Fühlens sind grau hinterlegt.*

<u>Jasmin Bartel berichtet</u>, dass sie am Tag zuvor in der Mittagszeit mit der U-Bahn gefahren sei. <u>Sie nahm an</u>, dass die Schulen gerade Unterrichtsschluss hatten, denn die Bahn war voller junger Leute. Dass sie ein seltsames Gefühl beschlich, als sie den Gesprächen lauschte, <u>verwunderte die Autorin</u>. Dass jemand sagte: „Ich geh McDonald's", <u>nahm sie hin</u>. Dass ein anderer antwortete: „Ich geh Pizza", <u>erstaunte sie</u>.

2 *Beispiel:*
Jasmin Bartel weist darauf hin, dass der Sinn der Mitteilungen verständlich ist. Sie führt an, dass ein Mangel an Sprachfähigkeit nicht zu vermuten ist, dass es sich vielmehr um eine Art Mode zu handeln scheint. Bartel hält es für möglich, dass sie selbst vielleicht ein wenig altmodisch ist. Dass selbst ihre Tochter sie manchmal nicht versteht, gibt die Autorin zu. Sie führt an, dass sie zu ihrer Tochter, als dieser neulich ein Missgeschick zustieß, sagte: „Du dauerst mich", und dass ihre Tochter sie anblickte, als sei sie nicht ganz richtig im Kopf.

Seite 43

Hin und wieder wirkt ein neuer <u>Haarschnitt</u>, der modisch ist, wahre Wunder.
Unser <u>Äußeres</u>, das Individualität zeigt, ist für die meisten von uns wichtig.
Manche haben nach dem Friseurbesuch ein neues <u>Aussehen</u>, das nicht jedem gefällt.

Ariane lässt sich beim Friseur die Augenbrauen, die möglichst schmal aussehen sollen, zupfen.
Marco liebt hochgegelte Haare, die aber dennoch natürlich wirken sollen.
Fatma trägt ein Kopftuch, das meist sehr modisch gebunden ist, über ihrem Haar.
Livia lässt ihre Mähne, die inzwischen ziemlich wild aussieht, einfach wachsen.

3 a) + b) *Relativsätze sind <u>unterstrichen</u>, ihre Bezugswörter sind grau hinterlegt.*

Ⓐ Wie sieht es eigentlich bei den Personen aus, <u>die dafür sorgen, dass wir gut aussehen</u>? Ⓑ Ein Gespräch, <u>das ich mit einer Auszubildenden im Friseurberuf führte</u>, brachte Aufklärung. Ⓒ Jennifer, <u>die zwanzig Jahre alt ist</u>, ist im dritten Ausbildungsjahr, <u>das sich jetzt langsam dem Ende zuneigt</u>. Ⓓ Der Start ins Berufsleben, <u>welcher wohl alle jungen Menschen vor viele Herausforderungen stellt</u>, ist nicht immer ganz leicht für sie gewesen. Ⓔ Ihre Tätigkeiten, <u>welche zu Beginn nur aus Putzen und Üben am Modell bestanden</u>, waren manchmal ziemlich langweilig. Ⓕ Mittlerweile beherrscht Jennifer jedoch viele Techniken, <u>die sie an Kundinnen erproben darf</u>. Ⓖ Dieser Beruf, <u>der sehr viel Kreativität verlangt</u>, reizt sie täglich aufs Neue. Ⓗ Auch das viele Stehen, <u>das nicht wenige in diesem Beruf anstrengend finden</u>, ist für sie nie ein Problem gewesen. Ⓘ Jennifer berichtet über viele Weiterbildungsmöglichkeiten, <u>die auch nach der Prüfung sehr interessant seien</u>.

c) Die Relativsätze A, E, F und I beziehen sich auf ein Bezugswort im Plural.

Seite 44

a) + b)
Die Stimme aus dem Autoradio, <u>das</u> laut eingestellt war, kündigte ein Gewinnspiel an. Im Sendestudio, <u>das</u> die Praktikantin Miriam Buchenbäcker kurz darauf betrat, lernte sie die Person hinter dieser Stimme kennen: den Moderator Gerrit Springer. Das Begrüßen, <u>das</u> nur kurz ausfiel, war dennoch sehr herzlich. Der Chefredakteur führte Miriam durch den Sender Radio Berg. Sie erklärte ihm, <u>dass</u> das Praktikum, <u>das</u> nur einen Tag dauern würde, für sie eine wichtige Erfahrung darstelle. „Ich finde es toll, <u>dass</u> Moderatoren ständig mit neuen Themen und Menschen zu tun haben", erzählt die 16-Jährige heute. Bei einem Gerät mit Tonband, <u>das</u> sich im Flur befindet, blieb sie stehen. Sie erfuhr, <u>dass</u> es sich um eine alte analoge Bandmaschine handelte, <u>dass</u> aber heute alles digital am Computer produziert werden würde.

5 Eine Moderatorin erklärt den Anrufern, dass sie beim Gewinnspiel 5 000 Euro gewinnen können.
Radio Berg, das in Spitzenzeiten 130 000 Hörer pro Stunde zählt, hat den Betrieb im Jahr 1995 aufgenommen.

Lösungen

Seite 45

1 Auf seiner Internetseite lief ein Countdown, <u>um die Sekunden bis zum Start anzuzeigen</u>. Am 14. Juni 2008 brach der damals 16-jährige US-Amerikaner Zac Sunderland auf, <u>um allein die Welt auf einem Segelboot zu umrunden</u>. <u>Sein großes Vorhaben umsetzen zu können</u>, erforderte Zeit und viel Geld. Zacs erklärtes Ziel war es, <u>als jüngster Segler aller Zeiten in die Geschichte einzugehen</u>. Zac trotzte 13 Monate lang allen Krisen, Flauten und Stürmen, <u>um am 17. Juli 2009 in Marina del Rey in der Nähe von Los Angeles begeistert wieder von seiner Familie, Freunden und vielen Schaulustigen empfangen zu werden</u>.
<u>Um David Dicks, den Rekordhalter von 1996/97, zu überrunden</u>, hat Zac trotz seines jugendlichen Alters nur wenig dem Zufall überlassen. Er schaffte es tatsächlich, <u>seinen Trip professionell zu organisieren</u>. Zac war in der Lage, <u>insgesamt 13 Firmen und viele Privatpersonen als Sponsoren zu gewinnen</u>. <u>Um ein Jahr lang sein Zuhause sein zu können</u>, war seine elf Meter lange Yacht gut ausgerüstet worden. <u>Um bei heftigerem Seegang nicht durch die Kajüte geschleudert zu werden</u>, musste sich der Teenager nachts festschnallen. Ein Alarmsystem half ihm, <u>auch im Schlaf nicht mit großen Schiffen zusammenzustoßen</u>. <u>Um Mangelerscheinungen entgegenzuwirken</u>, aß Zac gefriergetrocknete Lebensmittel und Vitamintabletten. Angelzeug und jede Menge japanische Teriyaki-Soße halfen, <u>dem Speiseplan geschmacklich erträgliche Fischgerichte hinzuzufügen</u>. Zac verfügte über ein Satelliten-Telefon, eine professionelle Kameraausrüstung und einen Computer, <u>um täglich Kontakt zu seiner Familie aufnehmen zu können</u>. Auch Schulbücher hatte Zac eingepackt, <u>um nach seiner Rückkehr schulischen Anschluss zu finden</u>. Es ist geschafft: 45 000 Kilometer sind erfolgreich bewältigt.
Doch Rekorde währen nicht ewig: Der jüngere Brite Mike Perham will versuchen, <u>Zacs Rekord mit einem größeren und längeren Boot zu brechen</u>. Eine weitere Herausforderin ist bereits unterwegs: Am 19. Oktober 2009 brach die Australierin Jessica Watson auf ihrer Zehn-Meter-Yacht „Ella's Pink Lady" in Sydney auf, <u>um Zac zu überrunden</u>. Auch sie ist 16 Jahre alt und wild entschlossen, <u>völlig ohne Unterstützung ans Ziel zu gelangen</u>.

2 A Zac überlegte sorgfältig, die Segel einzuholen und von Bord zu gehen.
Bedeutung: Zac dachte genau darüber nach, die Segel einzuholen und von Bord zu gehen.
B Zac überlegte, sorgfältig die Segel einzuholen und von Bord zu gehen.
Bedeutung: Zac dachte darüber nach, die Segel mit Sorgfalt einzuholen und von Bord zu gehen.

Seite 46 und 47 – Teste dich!

1 Kalkutta ist eine Stadt in Indien mit fast 15 Millionen Einwohnern, die sich täglich durch den Gestank, den Lärm und die Enge der Stadt schieben. Kaum jemand weiß, dass es herrliche Prachtbauten mit exotischen Gärten im Norden der Stadt gibt, die einem schleichenden Verfall ausgesetzt sind. Wenn sich abends die Sonne über Kalkutta senkt, erheben sich über der in Schlaf gefallenen Stadt wunderschöne Säulen und Venusstatuen. Sie werden in ein goldenes Abendrot getaucht, das die Silhouette der Stadt hervorhebt. Die Geschichtsstudentin Kamalika Bose kann sich kaum erklären, dass sich nur wenige für diese Prachtstücke interessieren. Als wir bei 45 °C im Schatten die große Chitpur Road entlangwandern, führt uns das uns zu exotischen Palästen. Wir sind überrascht, sogar in Seitenstraßen herrliche Bauten zu entdecken. Obwohl es so extrem heiß ist, vergessen wir bei deren Anblick die körperliche Anstrengung. *(9)*

2 A Kalkutta war so prächtig, dass es London im britischen Empire fast als ebenbürtig galt. *(3)*

Begründung: Es handelt sich um einen *dass*-Satz, vor der Konjunktion „dass" muss ein Komma gesetzt werden.
B Bengalische Kaufleute ließen Paläste im kolonialen Stil erbauen, die als modern galten.
Begründung: Nachgestellter Relativsatz, der mit dem Relativpronomen „die" eingeleitet wird.
C Um die Briten zu beeindrucken, ließen sie aufwändige Hausfassaden gestalten.
Begründung: Der vorangestellte Infinitivsatz mit „um zu" muss durch Komma vom Hauptsatz abgetrennt werden.

3 A: Satzreihe (zwei Hauptsätze, verbunden durch die Konjunktion „denn") *(4)*
B: Satzreihe (zwei Hauptsätze, verbunden mit der Konjunktion „seitdem")
C: Satzgefüge (Hauptsatz, nachgestellter Nebensatz mit der Konjunktion „weil")
D: Hauptsatz

4 a) *Die Nebensätze sind* <u>unterstrichen</u>. *(6)*
A <u>Obwohl man Kalkutta aus westlicher Sicht nicht mit einem positiven Lebensgefühl in Verbindung bringt</u>, bezeichnen die Bewohner selbst den Ort als „Stadt der Freude".
B Man sollte bedenken, <u>dass nur etwa 25 Prozent der Menschen selbstständig und regelmäßig für ihren Lebensunterhalt aufkommen können</u>.
C Das Sterben, <u>das in den Straßen Kalkuttas alltäglich ist</u>, wurde durch Mutter Teresa gelindert und an die Öffentlichkeit gebracht.
D Doch man kann viele positive Seiten entdecken, <u>wenn man sich für die Stadt interessiert</u>.
E Die Metropole unternimmt zahllose Anstrengungen, <u>um den Anschluss an das 21. Jahrhundert zu finden</u>.
F Viele Callcenter und IT-Firmen haben Einzug in einen neuen Vorort gehalten, <u>der in Kalkutta „Salt Lake" genannt wird</u>.

b) Adverbialsatz: A, D; Infinitivsatz: E; dass-Satz: B; Relativsatz: C, F *(6)*

5 Der Schweizer Louis Palmer reist in einem Taxi um die Welt, <u>das</u> durch solare Energie betrieben wird. In seinem Blog schreibt er, <u>dass</u> er gut vorankommt. Louis Palmer war auch schon in Kalkutta, darüber berichtet er Folgendes: „Wir waren begeistert, <u>dass</u> Kalkutta uns alle so positiv überrascht hat. Ich hatte nie nachgedacht und nur ein Bild im Kopf, <u>das</u> viele Arme zeigte. Ich war überzeugt, <u>dass</u> die Hälfte der Bevölkerung nur dank Mutter Teresa über die Runden kommt. Das stimmt jedoch überhaupt nicht. Kalkutta bot im Gegenteil bisher das angenehmste indische Stadtbild, <u>das</u> sich mit vielen Grünflächen und Seen präsentiert hat. <u>Dass</u> ein Taxi vom äußeren Stadtring bis ins Stadtzentrum nur sieben Minuten braucht, ist in Indien eigentlich undenkbar. Vielleicht liegt es daran, <u>dass</u> sich hier nicht so viele Menschen ein Auto leisten können. Es gibt jedenfalls sehr viel weniger Autos als in anderen Städten. Nie habe ich erlebt, <u>dass</u> ein Stau länger als zwei Minuten dauerte." *(9)*

37 erreichbare Punkte

Seite 48

1 Rettet die <u>Bienen</u>
Nachdem in Nordamerika *(Eigenname)* im <u>Jahr</u> 2007 ein rätselhaftes <u>Bienensterben</u> aufgetreten war, untersuchten auch deutsche <u>Imker</u> ihre <u>Bestände</u> sorgfältig. Obwohl sie selbst noch keinen <u>Bienentod</u> hatten feststellen können, gingen sie sofort an die <u>Ursachenforschung</u>. Die <u>Obstbauern</u> sollen doch im <u>Frühjahr</u> auch weiterhin auf fleißige <u>Blütenbestäuber</u> zählen können. Und für <u>Kinder</u> muss es <u>Honig</u> geben. Die <u>Imker</u> fanden einiges über das <u>Bienensterben</u> heraus. Wenn die <u>Insekten</u> von einer asiatischen <u>Milbensorte</u> befallen werden, verenden sie. Auch können

Lösungen

ganze Bienenvölker bei großer Kälte erfrieren. Während die amerikanischen Imker ihre Verluste noch betrauerten, hielten die deutschen Forscher bereits ganz bestimmte Gründe für ausschlaggebend für den Tod der dortigen Bienenbestände, nämlich Stress.

Die Industrialisierung der nordamerikanischen Landwirtschaft trägt deutlich zur Gefährdung der Bienen bei. Weil Felder mit Umweltgiften besprüht werden, können die Bienen nicht mehr gefahrlos auf jeder Pflanze landen. Durch rücksichtslose Forstwirtschaft gehen immer mehr natürliche Nistplätze in hohlen Astlöchern verloren, darum müssen Imker gezimmerte Kisten bereitstellen. Viele Züchter führen Auswahl- und Verbesserungsprozesse in ihren Bienenvölkern durch, für die Tiere reinster Stress. Wanderimker fahren ihre Bienenvölker als bezahlte Bestäuber von Feld zu Feld. Europa ist gewarnt: Wird bei uns der natürliche Lebensraum der Bienen in ähnlicher Weise bedroht, könnte ein Bienensterben die Folge sein.

Seite 49

Richtig ist:
Ich habe eine Schwäche für Bücher. Nicht nur das Lesen, sondern auch das Riechen daran bereitet mir Vergnügen. Vor allem haben es mir neue Exemplare angetan. Das Bemerkenswerte daran ist der Geruch nach frischer Druckfarbe und Papier. Schon allein das Denken an die vielen gemütlichen Stunden, die mir das Buch bescheren wird, erhöht die Vorfreude. Das Neue beschränkt sich jedoch nicht nur auf den Geruch, sondern auch auf den Klang. Ja, ihr habt richtig gelesen: Bücher machen Geräusche. Denkt zum Beispiel an das Rascheln ihrer Seiten beim Durchblättern. Am liebsten höre ich aber das leise Knacken, das jedes Mal ertönt, wenn ich ein gebundenes Buch zum ersten Mal aufschlage. Überhaupt sind meine Bücher etwas ganz Schönes für mich.

2 b) (das) Kennzeichnen, etwas Schmerzliches, heftiges Aufquellen, (das) Einreißen, Mein Bemühen, schnelles Trocknen, das Weiterlesen, Beim Erblicken

Seite 50

Seit heute arbeite ich in einer kleinen, gemütlichen Buchhandlung. Es gibt ein breites Angebot mit vielen interessanten, anregenden Büchern, aber auch mit weniger ansprechenden (Büchern). Ich mag Buchhandlungen grundsätzlich gern, aber diese ist mit Abstand die schönste (Buchhandlung) von allen. Meine Kolleginnen sind fast alle nett. Es gibt viele junge (Kolleginnen), jedoch auch einige ältere (Kolleginnen) mit viel Erfahrung. Neben der Chefin, die auch die Inhaberin ist, gibt es in meinem Praktikumsbetrieb eine ganztags arbeitende (Kraft) sowie eine halbtags eingesetzte Kraft, beide sind Buchhändlerinnen.

4 Manchmal verlangt ein Kunde ein bestimmtes Buch, das nicht am Lager ist. Der Buchhändler kann ein anderes empfehlen oder dieses eine gewünschte beim Großhändler bestellen. Er fragt den Kunden dann, ob dieser den Autor zum elektronischen oder in Papier blätternde Nachschlagen im Katalog angeben kann. Unter dem Namen des Autors sind sämtliche seiner Werke mit ihrer internationalen Bestellnummer (ISBN) aufgelistet. Die vierte Ziffer gibt an, aus welchem Land das jeweilige Buch stammt (die -3- steht z. B. für Deutschland), alle weiteren stehen für den Verlag, den Titel sowie die „persönliche Nummer" des Buches, auch Prüfziffer genannt. Ohne ISBN kann der Buchhändler keine aktuellen Bücher anfordern, aber auch keine vergriffenen feststellen.

Seite 51 – Teste dich!

b) ⟦10⟧
❶ großgeschrieben, nominalisiertes Adjektiv, (etwas) Gutes
❷ großgeschrieben, nominalisiertes Verb, (das) Träumen
❸ großgeschrieben, nominalisiertes Verb, von dem Tanzen
❹ großgeschrieben, Nomen, (das) Publikum
❺ großgeschrieben, Nomen, (die) Erfahrung
❻ kleingeschrieben, Attribut, auf der kleinen (Bühne)
❼ großgeschrieben, nominalisiertes Verb, (dem) Spielen
❽ großgeschrieben, nominalisiertes Verb, (dem) Tanzen
❾ großgeschrieben, nominalisiertes Adjektiv, (in dem) Allgemeinen
❿ großgeschrieben, Nomen, (die) Auftritte

a) + b) ⟦14⟧ ⟦9⟧
Das Anmelden für einen Intensivworkshop war sehr mutig von Katharina. Beim Tanzen, Singen und Schauspielern zeigte sie vorhandenes Talent, aber auch die nötige Disziplin. Das paarweise Laufen durch den Saal schweißt zusammen: Die eine Person muss mit geschlossenen, die andere mit offenen Augen gehen. „Vertrauen ist wichtig, bedeutet aber auch ein Herausfordern eines jeden Einzelnen", hebt der Schauspiellehrer Domian Mauser hervor. Weitere Aufgaben warten: Das Sprechen mit einem Korken zwischen den Lippen ist etwas Ungewöhnliches, trainiert jedoch eine deutliche Aussprache. Auch während der Pausen dreht sich alles nur um das Wesentliche – die große Abschlussaufführung am Wochenende.

33 erreichbare Punkte

Seite 52

a) Butterbrot essen

Bus fahren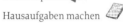

Spagetti essen

Klavier spielen

Hausaufgaben machen

Eis essen

E-Mails schreiben/Computer spielen

ins Bett gehen

b) *Beispiel:*
Am Morgen sollte jedes Kind ein Butterbrot essen, denn hungrig sollte man keine Schule besuchen.
Schon beim Busfahren knurrte mir der Magen, deshalb freute ich mich auf das Spagettiessen in der Mittagspause.
Zu Hause entspanne ich mich beim Klavierspielen, bevor ich meine Hausaufgaben mache.
Eigentlich möchte ich in Ruhe ein Eis essen, aber dann fällt mir ein, dass ich noch einige E-Mails schreiben sollte, bevor ich ins Bett gehe.

2 a) *Mögliche Verbindungen:*
Angst haben, Rat suchen, Schlange stehen, Segel setzen, Haare kämmen/schneiden, Briefe schreiben, Blumen gießen/pflücken

b) *Beispiele:*
An der Kinokasse macht Schlangestehen überhaupt keinen Spaß.
Der Kapitän rief alle Mann zum Segelsetzen auf Deck.
Der Friseur achtet beim Haarekämmen darauf, nicht zu rupfen.
Letzte Woche habe ich das Blumengießen vergessen – die Rose ist ganz vertrocknet.

Lösungen

Seite 53

3 A: vortragen üben, B hängen bleiben oder hängenbleiben, C zuhören können, D sitzen bleiben, E schätzen wissen, F sitzen bleiben oder sitzenbleiben

4 b) *Mögliche Sätze:*
Man muss nicht unbedingt beliebt sein, wenn man glücklich sein will. Manchmal darf man etwas verrückt sein, aber man sollte nie böse sein.

Seite 54

5 Spaziergänger sitzen ruhig im Café am Platz, als plötzlich ein Turnschuh <u>laut quietscht</u> und Hände <u>kraftvoll klatschen</u>. Was ist los? Die Szene wirkt wie aus einem Comicfilm geschnitten, in dem Leute <u>hoch fliegen</u> und <u>frei schweben</u> können, ohne dass sie <u>schnell stürzen</u>. Alex und Jan brauchen keine Computeranimation für ihre akrobatische Performance, sondern nur ein paar lässige Schritte Anlauf. <u>Zielgerichtet wirbeln</u> sie in flatternden T-Shirts meterhoch über Treppengeländer, <u>cool laufen</u> sie an Betonwänden entlang und <u>flink schlagen</u> sie ihre Salti mannshoch auf dem Platz. Das alles geschieht, ohne dass es ihnen <u>schwerfallen</u> ☒ würde. Gelenke werden zu Sprungfedern, Jungs zu Gummibällen. So <u>schnell springen</u> sie ab, dass ihre Arme und Beine in der Luft zu Streifen verwischen.

6 Auf die Frage, wie sich sein Sport in der Zukunft <u>weiterentwickeln</u> wird, antwortet Markus ohne Zögern: „Mit dem Tricking wird es <u>aufwärtsgehen</u>, der Sport steht gerade erst am Anfang. Was es einem bringt, muss jeder selbst <u>herausfinden</u>. Lernen kann es jeder." Er muss kurz <u>nachdenken</u>. „Toll ist, wie einen das Training <u>voranbringt</u>. Ich liebe es, neue Moves, meinen ganz eigenen Style entwickeln zu können. Interessierte können sich über Foren im Internet informieren. Tipps von qualifizierten Coaches muss man am Anfang unbedingt <u>annehmen</u>."

Seite 55

7 *Zusammengeschriebene Nomen sind <u>unterstrichen</u>, Wörter aus Adjektiv und Nomen grau hinterlegt.*
Es ist verwirrend: Erwachsene wissen zwar sehr viel, aber verstehen immer weniger. Sie benutzen lauter komische Sachen, von denen Kinder nicht einmal wissen, dass es sie gibt: <u>Schuhspanner</u> und <u>Brillentücher</u> zum Beispiel. Ihre Abenteuer beschränken sich darauf, kleinlich ihre <u>Kontoauszüge</u> zu prüfen und Quittungen pingelig in <u>Aktenordnern</u> abzuheften. Und sie lassen sich von <u>Alltagsdingen</u> verrückt machen, die Kindern völlig egal sind: Sie reinigen <u>Flusensiebe</u> und säubern ihre <u>Computermäuse</u>. Sie schauen auf <u>Lebensmittelverpackungen</u> nach dem <u>Verfallsdatum</u> und im Internet nach Billigtarifen fürs Festnetz. Erwachsene haben auf der Toilette Feuchttücher. Schreiben sich Geheimzahlen auf. Mögen Jodsalz. Zünden nach <u>Arbeitsschluss</u> <u>Duftkerzen</u> an. Kaufen nur Frischwaren. Bezahlen Mahnungen. Bestellen <u>Kinokarten</u> im Voraus. Und das ist längst noch nicht alles: Sie bürsten sich sogar die <u>Fingernägel</u>.

8 Sie bewohnte eine <u>eiskalte</u>, kleine Kellerwohnung. Caroline war <u>geistreich</u>, sie sprach gern und sehr gebildet mit Schätzelein. Schätzelein dagegen war eher <u>strohdumm</u>. Doch wenn Caroline aus dem Haus ging, ohne die Tür zu schließen, war Schätzelein <u>blitzschnell</u>. Er war schneller durch die Tür, als man schauen konnte. Am liebsten verschwand er in den <u>nachtschwarzen</u> Keller, dort gab es kein Licht, aber viele Abenteuer. Seltsame Tiere, duftende Kartons, muffige Wäsche im Trockenraum – ein Paradies für Schätzelein. Am liebsten kroch er hinter die Heizungsrohre und schlummerte auf dem Altpapierstapel. Er träumte von Caroline, denn tief in seinem Innern wusste er: Er war ein <u>herzensguter</u> und <u>steinreicher</u> Prinz.

Seite 56 und 57 – Teste dich!

1 *Die richtigen Schreibweisen sind:* 〔10〕
fertiggebracht, freundlich verabschiedet, klar festgelegt, farbig gestalten, guttun, eng aufgeklebt

Die falschen Schreibweisen sind:
schwer gefallen (hier richtig: schwergefallen), schief gehen (hier richtig: schiefgehen), gutgeplant (nur getrennt möglich: gut geplant), starkwürzen (richtig, nur getrennt möglich: stark würzen)

2 1. Am Fetenabend haben sich alle gut amüsiert. 〔5〕
2. Im Stehen wurde Kuchen gegessen und Cola getrunken.
3. Bereits nach kurzer Zeit war das Büfett stark geplündert.
4. Es wurde viel und schnell getanzt und laut gesungen.
5. Nach diesem Partyerfolg hofft man, dass noch viele Schülergruppen am Austauschprogramm teilnehmen.

3 Für die Abschiedsfeier Ⓐ am Freitagabend Ⓐ wollen die 〔16〕 deutschen Schülerinnen und Schüler der Klassen 9 die Mensa im Schulgebäude Ⓐ partygerecht Ⓑ vorbereiten Ⓒ. Um Platz für die Musikanlage Ⓐ bereitzustellen Ⓒ, werden die Tische in einer nachtschwarzen Ⓑ Ecke zusammengeschoben Ⓒ. Einige Tische werden zur Tanzfläche Ⓐ hin quergestellt Ⓒ, um Platz für das liebevoll Ⓑ zubereitete Büfett zu haben. Zwei sternenhell Ⓑ glitzernde Diskokugeln Ⓐ und mehrere bildschöne Ⓑ, kräftige Strahler werden von der Decke herabhängen Ⓒ.

4 da sein, los sein; dabei sein, zusammen sein, zufrieden sein; 〔6〕 fertig sein

5 a) Verbindungen aus Nomen und Verb werden in der Regel 〔9〕 <u>getrennt</u> geschrieben.
<u>Rad fahren</u>, <u>Schlange stehen</u>
b) Verbindungen aus <u>Verb</u> und Verb werden getrennt geschrieben.
baden gehen, <u>vortragen üben</u>, <u>tanzen lernen</u>
c) Verbindungen von <u>Adjektiv</u> und <u>Verb</u> werden meist getrennt geschrieben.
klar denken, <u>leise reden</u>, <u>tief fallen</u>

46 erreichbare Punkte

Seite 58

1 a) *Anglizismen:*
PC-User, Hardwareprodukt, Hardwarewebsite, Supportfragen, Knowledge Base, Updates, Chatten, Supportmitarbeiter, E-Mail

b) PC-User bedeutet: Nutzer eines Computers
Hardwareprodukt bedeutet: Computerteil, das man anfassen kann
Hardwarewebsite bedeutet: eine im Internet wählbare Seite, auf der Informationen zu technischen Fragen gegeben werden
Supportfragen bedeutet: Fragen nach Hilfe rund um den Computer
Knowledge Base bedeutet: Datenbank, in der Wissen gespeichert ist
Updates bedeutet: aktualisierte (verbesserte) Versionen von Computerprogrammen oder -dateien
chatten bedeutet: im Internet mit jemandem kommunizieren
Supportmitarbeiter bedeutet: Mitarbeiter, der bei Schwierigkeiten mit dem Rechner oder Programmen Auskunft gibt
E-Mail bedeutet: elektronische Post

2 Die Aussagen A, B, D und E treffen zu, die Aussagen C und F treffen nicht zu.

Seite 59

a) Mi·kro·wel·le, Re·so·nanz, An·ten·nen, Ter·ras·se, Pa·pri·ka
oder Pap·ri·ka, Ven·ti·la·tor, Kom·mis·si·on, Neu·tra·li·tät,
Ri·tu·al, Pa·ral·le·le, Ad·mi·nis·tra·ti·on, Fa·ta·lis·mus,
Di·rek·ti·on, Sta·di·on, Sta·ti·on

c) *Beispiele:*
Resonanz: Widerhall, Anklang, Wirkung, Klangverstärkung
Kommission: Ausschuss von Personen
Neutralität: Nichteinmischung, Nichtbeteiligung
Ritual: religiöser Brauch, Vorgehen nach einer festgelegten
Ordnung, Zeremonie
Parallele: vergleichbarer Fall; in der Mathematik: Gerade, die
zu einer anderen Geraden im gleichen Abstand verläuft
Administration: Verwaltung, Verwaltungsbehörde
Fatalismus: Schicksalsergebenheit
Direktion: Leitung (eines Unternehmens)

a) Regler für die Temperatur: Ther·mo·stat; Gerät zum Messen der
Temperatur: Ther·mo·me·ter; Ausschank in einer Gaststätte:
The·ke; Gebäude für Aufführungen: The·a·ter; Gegenstand von
Texten: The·ma·tik; Behandelnder (kein Arzt): The·ra·peut; Be-
hauptung: The·se; beliebter Speisefisch: Thun·fisch; Religions-
wissenschaft: Theo·lo·gie; Bücherei: Bib·lio·thek (Trennung
möglich: Bi/b/lio/thek); Betrachtungsweise: The·o·rie; Raubtier:
Pan·ther

b) Tunfisch, Panter

a) + b)

Nomen	Verb	Adjektiv	Bedeutung
Addition	addieren	additiv	Hinzufügung
Subtraktion	subtrahieren	subtraktiv	Verminderung
Attraktion	–	attraktiv	Anziehung,
Kooperation	kooperieren	kooperativ	Zusammen-arbeit
Explosion	explodieren	explosiv	knallendes Zerplatzen
Intervention	intervenieren	interventiv	Eingriff, Einmischung
Konstruktion	konstruieren	konstruktiv	Entwurf, Bauart
Situation	situieren	situativ	Sachlage

Seite 60

A: Regel 2 (Satzgefüge, Hauptsatz + Nebensatz) Sauberkeit bedeutete früher Mühe, weil die Menschen großen Aufwand betreiben mussten.
B: Regel 2 (Satzgefüge, Nebensatz + Hauptsatz) Wenn sie sauber
sein wollten, mussten sie erfinderisch sein.
C: Regel 2 (Satzgefüge, eingeschobener Nebensatz) Den Luxus eines Badezimmers, den wir heute für selbstverständlich halten,
gab es damals nicht.
D: Regel 1 (Satzreihe, Hauptsatz + Hauptsatz) Der Waschort war
meistens draußen, dort war es ziemlich zugig und ungemütlich.

a) Regel 2: Es handelt sich um Satzgefüge aus Hauptsätzen und
Infinitivsätzen.

b) A Während der Woche betrieben sie Katzenwäsche, um sich
nach der Arbeit zu säubern.

B Um sauber und gepflegt zu sein, legte manche Familie ei-
nen regelrechten Badetag ein.
C Man hatte aber kein fließendes Wasser, um sich und seine
Kleidung sauber zu halten.
D Viele Leute auf dem Lande mussten Wasser in Eimern aus
Brunnen holen, um sich waschen zu können.

a) Regel 3 ist hier wichtig. Hier geht es um Aufzählungen.

b) A Am Waschort lagen ein Napf mit Seife, Kamm und Spiegel
bereit.
B Außerdem mussten sich viele Menschen Wasser, Seife und
ein Handtuch teilen.
C Weil sich die Landbewohner meist nur in der eigenen
Schlafkammer richtig waschen konnten, standen dort Wasserkrüge, Waschschüsseln und Seifentöpfchen aus Porzellan, Steingut oder emailliertem Blech.
D Erst im 20. Jahrhundert spielten auf dem Land die Wasch-
und Futterküchen eine Rolle. In ihnen wurden Hände und
Gesicht gereinigt, Gartenschaufeln abgewaschen, Milchkannen gespült, Hühner gerupft und Schweinekartoffeln
gekocht.

Seite 61

4 a) Ein Nebensatz beginnt meist mit einer Konjunktion, endet
mit der Personalform des Verbs, wird durch Komma abgetrennt und kann vorangestellt, eingeschoben oder nachge-
stellt sein.

b) – d)

A ☐ Die Vorläufer der heutigen Badezimmer waren die Waschküchen, die hauptsächlich zum Kochen des Viehfutters
und zum Wäschewaschen genutzt wurden.

B ☒ In manchen Gegenden befand sich die Waschküche nicht
im Haus, denn sie war in einem separaten Waschhaus untergebracht.

C ☒ Die Hygiene hing von den Gegebenheiten ab, sie war aber
auch vom Wohlstand der Familien bestimmt.

D ☒ Während der Woche lief die Körperpflege auf Sparflamme,
doch am Samstag war Badetag.

5 a) + b)
A Am Samstag war Schluss mit der Katzenwäsche, weil jeder or-
dentlich in die Kirche gehen wollte. R 2
B Samstag war auch der Tag, an dem sich die Männer rasierten,
alle Hofbewohner sich frische Wäsche anzogen und ihre Klei-
dung wechselten. R 2; R 3
C Mägde und Knechte gingen nach Hause, um sich dort umzu-
ziehen. R 2
D Nach dem Ersten Weltkrieg kamen Badewannen auf, es waren
zunächst transportable Zinkbadewannen. R 1
E Man stellte sie an solchen Orten auf, an denen es warm war.
R 2
F Das war meistens die Küche, weil nicht alle Zimmer geheizt
werden konnten, aber in der Küche wurde ja gekocht. R 2; R 1
G Diese Wärme war besonders wichtig, da es im Winter manch-
mal so kalt war, dass Eisblumen an den Scheiben festfroren.
R 2
H In Töpfen wurde das Wasser auf dem Herd zum Kochen ge-
bracht, in der Wanne mit kaltem Wasser gemischt und für alle
Mitglieder der Familie genutzt. R 3
J Niemand wäre auf den Gedanken gekommen, das kostbare
heiße Wasser nach jedem Bad auszuschütten. R 2
K Die Kinder drängelten sich, um als Erste ins Wasser zu kom-
men, aber meistens hatte keines von ihnen die Wanne für sich
allein. R 2; R 1
L Jede Familie hatte ihre eigene Reihenfolge beim Baden, die je-
den Samstag eingehalten wurde. R 2

Lösungen

M Nach dem Baden wurde das Wasser nicht einfach in den Ausguss geschüttet, denn man schrubbte die Holzschuhe, säuberte benutzte Geräte und wässerte anschließend die Beete. R 1; R 3

N Erst viel später setzte sich das Badezimmer durch, aber das warme Wasser kam immer noch nicht aus dem Wasserhahn(,) und es musste in einem Badeofen erhitzt werden. R 1

Seite 62

2

A In einem Artikel über Baderituale heißt es: „Im Barock setzte besonders der Adel Wasser nur sehr sparsam ein […]. Die vornehme Gesellschaft reinigte sich […] mit parfümierten Tüchern." (vgl. Z. 1–4)

B Damit man nicht unangenehm roch, versuchte man den Körpergeruch „mit Körperpuder und Duftöl zu überdecken". (vgl. Z. 5–6)

C Es gab auch schon „luxuriöse" Badezimmer, aber sie „dienten […] der Repräsentation". (vgl. Z. 6–8)

D In dem Artikel heißt es weiter, dass „Fortschritte in der Medizin" bewirkten, dass sich „die Vorstellungen über Gesundheit und Hygiene" änderten. (vgl. Z. 13–14)

3

A Weil das Abwasser „ungefiltert in Flüsse und Seen" floss, waren die Brunnen bald vergiftet. (Z. 17–18)

B Deshalb kauften reiche Leute sich „Quellwasser von Wasserhändlern, die es mit Fasswagen oder Wasserträgern frei Haus lieferten". (Z. 20–22)

C Von unachtsamen Wasserträgern kommt der Ausdruck, es liefe „ihnen eiskalt den Rücken herunter". (Z. 25–26)

Seite 63

1

Fehlerwörter:
Grat, Zivilistion, Krawaten, grifbereiten, Stof, Zufal, den, stekt, Zegefinger, dan, Geselschaft, ausschliesslich, Statussymbol, eleganntes, getrenkt, gewaltich, äusserst, französichen, Gemal, began, Stof, Mass

2 a) + b)

Mitsprechen	Verlängern	Ableiten	Zerlegen	Merken
Zi vi li sa ti on Kra wat ten Zei ge fin ger Sta tus sym bol ele gan tes fran zö si schen	Grad – Gra de Stof – Stof fe Zufal – Zu fäl le steckt – stec ken gewaltig – ge wal ti ge began – be gan nen Maß – Ma ße	getränkt – Trank	griff bereiten – Grif fe Gesellschaft – ge sel lig ausschließlich – aus schlie ßen	denn dann äußerst Gemahl

Seite 64

1

Artikel: das Aufstehen; *Mengenangabe:* etwas/viel Gutes; *Adjektiv:* warme/frische/leckere Milch

2

a) Schon beim aufwachen denke ich morgens ans essen. Wenn ich nichts leckeres auf dem küchentisch vorfinde, bin ich trotz meines hungers nicht unzufrieden, denn dann kann ich auf dem weg zur schule beim bäcker vorbeigehen und mir etwas essbares besorgen. Das kann ich im gehen verspeisen und

mich dabei in gedanken schon auf die schule einstellen. Wenn ich das haus verlasse, ruft mir meine mutter häufig hinterher, dass ich meine arbeit ernst nehmen soll. Das ist für mich etwas ganz selbstverständliches, nur mein kopf ist meistens in der frühe noch gar nicht auf den kommenden alltag eingestellt. Das hat wirklich nichts mit fehlendem interesse zu tun. Kaum aus dem haus, passiert mir häufig etwas unangenehmes: Ich stelle fest, dass ich wieder einmal meine aufgaben nicht vollständig erledigt und viele materialien vergessen habe. Und das, obwohl mich doch in der schule mal wieder viel interessantes erwartet. Es ist schon etwas sonderbares, dass ich morgens vor der schule nichts gescheites hinbekomme. Eine etwas bessere konzentration täte da sicher gut. Ich denke aber, dass ich trotz meines gedankenlosen verhaltens diese klasse schaffen werde, weil ich im unterricht gut mitarbeite. Sollte ich das klassenziel erreichen, ist meine morgenmuffeligkeit ja auch nichts schlimmes, oder?

b) beim Aufwachen, ans Essen, nichts Leckeres, auf dem Küchentisch, meines Hungers, auf dem Weg, zur Schule, beim Bäcker, etwas Essbares, im Gehen, in Gedanken, auf die Schule, das Haus, meine Mutter, meine Arbeit, etwas ganz Selbstverständliches, mein Kopf, in der Frühe, den kommenden Alltag, mit fehlendem Interesse, aus dem Haus, etwas Unangenehmes, meine Aufgaben, viele Materialien, in der Schule, viel Interessantes, etwas Sonderbares, vor der Schule, nichts Gescheites, bessere Konzentration, meines gedankenlosen Verhaltens, diese Klasse, im Unterricht, das Klassenziel, meine Morgenmuffeligkeit, nichts Schlimmes

Seite 65 – Teste dich!

1

Richtig sind: in der Stille des Sees, viel Nettes und Neues, der kluge Schüler, viel Interessantes, *die anderen Schreibweisen sind falsch.* [12]

2

Fehlerwörter sind: [14]
kan, Strattegiewissen, heufig, vergist, verdret, kontollieren, kan, Verlengern, korrigiren, kan, Unsicherhieten, nent, weiterkomt, mus

3

beim Schreiben, durch Verlängern, durch Zerlegen [3]

4

Fehler, man, wenn, verwandten [4]

5

A Man mag sich wundern, dass Badezimmer der Mode unterworfen sind. R 2 (Satzgefüge) [8]

B Zurzeit sind Bäder mit Wannen, Waschtischen und Verkleidungen aus Stein modern. R 3 (Aufzählung)

C Diesen funktionalen Raum nutzt man heute nicht mehr nur zur Körperpflege, er ist auch zur Erholung von Bedeutung. R 1 (Satzreihe)

D Man macht sich heute viele Gedanken, um eine gute Badezimmeratmosphäre zu schaffen. R 2 (Satzgefüge)

41 erreichbare Punkte

Seite 66

1

Beispiel:
In dem Text geht es darum, dass viele Schüler Schularbeiten, Referate oder Aufsätze einfach aus dem Internet abschreiben oder kopieren. Lehrer versuchen, den Betrug nachzuweisen, indem sie Suchmaschinen oder bestimmte Software benutzen.

Seite 67

2

Beispiel:
In der Computerwelt bezeichnet 2.0 z. B. ein Programm, das auf einer alten Version (1.0 genannt) basiert und weiterentwickelt

16

wurde. Abschreiben 2.0 bedeutet demnach, dass es sich nicht mehr um herkömmliches Abschreiben (handschriftlich, von einem Mitschüler) handelt, sondern um eine weiterentwickelte Form, bei der Computer benutzt werden.

Vermutlich weißt du, dass Hausaufgaben und Klassenarbeiten nicht abgeschrieben werden dürfen.

Seite 68

a) *Mögliche Schlüsselwörter:*
Original, Täuschungsversuch, Plagiate, Abschreiben so leicht wie nie, Kopieren, Copy, Paste, komplette Referate, Schularbeiten, Hausaufgaben-Abzocke, Plagiate, Problem, Kopisten, überführen, Check bei Google, nichts verstanden, nur abgeschrieben, speziellen Software, Raketenabwehrschild (Metapher!), Internet, tolles Hilfsmittel, Methoden zur sinnvollen Recherche, kompetente Umgang mit dem Medium Internet, erlernt

A: 3, B: 1, C: 4, D: 2, E: 7, F: 8, G: 6, H: 5

Richtig ist Aussage B.

Die Aussagen A, C und D treffen zu; die Aussagen B, E und F treffen nicht zu.

Seite 69

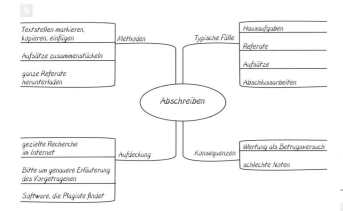

A Enttäuschung: Toller Aufsatz ist abgeschrieben
B Plagiate im Zeitalter des Internets
C Dem Betrug auf der Spur
D Statt schummeln: Das Internet kompetent nutzen

a) Suchmaschinen nutzen, Infos suchen, Wikipedia o. Ä. nutzen

b) Ja, die Informationen aus dem Schaubild stützen die Aussage des Texts. Jugendliche nutzen das Internet offenbar in erster Linie für die Suche nach Informationen und Wissen – das sie dann für Hausaufgaben und Referate verwenden können.

Mögliche Zusammenfassung:
Der am 11.08.2008 im Magazin „Der Spiegel" erschienene Artikel „Abschreiben 2.0" von Julia Bonstein beschäftigt sich mit dem Problem, dass viele Schüler ihre Hausarbeiten und Referate nicht mehr selbst schreiben. Stattdessen kopieren sie Textteile oder sogar ganze Aufsätze aus dem Internet und geben sie als ihre eigenen aus.
Das Internet macht es Betrügern leicht. Mit wenigen Mausklicks können sie Textpassagen kopieren und in eigene Dateien einfügen. Einige Webseitenbetreiber haben sich auf diese Zielgruppe spezialisiert und bieten zum Beispiel fertige Referate und Aufsätze an. Lehrern an Schulen und auch Dozenten an den Universitäten begegnet diese Art des Schummelns immer häufiger. Die Pädagogen versuchen durch eigene Internet-Recherchen, den Abschreibern auf die Spur zu kommen, und nutzen auch spezielle Software zum Textabgleich. Das Internet kann Schüler zwar zum Schummeln verlocken, ist andererseits aber ein gutes Hilfsmittel für die Informationssuche. Wie man es richtig und sinnvoll einsetzt, sollte im Schulunterricht erlernt werden.

Seite 70 – Teste dich!

Wende zum Erschließen die 5-Schritt-Lesemethode an. Für jeden Schritt, den du durchgeführt hast, bekommst du einen Punkt. [5]

In dem Sachtext geht es um die Gefahren und die negativen Seiten des Internets. [1]

Die Aussagen A, E und F treffen zu, B, C und D treffen nicht zu. [6]

A = 2, B = 4, C = 3, D = 1 [4]

16 erreichbare Punkte

Seite 71

Mögliche Schlüsselwörter:
Schule, zu Ende, schöner Junge, 18, Asien, 1000 Dollar, drei Monate unterwegs, was erleben, Pensionszimmer, Leute, fremd, einsam, nicht existiert, fremdes Essen, wie tot, Weit weg, weint, Heimweh, Computer, Internet-Café, E-Mails, Freunden, nicht mehr allein, Bildschirm, am Leben

Mögliche Beobachtungen zu Inhalt, Form und Sprache:
Inhalt: 18-jähriger Junge auf Asienreise, sitzt in Pensionszimmer, fühlt sich einsam, fremd, hat Heimweh, geht essen, weint, findet ein Internet-Café, liest und beantwortet seine E-Mails, fühlt sich dadurch nicht mehr allein, wieder lebendig
Form: aus der Perspektive des Jungen und im Präsens erzählt, der Leser erfährt seine Gedanken, abrupter Beginn, offenes Ende
Sprache: eher nüchtern und einfach, viele unvollständige Sätze und Aufzählungen, nicht viele Fremdwörter, keine wörtliche Rede

Seite 72

Wo: nicht genau benanntes asiatisches Land (Figur reist durch Thailand, Indien und Kambodscha), Pensionszimmer, Restaurant, Internet-Café
Wann: zur heutigen Zeit, abends/nachts
Was geschieht? junger Mann (18) reist nach Ende der Schulzeit nach Asien, sitzt in Pensionszimmer, fühlt sich einsam, verlässt das Zimmer, streift durch die Stadt, isst etwas, stößt schließlich auf ein Internet-Café, liest seine E-Mails und schreibt seinen Freunden, fühlt sich besser, Mail an SAT. 1

a) *Die folgenden Passagen solltest du markiert haben:*
Der Junge hockt in einem Zimmer, [...] (Z. 10/11); Und ist unterdessen aus seinem heißen Zimmer in die heiße Nacht gegangen, hat fremdes Essen vor sich, von einer fremdsprachigen Serviererin gebracht, [...] (Z. 43–46); Jetzt weint er doch, [...] (Z. 51); Er geht durch die Nacht, [...] (Z. 58/59); Und er setzt sich, schaltet den Computer an, liest seine E-Mails. (Z. 61/62); [...] und er schreibt und schreibt (Z. 64); [...] zu seinen Füßen ausländische Insekten so groß wie Meerkatzen herumlaufen (Z. 65–66); [...] er schickt eine E-Mail an SAT. 1 (Z. 72)

b) – junger Mann sitzt während einer Reise durch Asien in einem schäbigen Pensionszimmer
– mitten in der Nacht verlässt er das Zimmer, streift durch die Straßen, isst etwas, weint
– er geht weiter und entdeckt ein Internet-Café, in dem er E-Mails liest und schreibt

Lösungen

Seite 73

4 a) *Du solltest die folgenden Zeilen markiert haben:*
Z. 1–4, 6–10, 17–43, 47–58, 69–74

b) *Wichtige Textstellen der inneren Handlung mit Erklärungen:*

Innere Handlung (Textstelle: Z.___)	Erklärung/Beschreibung
und jetzt aber Asien, hatte er sich gedacht (Z. 17/18)	Wunsch, aus dem vertrauten Leben auszubrechen
jetzt was erleben und vielleicht nie zurück (Z. 20/21)	Hoffnung auf Abenteuer und Veränderung
man lernt ja so viele Leute kennen unterwegs (Z. 23/24)	Interesse an neuen Kontakten
das ist das Zeichen, dass man einsam ist (Z. 34/35)	gesteht sich ein, dass er nicht glücklich ist
Er merkt weiter, dass er gar nicht existiert, wenn er nichts hat, was er kennt. (Z. 38/39)	Erkenntnis, dass er ohne Heimat und Freunde nicht leben kann
Weit weg von zu Hause, um anderen beim Leben zuzusehen (Z. 48/49)	Er ist nur Beobachter; Feststellung, dass er durch die Reise keine Abenteuer erlebt, dass der Spaß ausbleibt
das stimmt so gar nicht mit den Bildern überein, die er zu Hause von sich hatte (Z. 53/54)	Enttäuschung, Erkenntnis, dass seine Erwartungen nicht erfüllt werden
die fremde Welt um ihn verschwimmt, er ist nicht mehr allein, taucht in den Bildschirm ein (Z. 68–70)	Er wird aktiv, E-Mail-Kommunikation hilft ihm, seine Einsamkeit zeitweise zu überwinden und sich wieder lebendig zu fühlen.

5 *Beispiel:*
In der Kurzgeschichte „Hauptsache weit" von Sibylle Berg aus dem Jahr 2001 geht es um einen jungen Mann, der sich auf einer Asienreise befindet.
Der Name des Mannes wird nicht genannt, aber einige knappe Informationen lassen ein Bild der Figur entstehen. Man erfährt, dass der Junge 18 Jahre alt ist (Z. 17), gut aussieht und lange dunkle Haare hat. Er spielt gern Gitarre und komponiert Musik am Computer (Z. 4–6). Schon während seiner Schulzeit hat er davon geträumt, eine weite Reise zu machen, um dem langweiligen Alltag zu Hause zu entkommen und etwas Neues zu erleben (Z. 17–21). Nach dem Ende seiner Schulzeit verwirklicht er seinen Traum und fährt für drei Monate nach Asien. Dort erfüllen sich seine Erwartungen aber ganz und gar nicht.
Statt wie erhofft Abenteuer zu erleben und Kontakte zu knüpfen, sitzt er allein in einem schäbigen Zimmer (Z. 10–15, 30/31). Er fühlt sich in dem fremden Land unwohl, weil er das Klima und das Essen nicht gut verträgt (Z. 15–17, 44/45, 56/57, 67). Außerdem kann er wegen fehlender Sprachkenntnisse nicht am Leben in dem Land teilnehmen (Z. 40–46, 59). Es geht ihm erst wieder gut, als er sich über E-Mails mit seinen Freunden zu Hause austauschen kann (Z. 69/70). Allerdings schreibt er ihnen nichts über seine Einsamkeit und seine wahren Gefühle, sondern berichtet nur Gutes über seine Erfahrungen im Ausland (Z. 63/64). Wahrscheinlich möchte er seinen Freunden gegenüber cool erscheinen. Es ist ihm wichtig, seine Erlebnisse in ein gutes Licht zu rücken und seine Enttäuschung zu verbergen. Er möchte sein Gesicht nicht verlieren.

6 a) + b) Aussage C trifft zu.

Seite 74

7

Wortwahl	Wirkung
hässliches Pensionszimmer (Z. 30/31)	wenig einladend
das Zimmer ist grün (Z. 11)	Farbe, die eine unangenehme Atmosphäre verbreitet
Neonleuchte (Z. 11/12)	künstliches Licht, wirkt kalt und abweisend
es hat kein Fenster (Z. 12)	Zimmer wirkt wie ein Gefängnis, trostlos, keine Verbindung zur Außenwelt, das unterstreicht die Isolation und Einsamkeit des Jungen
Ventilator ist sehr laut (Z. 12/13)	unangenehmer Lärm – Zimmer wirkt noch ungemütlicher
Decke, wo schon die anderen Dinge drauf sind (Z. 32/33)	unappetitlich, trägt zum Unbehagen bei

8 *Mögliche Erläuterungen:*
Und weg, hatte er gedacht (Z. 1): [...]
Magen gegen Tom Yan, Darm gegen Curry. (Z. 15/16): [...], Verkürzung wirkt verstärkend, zeigt die Unverträglichkeit des fremden Essens, gegen die der Junge ankämpft
Immer verloren, die Eingeweide (Z. 16/17): kurzer, unvollständiger Satz (Ellipse), zeigt die aussichtslose Lage, Magen und Darm geben das Essen immer wieder her
Ein Computer, ein Internet-Café. (Z. 60/61): kurzer, unvollständiger Satz (Ellipse), Aufzählung; drückt die unverhoffte Freude des Jungen aus

9

Vergleiche	Bedeutung
Das ist wie tot sein (Z. 47)	Vergleich drückt aus, dass der Junge sich in dem fremden Land völlig einsam fühlt, weil er niemanden kennt und sich ohne Sprachkenntnisse nicht verständigen kann
[...] Stars zu Hause, die sind wie ein Geländer zum Festhalten (Z. 57/58)	bekannte Stars lösen ein Gefühl von Vertrautheit aus und geben Halt und Sicherheit
[...] ausländische Insekten so groß wie Meerkatzen (Z. 65/66)	Insekten erscheinen dem Jungen größer, als sie tatsächlich sind, und wirken daher bedrohlich
[...] Bildschirm ein, der ist wie ein weiches Bett (Z. 70/71)	der Computer ist etwas Vertrautes, bietet die Möglichkeit zu Kontakt und Kommunikation, vermittelt das Gefühl, zu Hause und geborgen zu sein

Seite 75 – Teste dich!

1 Richtig ist Aussage C. |1|

2 Die äußere Handlung beschränkt sich darauf, dass der Junge |4| erst in einem Pensionszimmer sitzt (Z. 10/11), dann das Zimmer verlässt (Z. 43/44) und durch die nächtlichen Straßen streift, wo er schließlich auf ein Internet-Café stößt (Z. 60/61). Dort liest und schreibt er E-Mails.

18

Lösungen

Beispiele für die personale Erzählperspektive:
Das ist so eng, so langweilig, jetzt was erleben und vielleicht nie zurück. (Z. 20/21)
Übermorgen würde er in Laos sein, [...], auf die Decke, wo schon die anderen Dinge drauf sind. (Z. 29–33)
Er merkt weiter, [...] Denkt er. (Z. 38–43)
Das ist wie tot sein, [...] und cool sein (Z. 47–56)
Er schreibt seinen Freunden [...] weit weg von zu Hause (Z. 67–74)

Zutreffend sind: umgangssprachlich, locker, modern, bildreich; *nicht zutreffend sind:* altmodisch, umständlich, langatmig, schwer verständlich

[4]

9 erreichbare Punkte

Seite 77

Richtig ist Aussage D.

Beispielskizze:

b) 1. Frau: voller Mitgefühl für Inge
Mann: denkt geringschätzig über Inge
Arbeiter: hat Mitleid mit Inge; möchte ihr helfen, traut sich aber nicht
HJler: voller Hass und Verachtung
Junger Mann: möchte Inge nicht ausgrenzen und ihr das auch zeigen
2. Frau: schwankt zwischen Mitleid und Verachtung

Mögliche Beschreibung:
Die beiden HJler zeigen offen ihren Judenhass, sie beleidigen Inge durch ihre Worte („Hier stinkt's!", Z. 55; „Judenschweiß", Z. 56) und grenzen sich durch das Verlassen der S-Bahn sichtbar ab. Der Junge Mann bietet Inge seinen Platz an. Als sie ablehnt und aussteigt, folgt er ihr und möchte sie begleiten. Schließlich steckt er ihr seine Lebensmittelmarken in die Tasche und zeigt durch diese Handlung sein Mitleid und seine Hilfsbereitschaft. Er spricht sie sehr direkt an (Aufforderungssätze, Z. 60–65), bleibt dabei aber höflich.
Der Arbeiter versucht heimlich und erfolglos, ihr sein Frühstücksbrot in die Manteltasche zu stecken. Er möchte ihr helfen, wagt es aber nicht, sie anzusprechen, und isst das Brot schließlich selbst.

Möglicher Rollenmonolog:
Warum springt der junge Mann von seinem Platz auf? Er wird mir doch wohl nicht ...?
Doch. Was soll ich tun? Ablehnen, ich muss ablehnen. Versteht er nicht, dass ich mich nicht setzen darf? Es darf doch nicht sein. Ich muss ihm sagen, dass es nicht sein darf. Ich glaube, er versteht es. O nein, jetzt will er mir auch noch folgen. Nein! Ich muss hier weg.

Seite 78 – Teste dich!

Frau: anteilnehmend; 2. Frau: zwiegespalten; Mann: verächtlich; Arbeiter: mitleidig; HJler: hasserfüllt; junger Mann: aufrichtig

[6]

Unterschied: Die erste Frau empfindet Mitgefühl, die zweite wehrt sich gegen ihr eigenes Mitleid und versucht, sich vor sich selbst zu rechtfertigen.
Sprache – Frau: Die Frau nennt Inge zweimal ein „armes Mädchen" (Z. 27/29); bezeichnet Inges Lage deutlich als „Schande" (Z. 27); fragt sich, was sie tun soll; hat Mühe, nicht zu weinen
Sprache – 2. Frau: Die 2. Frau befiehlt sich selbst, ihr Mitleid zu unterdrücken; fällt ein verallgemeinerndes, negatives Urteil über Juden (Z. 14/42), findet die Diskriminierung durch den Stern aber übertrieben („allerdings", Z. 43)

[6]

Der junge Mann fordert Inge wiederholt und bestimmt auf, sich zu setzen (Z. 60–65), entschuldigt sich höflich (Z. 68/69), als er Inges Situation versteht, und fragt direkt, ob er sie begleiten darf (Z. 72/73).

[3]

Du solltest die folgenden Begriffe angekreuzt haben:
höflich, bestimmt, ängstlich, überlegt, aufrichtig

[5]

Richtig ist Aussage D.

[1]

21 erreichbare Punkte

Seite 80

Reimschema: Kreuzreim
Metrum: Trochäus

a) <u>Wellen</u> stehen für Endlosigkeit, Wiederkehr, Kraft, Natur
<u>Sand</u> steht für Vergänglichkeit, Flüchtigkeit
<u>Stern</u> steht für Liebe, Hoffnung, Vergänglichkeit
<u>Kreis</u> steht für Kreislauf / Wiederkehr, Unendlichkeit

b) Vers 5 und 6: Enjambement
„ewige Vergänglichkeit" (V. 6): Widerspruch
„Welle kam .../ Welle ging" (V. 7/8): Wiederholung
„Lachend" (V. 9), „Schmerz" (V. 10): Gegensatz
Doppelpunkt (V. 10): kündigt etwas an (z. B. Wende-/Höhepunkt)
„Denn" (V. 11): Begründung
„schönste Welle" (V. 11), „löschte deiner Füße Spur" (V. 12): Gegensatz

a) ich, dich (V. 1); dir (V. 2); du (V. 3); du (V. 5); du (V. 8); du dich, mir (V. 9); ich (V. 10); sie (V. 12)

b) + c)
1. Strophe: Das lyrische Ich erblickt eine Person (Du) am Strand und ~~weiß nicht, ob es sie ansprechen soll~~ / wird nachdenklich. Vers: 4

2. Strophe: Das lyrische Ich beobachtet das Du und fühlt sich zugleich fern und vertraut / ~~ist traurig über das fehlende Interesse des Du~~. Vers: 5, 8

3. Strophe: Das lyrische Ich wird durch den erahnten Verlust des Du verletzt, spürt aber dennoch große Zuneigung und Sehnsucht / ~~ist enttäuscht und blickt ihm voller Wut hinterher~~. Vers: 10, 12

a) – b)
Inhaltliche Wiedergaben sind grau <mark>hinterlegt</mark>, Deutungen/Beschreibungen der Wirkung sind <u>unterstrichen</u>, Belege/Zitate sind doppelt <u><u>unterstrichen</u></u>.

Das Gedicht besteht aus drei Strophen mit je vier Versen. Das Metrum ist ein Trochäus. Das Reimschema ist ein regelmäßiger Kreuzreim (abab).
In der ersten Strophe wird dargestellt, wie <mark>das lyrische Ich auf einen Strand blickt und das lyrische Du beim Spiel mit Sand und Wellen beobachtet.</mark> <u>Diese Situation scheint sich bereits mehrfach wiederholt zu haben</u> („<u><u>Heute sah ich wieder dich ...</u></u>", V. 1). <u>Die Stimmung in der ersten Strophe des Gedichts ist eher neutral.</u> Man weiß noch nicht, wie sich das lyrische Ich fühlt. Die sprachlichen Bilder der „<u><u>Wellen</u></u>" (V. 2), welche die „<u><u>Zeichen</u></u>" (V. 4) wegspülen, sowie der „<u><u>Sand</u></u>" (V. 3) <u>deuten aber schon das</u>

19

Lösungen

traurige Thema der „Vergänglichkeit" (V. 6) an. Die insgesamt ruhige Stimmung wird durch das gleichmäßige Metrum und den Kreuzreim unterstützt.

5 *Beispiel:*
Die zweite Strophe gibt wieder, wie das lyrische Ich erkennt, dass das Du ganz in seinem Spiel aufgeht („Ganz versunken", V. 5). Das lyrische Ich fühlt sich dem Du zugleich fern und vertraut. Das Du hat einen „Stern" und einen „Kreis" (V. 7) in den Sand gezeichnet. Der Stern steht für Liebe und Hoffnung, aber auch für Vergänglichkeit. Der Kreis steht für die Unendlichkeit. Als beide Zeichen vom Wasser weggespült werden („Welle kam und Stern und Kreis zerfiel", V. 7), malt das Du sie erneut in den Sand. Der Ausdruck „ewige Vergänglichkeit" (V. 6) ist auf den ersten Blick widersprüchlich – Ewigkeit und Vergänglichkeit schließen einander aus. Aber die Wellen stehen für beides. Sie sind immer da, obwohl jede einzelne von ihnen vergänglich ist. Das lyrische Ich weiß, dass alles – auch Liebe und Hoffnung – vergänglich ist und dass die Beziehung enden wird.
Das wird besonders in der dritten Strophe deutlich. Das Du schaut das lyrische Ich fröhlich an („lachend", V. 9) und hat keine Ahnung davon („Ahntest nicht", V. 10), dass das Ich „Schmerz" (V. 10) empfindet. Der Grund für diesen Schmerz folgt nach dem Doppelpunkt in V. 10: Die „schönste Welle" (V. 11) spült die Fußspuren des Du im Sand weg („löschte deiner Füße Spur", V. 12). Dieses Bild verdeutlicht die Vergänglichkeit der Liebe und des Du. Das lyrische Ich wird durch den erahnten Verlust des Du verletzt, spürt aber dennoch große Zuneigung und Sehnsucht.

6 *Mögliche Stellungnahme:*
Abschließend lässt sich feststellen, dass Marie Luise Kaschnitz mit dem Gedicht „Am Strande" die Vergänglichkeit des Menschen und der Liebe zeigt. Das lyrische Ich ist traurig, weil es weiß, dass es die geliebte Person eines Tages verlieren wird.

7 *Beispiel:*
Es könnte sein, dass die Dichterin einen geliebten Menschen verloren hat und mit dem Gedicht ihre Gefühle ausdrücken möchte. Oder sie hat einmal an einem Strand eine ähnliche Situation erlebt und dabei angefangen, über die Wellen und die Vergänglichkeit nachzudenken.
Die nachdenkliche, traurige Stimmung des Gedichts spricht mich sehr an, die Themen Vergänglichkeit und Sehnsucht betreffen jeden Menschen. Das Bild der Wellen, die die Zeichen und Spuren im Sand wegspülen, zeigt deutlich, dass alles vergänglich ist. Liebe dauert nicht ewig, Menschen sterben, also lassen sich Schmerz und Verlust nicht vermeiden.

Seite 81 – Teste dich!

1 Das lyrische Ich ist der „Sprecher" in Gedichten, es darf nicht mit dem Autor oder der Autorin gleichgesetzt werden. [1]

2 a) formaler Aufbau: vier Strophen mit je vier Versen; Reim: Kreuzreim; Metrum: Jambus und Daktylus [4]

Der Hímmel gewíttert,
Im Gárten steht
Eine Línde und zíttert.
Es ist schón spät.

Auf schwánken Sténgeln
Die Blúmen stéhn,
Hören Sénsendéngeln
Herúberwéhn.

Ein Wétterléuchten
Beschaut sich bléich
Mit gróßen féuchten
Áugen im Téich.

Der Hímmel gewíttert,
Schwúl geht ein Háuch.
Mein Mädel zíttert –
„Ság, spürst du's áuch?"

b) *Folgendes solltest du unterstrichen haben:* [7]
Himmel gewittert (V. 1); Linde ... zittert (V. 3); ... Wetterleuchten/Beschaut sich bleich/Mit großen feuchten/Augen ... (V. 5–8); Die Blumen stehn,/Hören (V. 10/11); Himmel gewittert (V. 13); geht ein Hauch (V. 14)
sprachliches Mittel: Personifikation

c) Wirkung: Die Natur wird so lebendig dargestellt, dass der Leser in die sommerliche Stimmung des Gedichts hineingezogen wird. [1]

13 erreichbare Punkte

Ich teste meinen Lernstand

Seite 84

A1 Literarische Texte verstehen

2 Richtig ist Antwort B.

3 Richtig ist Antwort B.

4 Die Aussagen B und D treffen zu, die anderen Aussagen treffen nicht zu.

5 Richtig ist Antwort B.

6 Richtig ist Antwort B.

Seite 85

B1 Nachdenken über Sprache

7 a) A: Konj. II; B: Konj. I; C: Konj. I
b) „Aber der Kuchen passt doch", entgegnete er.

Seite 86

A2 Literarische Texte verstehen

8 Strophe 1: Umzug vom Urwald in die Zivilisation
Strophe 2: Alte Umgangsformen in moderner Umgebung
Strophe 3: Fortschritte durch Bildung, Wissenschaft und Technik
Strophe 4: Erfindungen machen das Leben angenehmer
Strophe 5: Überflüssige oder gefährliche Entdeckungen
Strophe 6: Das Wesen der Menschen ist unverändert

9 Richtig ist Antwort B.

10 Die Menschheit hat auf vielen Gebieten wie Hygiene, Bildung, Wissenschaft und Technik Fortschritte erzielt, aber ihre Verhaltensweisen sind unverändert geblieben.

11

Zuordnung	Zitat	Vers
B E	„Doch davon mal abgesehen [...] / sind sie im Grund / [...] die alten Affen."	V. 28–30
A D	„Sie schießen [...] / Sie jagen [...] / Sie versehn [...] / Sie fliegen [...]"	V. 16–19
A D	„Da saßen sie nun, [...] / Da sitzen sie nun [...]."	V. 6, 8
A D	„Sie spalten Atome / Sie heilen Inzest."	V. 23
C	„Die Erde ist ein gebildeter Stern"	V. 14

20

Lösungen

Seite 87

B1 Nachdenken über Sprache

Richtig ist Antwort A.

Die Aussagen A, D, E und G sind richtig, die Aussagen B, C und F sind falsch.

Satz 1: Perfekt; Satz 2: Perfekt; Satz 3: Präteritum; Satz 4: Präsens; Satz 5: Präsens

In Satz 3 steht das Präteritum, weil es um das geht, was in der Vergangenheit geschah, nachdem die Menschen den Urwald verließen. Danach, in Satz 4 und 5, steht das Präsens. Es wird gewählt, wenn etwas in der Gegenwart stattfindet oder immer noch aktuell ist.

Seite 89

A3 Informierende Texte verstehen

1: Das Fernsehen macht den Polizeiberuf attraktiv
2: Rolle der Medien bei der Berufswahl bisher nicht untersucht
3: Kostengründe führen zu realitätsferner Gestaltung
4: Vorabendserien zeigen eine verzerrte Berufsrealität
5: Berufsberater müssen diese Ergebnisse berücksichtigen
6: Vorgestellt: Nur ein Ausschnitt der Berufsvielfalt
7: Soaps zeigen kaum reale Arbeitsplätze
8: Das Fernsehen sollte die berufliche Realität zeigen
9: Verteilung der Berufe in Soaps und in der Realität

Richtig ist Antwort B.

Seite 90

Die Kreisdiagramme veranschaulichen die Ergebnisse im Abschnitt 6 des Textes.

Richtig sind die Aussagen B, D und H, alle anderen Aussagen sind falsch.

Richtig ist Antwort C.

a) Kreisdiagramm: gut geeignet für anschauliche Darstellungen
Säulendiagramm (Stabdiagramm): gut geeignet für genaue Vergleiche
Kurvendiagramm: gut geeignet für die Darstellung von zeitlichen Entwicklungen

b) Das Kurvendiagramm ist nicht geeignet, die Daten über die vorgestellten Berufe anschaulich zu zeigen.

Seite 92

B3 Nachdenken über Sprache

Richtig ist Antwort B.

der Berufswahlprozess: der Verlauf der Berufswahl
klischeehaft: schablonenhaft, feststehend
das Spektrum: die Vielfalt, die Bandbreite, die Auswahl
überrepräsentiert: übermäßig vertreten
die marginalen Aspekte: die nebensächlichen Gesichtspunkte, die am Rand stehenden Gesichtspunkte
die Protagonisten: die Darsteller

C Schreiben: Erörtern

a)

P | viele Jugendliche („Etwa 900 000 Jugendliche", Z. 9)

K | Berufe in Soaps meist oberflächlich (Klischees)

K | Szenen verzerren Berufswelt (z. B. ständig wilde Verfolgungsjagden)

K | Vorabendserien wollen unterhalten, nicht informieren

P | Gern zeigen Soaps Berufe des Dienstleistungsbereichs, die man aus eigener Erfahrung kaum kennt

P | Soaps nutzen um der Spannung willen Berufe, in denen es um den Umgang mit Menschen geht

P | Man erfährt, mit welchen Konflikten Menschen in bestimmten Berufen (Arzt, Polizist) konfrontiert werden

b) *Pro:*
Soaps erreichen viele Jugendliche („Etwa 900 000 Jugendliche sehen sich täglich Vorabendserien an", Z. 9).
Gern zeigen Soaps Berufe des Dienstleistungsbereichs, die man aus eigener Erfahrung kaum kennt.
Soaps zeigen um der Spannung willen Berufe, in denen es um den Umgang mit Menschen geht.
Man erfährt, mit welchen Konflikten Menschen in bestimmten Berufen (Arzt, Polizist) konfrontiert werden.

Kontra:
Soaps zeigen Berufe meist nur oberflächlich und einseitig (Klischees).
Soaps stellen die Berufswelt verzerrt dar (z. B. ständig wilde Verfolgungsjagden).
Vorabendserien wollen unterhalten, nicht informieren.

Seite 93

a) *Ergänzung der Pro-Argumente des Textes:*
– Soaps machen Jugendlichen bestimmte Berufe schmackhaft (Z. 3–4).
– Soaps bieten einen bequemen Einblick in die Berufswelt (Z. 38).
– Jugendliche können sich durch Soaps mit verschiedenen Berufen auseinandersetzen, ehe sie sich für einen Beruf entscheiden (Z. 39).
– Jugendliche können die dargestellten Berufe mit ihren eigenen Berufswünschen vergleichen (Z. 40).

Ergänzung der Kontra-Argumente des Textes:
– Jugendliche hinterfragen die Darstellung von Berufen in Soaps nicht, sondern konsumieren die Informationen, ohne nachzudenken (Z. 10–11).
– Soaps bieten nur für wenige Berufe weiterreichende und wirklich nützliche Informationen (Z. 14–15, 30–31).
– Soaps zeigen nicht, welche Voraussetzungen man für Berufe braucht (Z. 16–17).
– Soaps zeigen nur Berufe im mediennahen Dienstleistungsbereich (Z. 18).
– Die Berufsdarstellung in Soaps erschwert es Jugendlichen, sich in der realen Berufswelt zurechtzufinden (Z. 19–20).
– Bestimmte Berufe sind unrealistisch oft in Soaps vertreten, andere gar nicht (Z. 25–27).
– In Soaps kommen meist nur nebensächliche Gesichtspunkte der Berufe vor (Z. 32).
– Die Arbeitsplätze und -mittel in Soaps entsprechen kaum dem wirklichen Leben (Z. 34–37).

b) *Mögliche Auswahl:*
1) Vorabendserien wollen unterhalten, nicht informieren.

21

Lösungen

2) Soaps zeigen Berufe meist nur oberflächlich und einseitig (Klischees).
3) Die Berufsdarstellung in Soaps erschwert es Jugendlichen, sich in der realen Berufswelt zurechtzufinden (Z. 19–20).

c) *Mögliches Gegenargument:*
Jugendliche können sich durch Soaps mit verschiedenen Berufen auseinandersetzen, ehe sie sich für einen Beruf entscheiden (Z. 39).

26 *Hinweis: Markiere in deiner Stellungnahme durch Querlinien: Einleitung, Hauptteil, Schluss. Deine Notizen auf den Seiten 92 und 93 sind Vorarbeiten für deine Stellungnahme. Bearbeite deinen Text nach folgendem Auswertungsraster: Notiere dir zu jedem Aspekt, den du erfüllt hast bzw. den du als gelungen bewertest, Punkte in der Spalte „erfüllt". Je nach Lösungsqualität kannst du die volle Punktzahl, nur Teilpunkte oder keine Punkte anrechnen. Vielleicht kann dir eine Mitschülerin oder ein Mitschüler, die/der mehr Abstand zu deinem Text hat, bei der Beurteilung helfen.*

	Wesentlicher Aspekt der Aufgabe	erfüllt	Punkte insgesamt
Argumentation/Aufbau	Du ...		
	– gliederst deine Stellungnahme:		
	Einleitung, in der du deine Meinung deutlich machst und einen Bezug zum Text, zu eigenen Erfahrungen oder zur Bedeutung des Themas für Jugendliche herstellst;		2
	Hauptteil, in dem du deine Argumentation darlegst;		4
	Schluss, in dem du deine Ergebnisse zusammenfasst.		2
	– verarbeitest drei wesentliche Argumente.		3
	– bringst deine Argumente in eine sinnvolle Reihenfolge (z. B. dein überzeugendstes Argument zuletzt).		1
	– stützt deine Argumente durch Beispiele oder Erläuterungen.		3
	– entkräftest ein ausgewähltes Gegenargument.		1
Schreibstil	– verwendest eher Satzgefüge (Verbindungen aus Haupt- und Nebensatz) als einfache Hauptsätze.		2
	– verknüpfst deine Sätze logisch sinnvoll durch verschiedene Konjunktionen (z. B. weil, deswegen, obwohl, außerdem, allerdings, demnach, während, einerseits – andererseits, zwar – aber).		4
	– schreibst sachlich, vermeidest umgangssprachliche Formulierungen und unnötige Füllwörter (z. B.: ja, wirklich, irgendwie, eigentlich, halt ...).		2
Adressaten	– nennst Gründe, warum das Thema für Jugendliche interessant ist.		1
	– argumentierst zielgerichtet, bleibst beim Thema, schweifst nicht ab.		1
	– argumentierst überzeugend mit anschaulichen Beispielen.		2
Schreibregeln	– wählst einen übersichtlichen und verständlichen Satzbau.		2
	– machst nur wenige grammatische Fehler.		2
	– machst nur wenige Rechtschreib- und Zeichensetzungsfehler.		3
	– setzt Absätze, wenn ein neuer Sinnabschnitt beginnt.		1
	Gesamtpunktzahl		**36**

Seite 94 und 95

D Einen Text überarbeiten

27 Satz 2: Fehler-Nr. 2; Satz 3: Fehler-Nr. 1; Satz 4: Fehler-Nr. 4; Satz 5: Fehler-Nr. 2; Satz 6: Fehler-Nr. 3; Satz 7: Fehler-Nr. 4

28 8. *verbesserte Formulierung:* Es ist erstaunlich, wie wenig sich geändert hat.

9. Schon in älteren Generationen beeinflusste das Geschlecht und nicht etwa <u>andere Sachen</u> das Interesse an bestimmten Berufen. Fehler-Nr. 3
verbesserte Formulierung: Schon in älteren Generationen beeinflusste das Geschlecht und nicht etwa ein anderer Gesichtspunkt, wie z. B. das Alter oder die Schulbildung, das Interesse an bestimmten Berufen.

10. Das Kölner Institut der deutschen Wirtschaft, das jetzt die Ergebnisse einer Umfrage veröffentlichte, <u>das herausfand, dass das, was Jugendliche privat interessiert, auch in den Traumberufen sich niederschlägt</u>. Fehler-Nr. 1
verbesserte Formulierung: Das Kölner Institut der deutschen Wirtschaft, das jetzt die Ergebnisse einer Umfrage veröffentlichte, fand heraus, dass sich die privaten Interessen der Jugendlichen auch in den Traumberufen niederschlagen.

11. <u>Jungen</u> interessieren sich fast nur für technische Berufe. <u>Jungen</u> wollen z. B. Informatiker werden. Fehler-Nr. 2
verbesserte Formulierung: Jungen interessieren sich fast nur für technische Berufe, sie wollen z. B. Informatiker werden.

12. Mädchen <u>stehen</u> eher <u>auf</u> uncoole Berufe wie z. B. Flugbegleiterin. Fehler-Nr. 4

verbesserte Formulierung: Mädchen interessieren sich eher für herkömmliche Berufe wie z. B. Flugbegleiterin.

13. Auf den ersten Plätzen der Mädchen-<u>Traumberufe</u> finden sich <u>Traumberufe</u> wie Ärztin oder Designerin. Fehler-Nr. 2
verbesserte Formulierung: Auf den ersten Plätzen der Mädchen-Traumberufe finden sich die Ärztin oder die Designerin.

14. Die Hälfte der Mädchen gibt in der Umfrage aber an, dass die Beschäftigung mit Technik für den Erfolg <u>überall</u> wichtig ist. Fehler-Nr. 3
verbesserte Formulierung: Die Hälfte der Mädchen gibt in der Umfrage aber an, dass die Beschäftigung mit Technik für den Erfolg in allen Berufsbereichen wichtig ist.

15. Das Internet, das hier wohl mit Technik gemeint ist, <u>in allen Berufen spielt es heute eine wichtige Rolle</u>. Fehler-Nr. 1
verbesserte Formulierung: Das Internet, das hier wohl mit Technik gemeint ist, spielt heute in allen Berufen eine wichtige Rolle.

16. Die Mädchen können genauso gut <u>mit dem Internet</u> umgehen wie die Jungen <u>mit dem Internet</u>. Fehler-Nr. 2
verbesserte Formulierung: Die Mädchen können genauso gut mit dem Internet umgehen wie die Jungen.

17. <u>Man kann's voll vergessen</u>, dass die beruflichen Interessen der Geschlechter bald einheitlich werden. Fehler-Nr. 4
verbesserte Formulierung: Es ist nicht zu erwarten, dass die beruflichen Interessen der Geschlechter bald einheitlich werden.

22

Lösungen

Punkteverteilung

Nr.	Aufgabenstellung	Punkte		Erreichte Punkte
A1	**Literarische Texte verstehen**	**12 P.**		
2	Multiple-Choice	2 P.	für das richtig gesetzte Kreuz	
3	Multiple-Choice	2 P.	für das richtig gesetzte Kreuz	
4	Richtig - Falsch	4 P.	(je $^1/_2$ Punkt für das richtig gesetzte Kreuz)	
5	Multiple-Choice	2 P.	für das richtig gesetzte Kreuz	
6	Multiple-Choice	2 P.	für das richtig gesetzte Kreuz	
B1	**Nachdenken über Sprache**	**5 P.**		
7a	Konjunktiv	3 P.	(je 1 Punkt für das richtig gesetzte Kreuz)	
7b	Direkte Rede	2 P.	für die richtige Formulierung	
A2	**Literarische Texte verstehen**	**24 P.**		
8	Zuordnung Überschriften	6 P.	(je 1 Punkt für die richtige Zuordnung)	
9	Multiple-Choice	2 P.	für das richtig gesetzte Kreuz	
10	Lückensatz	2 P.	für die richtige Ergänzung	
11	Zuordnung Stilmittel, Ergänzung Verse	5 P.	(je $^1/_2$ Punkt für die richtige Zuordnung und die Versergänzung)	
12	Multiple-Choice	2 P.	für das richtig gesetzte Kreuz	
13	Richtig - Falsch	7 P.	(je 1 Punkt für das richtig gesetzte Kreuz)	
B2	**Nachdenken über Sprache**	**9 P.**		
14	Multiple-Choice, Tempusformen	5 P.	(je 1 Punkt für das richtig gesetzte Kreuz)	
15	Lückensätze	4 P.	(je 2 Punkte für die richtige Ergänzung)	
A3	**Informierende Texte verstehen**	**27 P.**		
16	Zuordnung Überschriften	9 P.	(je 1 Punkt für die richtige Zuordnung)	
17	Multiple-Choice	2 P.	für das richtig gesetzte Kreuz	
18	Lückensatz	2 P.	für die richtige Ergänzung	
19	Richtig - Falsch	4 P.	(je $^1/_2$ Punkt für das richtig gesetzte Kreuz)	
20	Multiple-Choice	2 P.	für das richtig gesetzte Kreuz	
21a	Wortergänzung, Eignung	6 P.	(je 1 Punkt für die richtige Ergänzung und die Angabe zur Eignung)	
21b	Multiple-Choice	2 P.	für das richtig gesetzte Kreuz	
B3	**Nachdenken über Sprache**	**8 P.**		
22	Multiple-Choice	2 P.	für das richtig gesetzte Kreuz	
23	Zuordnung deutsche Formulierungen	6 P.	(je 1 Punkt für die richtige Zuordnung)	
C	**Schreiben: Erörtern**	**60 P.**		
24a	Verständliche Formulierung	3 P.	(je 1 Punkt für die Formulierung)	
24b	Zuordnung Argumente	7 P.	(je 1 Punkt für die richtige Zuordnung)	
25a	Argumente erkennen	12 P.	(je 1 Punkt für das erkannte Argument)	
25b	Auswahl, Reihenfolge	1 P.	für Auswahl und Reihenfolge	
25c	Gegenargument	1 P.	für das Gegenargument	
26	Stellungnahme	36 P.	(Verteilung: s. Hinweise S. 22)	
D	**Einen Text überarbeiten**	**25 P.**		
27	Fehler erkennen	6 P.	(je 1 Punkt für den richtig erkannten Fehler)	
28	Fehler erkennen und überarbeiten	19 P.	(1 Punkt für den richtig erkannten Fehler, 1 Punkt für die verbesserte Formulierung)	
		170 P.		**Summe**

23

Lösungen

Punkteverteilung insgesamt auf die Bereiche

A	Texte verstehen	63 Punkte
B	Nachdenken über Sprache	22 Punkte
C	Schreiben: Erörtern	60 Punkte
D	Einen Text überarbeiten	25 Punkte

Bewertungsschlüssel

Texte verstehen	63–48 Punkte	47–32 Punkte	31–0 Punkte
Nachdenken über Sprache	22–16 Punkte	15–9 Punkte	8–0 Punkte
Schreiben: Erörtern	60–46 Punkte	45–30 Punkte	29–0 Punkte
Textüberarbeitung	25–19 Punkte	18–12 Punkte	11–0 Punkte
Gesamt	170–129 Punkte	125–83 Punkte	79–0 Punkte
	Du löst die Aufgaben hervorragend. Vielleicht siehst du dir aber trotzdem noch einmal die Stellen an, an denen du dich verbessern kannst.	**Einiges gelingt dir gut, manches musst du aber noch einmal üben.** Versuche, anhand des Testes Fehlerschwerpunkte zu entdecken, damit du gezielt wiederholen kannst.	**Du musst vieles wiederholen und noch einmal gründlich üben.** Vielleicht überlegst du auch gemeinsam mit deinen Eltern oder deinem Lehrer/deiner Lehrerin, wo besondere Fehlerschwerpunkte liegen und wie du vorgehen kannst, um dich zu verbessern.